**Kohlhammer
Urban-
Taschenbücher**

W0096735

Band 354

Grundkurs Philosophie

Der Grundkurs Philosophie in den Urban-Taschenbüchern gibt einen umfassenden Einblick in die fundamentalen Fragen heutigen Philosophierens. Er stellt die wichtigsten Bereiche der Philosophie systematisch dar; ergänzend gibt er eine Übersicht über ihre Geschichte von der Antike bis zur Gegenwart. Anliegen des Grundkurses ist es, den Einstieg in die Philosophie zu ermöglichen und zu eigenständigem Denken anzuregen. Besonderer Wert wird deshalb auf eine verständliche Sprache und eine klare Gliederung der Gedankenführung gelegt; zu allen Abschnitten ist weiterführende Literatur angegeben.
Koordination: Friedo Ricken und Gerd Haeffner

Emerich Coreth
Peter Ehlen
Gerd Haeffner
Friedo Ricken

Philosophie des 20. Jahrhunderts

Grundkurs Philosophie 10

Zweite, durchgesehene Auflage

Verlag W. Kohlhammer
Stuttgart Berlin Köln

Die Deutsche Bibliothek – CIP-Einheitsaufnahme

Grundkurs Philosophie. – Stuttgart; Berlin; Köln:
Kohlhammer

(Urban-Taschenbücher; ...)
Bd. 10. Philosophie des 20. Jahrhunderts. –
2., durchges. Aufl. – 1993

Philosophie des 20. Jahrhunderts / Emerich Coreth ...
– 2., durchges. Aufl. – Stuttgart; Berlin; Köln:
Kohlhammer, 1993.
(Grundkurs Philosophie; Bd. 10)
(Urban-Taschenbücher; Bd. 354)
ISBN 3-17-008462-3
NE: Coreth, Emerich; 2. GT

Zweite, durchgesehene Auflage 1993
Alle Rechte vorbehalten
© 1986 W. Kohlhammer GmbH
Stuttgart Berlin Köln
Umschlag: Studio 23
Verlagsort: Stuttgart
Gesamtherstellung:
W. Kohlhammer Druckerei GmbH + Co. Stuttgart
Printed in Germany

Inhalt

Vorwort

Die vorliegende Darstellung der Philosophie des 20. Jahrhunderts will in zentrale Probleme und Methoden einführen und dem Leser einen Zugang zu den klassischen Texten erschließen. Informationen, die ausschließlich von historischem Interesse sind, mußten auf ein Mindestmaß beschränkt werden. Wieweit eine Philosophiegeschichte in die Gegenwart hineinreichen soll, ist schwer zu entscheiden. Auch hier waren durch den äußeren Rahmen enge Grenzen gezogen. Aufgabe einer kurzen Einführung kann nicht die Information über das philosophische Tagesgespräch sein; sie hat vielmehr das sachliche und historische Wissen zu vermitteln, das den Leser befähigt, der aktuellen Diskussion zu folgen.

Die Anordnung des Bandes versucht, Diskussionszusammenhänge, die in einem gewissen Ausmaß immer zugleich Sach- und Schulzusammenhänge sind, deutlich werden zu lassen. Dabei war nicht völlig zu vermeiden, daß derselbe Autor in verschiedenen Kapiteln dargestellt wird. Einer der stärksten Anstöße für die Philosophie des 20. Jahrhunderts geht aus von Husserl. Er beschränkt sich nicht auf die im Kapitel »Phänomenologie« (A) dargestellten Autoren. Durch die Vermittlung Schelers beeinflußt er die Anthropologie (Kap. C) und durch die Heideggers die Hermeneutik (Kap. D). Die vielfältigen Verbindungen zwischen Phänomenologie und Existenzphilosophie werden vor allem bei Heidegger, Sartre und Lévinas deutlich. Dominierend für die Existenz- und Dialogphilosophen (Kap. B) ist jedoch der Einfluß des religiösen Denkers Kierkegaard. Die Neuscholastik (Kap. E) ist in erster Linie Thomas von Aquin und Suarez verpflichtet. Mit der Neuen Realphilosophie (Kap. F) hat sie die Rückkehr zur klassischen Ontologie und mit den marxistischen Denkern (Kap. G) die bewußte Bindung an eine Weltanschauung gemeinsam. Die Analytische Philosophie ist mit der Phänomenologie durch die Kritik am Idealismus und Psychologismus verbunden. Wichtige positive Impulse sind die durch Frege und Russell geschaffene moderne Logik (Kap. H) und die Hinwendung zur normalen Sprache, die in Oxford durch eine Aristoteles-Renaissance ausgelöst wurde (Kap. K). Die Darstellung der Analytischen Philosophie ist zentriert um das Problem der Ontologie (zur Analytischen Ethik vgl. GK 4). Der Sache nach handelt es sich um einen zusammenhängenden Abschnitt; lediglich aus Gründen der Proportion wurde er in sechs Kapitel (H–N) aufgeteilt.

Die Kapitel A bis C wurden von Gerd Haeffner verfaßt, die Kapitel D bis F von Emerich Coreth, Kapitel G von Peter Ehlen und die Kapitel H bis N von Friedo Ricken.

Mit der Abkürzung *GK* werden andere Bände des »Grundkurs Philosophie« zitiert.

Emerich Coreth   *Peter Ehlen*
Gerd Haeffner   *Friedo Ricken*

Für hilfreiche Kritik an dem Abschnitt über die Analytische Philosophie danke ich Geo Siegwart.

Der Deutschen Forschungsgemeinschaft bin ich für eine Reisebeihilfe zu einem Studienaufenthalt in Oxford zu Dank verpflichtet.

Friedo Ricken

Vorwort zur 2. Auflage

Folgende Abschnitte wurden teilweise oder ganz neu formuliert: §§ 33, 34 Ricœur; § 78 Foucault; § 97 Christliche Philosophie; § 118 Guardini; § 122 Heintel; §§ 148, 150, 152, 154 Adorno; § 198 Wittgenstein; § 241 Quine; §§ 255−259 Davidson, Kripke, Putnam, Searle. Das Verzeichnis der Werke und die Literaturhinweise wurden auf den neuesten Stand gebracht. Johannes Herzgsell, Hanna Lauterbach und Kurt Neumeier sei für ihre Hilfe gedankt.

München und Innsbruck, im September 1992   Die Verfasser

Literatur:

Philosophiegeschichten:

Urmson 1956   Baumgartner 1978
Copleston 1966; 1975   Stegmüller 1978−1989
Passmore 1966   Descombes 1981
Lacroix 1968   Ayer 1982
Warnock 1971   Schnädelbach 1983
Noack 1976

Einzeldarstellungen von Philosophen:
Speck 1972 ff.
Höffe 1985

Selbstdarstellungen von Philosophen:
Mercier 1975 ff.
Pongratz 1975 ff.

Monographien zur Philosophie des 20. Jahrhunderts:
Schulz 1972
v. Savigny 1976
Hoche/Strube 1985

Lexika:
Edwards 1967   Mittelstraß 1980−1990
Enciclopedia filosofica 1967   Huisman 1984

A. Phänomenologie

Eine der wichtigsten und umfangreichsten Strömungen der Philosophie, die ganz dem 20. Jahrhundert angehört, steht unter dem Titel »Phänomenologie«. Ihre Zentralfigur ist E. Husserl, aber die Strömung speist sich aus mehreren, dem Ursprung und der Gestaltung nach sehr verschiedenen Gedankenläufen. Ihnen allen gemeinsam ist einerseits das (zumindest anfängliche) Mißtrauen gegen die Konstruktionen des spekulativen Idealismus und des Neukantianismus, nicht weniger aber gegen die Voreiligkeit der Anwendung einzelwissenschaftlicher Methoden auf philosophische Probleme. Im Grunde geht es um eine Art von Empirismus, der sich von den Scheuklappen des Sensualismus befreit hat, d.h. um den Versuch, das schlicht Erlebte sensibel und vorurteilsfrei zu beschreiben.

So verschiedene Autoren wie G. Marcel und N. Hartmann bezeichnen ihre Darlegungen als phänomenologisch; J. L. Austin betreibt eine Sprachphänomenologie; andere, wie z. B. J. P. Sartre, verwenden das Wort in einem Sinn, in dem sich das neue Methodenideal mit Denkfiguren aus Hegels »Phänomenologie des Geistes« verbindet. Zur »phänomenologischen Bewegung« im engeren Sinn dürfen aber vor allem jene Philosophen gerechnet werden, die entweder unter einem sehr starken Einfluß Husserls standen oder als dessen Zeitgenossen zu den Mitarbeitern des »Jahrbuchs für Philosophie und phänomenologische Forschung« (1913–1930) gehörten. Ihr Programm ist im ersten Band (1913) veröffentlicht, unterzeichnet u.a. von Husserl, Pfänder und Scheler: Im Rückgang auf die »originären Quellen der Anschauung und auf die aus ihr zu schöpfenden Wesenseinsichten« sollen Begriffe und Probleme der Philosophie so geklärt werden, daß eine eigentliche philosophische *Forschung* möglich wird, die auch den Boden für erneuerte Theorie-Ansätze im Hinblick auf die einzelwissenschaftliche Arbeit wird bereitstellen können. Aus der großen Zahl von Denkern, die mehr oder weniger phänomenologisch dachten, können hier nur einige der allerwichtigsten genannt werden.

Literatur:

Phaenomenologica 1958 ff.
Phänomenologische Forschungen 1975 ff.
Sepp 1988
Ströker 1989

I. Edmund Husserl

Leben und Werke

2 Das Leben Edmund Husserls war an äußeren Ereignissen arm; es war ganz der Wissenschaft gewidmet. 1859 in Proßnitz (Mähren) geboren, studierte er in Leipzig, Berlin und Wien zunächst Mathematik und Physik und dann auch Philosophie. Er wurde in Mathematik promoviert und war eine Zeitlang Assistent des berühmten Weierstraß. Über die Grundlegungsprobleme der Arithmetik kam er zur Philosophie, für die er sich 1886 in Halle/S. habilitierte. Die zweibändigen »Logischen Untersuchungen« (1900/01) machten ihn bekannt und trugen ihm eine Professur in Göttingen ein, wo er einen sehr lebendigen Schülerkreis um sich sammeln konnte (u.a. M. Geiger, A. Reinach, M. Scheler, H. Conrad-Martius, E. Stein, W. Schapp, A. Koyré, R. Ingarden). Seine Schüler folgten ihm jedoch nicht auf dem Weg der Umbildung der phänomenologischen Methode zu einer Transzendentalphilosophie, der einen ersten Ausdruck fand in den »Ideen zu einer reinen Phänomenologie und phänomenologischen Psychologie« (I. Bd. 1913). Diese Erfahrung sowie das Erlebnis des Krieges brachten Husserl in eine tiefe Krise. 1916 ging er nach Freiburg i. Br., wo er bis zu seiner Emeritierung 1928 lehrte. Abgesehen von seinen Assistenten (u.a. O. Becker, L. Landgrebe, E. Fink) hatte er dort keinen Kreis mehr. Heidegger, auf den er zunächst die größten Hoffnungen für eine Fortführung seiner Intentionen gesetzt hatte, enttäuschte ihn. Er veröffentlichte nur noch wenige Bücher: »Formale und transzendentale Logik« (1929), »Méditations cartésiennes« (1931) und die ersten Kapitel des Werks über »Die Krisis der europäischen Wissenschaften und die transzendentale Phänomenologie« (1936). Als Husserl, wegen seiner jüdischen Herkunft verfemt, 1938 starb, hinterließ er zahlreiche Vorlesungs- und Buchmanuskripte, dazu Tausende von stenographierten Seiten mit Versuchen philosophischer Selbstverständigung. Der Nachlaß, der von dem belgischen Franziskaner H. L. van Breda vor der Vernichtung gerettet wurde, wird heute vom Husserl-Archiv in Löwen betreut und in der Sammlung »Husserliana« des Verlags Nijhoff veröffentlicht (Den Haag 1950 ff.; bis 1992 30 Bände).

1. Die Fragestellung

Husserls Werk zielt von Anfang an auf die Überwindung des Ge- 3
gensatzes zwischen dem Objektivismus und dem Subjektivismus;
in einem vom Ideal der naturwissenschaftlichen Erkenntnis faszinierten Jahrhundert vollzieht es in gewisser Weise die Rückgewin-
nung der Problem-Ebene Kants. Gleichermaßen soll der Objektivität des Erkannten, sei dieses idealer oder realer Natur, und der Subjektivität des Erkenntnislebens Gerechtigkeit widerfahren. Husserls erster Versuch in dieser Richtung, seine »Philosophie der
Arithmetik« (1891) verfiel aber dem »Psychologismus«, wie ihm
bald selbst klar wurde (wozu Bolzanos »Wissenschaftslehre« und
Freges scharfe Kritik beitrugen). Ein erneuter Anlauf konnte erst
genommen werden, als die naturalistische Mißdeutung des Seelischen aufgehoben worden war. Nicht zuletzt gegen sich selbst
schrieb Husserl also den ersten Band seiner »Logischen Untersuchungen«. Die These des *Psychologismus,* die von Hume über J. St.
Mill einen Großteil der Philosophen des 19. Jhs. erfaßt hatte, lau-
tete: Die Logik faßt die Normen zusammen, die für jedes richtige
Denken gelten, so wie die Ingenieurkunst die Regeln darstellt, die
(z. B.) für richtiges Bauen gelten; und so wie diese auf der Physik
beruht, so jene auf der Psychologie. Die Gesetze des Denkbaren
sind also ursprünglich Gesetze des Denkens und diese sind Formen
des gesunden psychischen Funktionierens. So wird die empirische
Tatsachenwissenschaft der Psychologie zur Metatheorie der Logik.
Husserl macht nun darauf aufmerksam, daß durch eine solche Rekonstruktion die Eigenart logischer Sätze nicht eingeholt wird.
Diese enthalten nämlich notwendige, rein ideale Wahrheiten; die
Sätze der Psychologie aber sind nur (meistens recht vage) Verallge-
meinerungen, jedenfalls aber nicht mehr als gut begründete Deu-
tungen von Erfahrungen. Die Psychologie setzt die Existenz ihrer
Gegenstände voraus; die Logik macht keine Existenzvoraussetzun-
gen. Der Psychologismus ist unweigerlich auch Skeptizismus, indem er die Möglichkeitsbedingung jeder Theorie, nämlich die Idee
der objektiven Seinsbestimmung und die Idee notwendiger Schluß-
folgerung aufhebt. Darum zerstört er sein eigenes Fundament, das
er doch andererseits naiv in Anspruch nimmt.
Die (ziemlich allgemein rezipierte) Kritik am Psychologismus in 4
der Logik ist jedoch für Husserl nur ein notwendiges Durchgangs-
stadium. Ein wesentliches Ergebnis dieses Durchgangs ist die
strikte Unterscheidung und wechselseitige Beziehung *(Korrelation)*
von bestimmten seelischen Akten (z. B. zählen, wahrnehmen, einsehen usw.) und den Gegenständen, auf die sie sich beziehen (z. B.

Zahlenreihen, Musikstücke, Prinzipien). Die Akte entstehen und vergehen nach bestimmten Verlaufsgesetzen und unter bestimmten Bedingungen, die die Psychologie studiert. Die Gegenstände der Akte aber sind nicht Gegenstände der Psychologie, sondern der Mathematik, der Musikwissenschaft, der Logik usw. Obwohl also alles irgendwie Seiende, wenn es uns zugänglich werden soll, von uns wahrgenommen, gedacht usw. werden muß, kann die Psychologie nicht den Anspruch einer Universal- und Grundwissenschaft erheben. Dazu müßte sie ihren Charakter als empirische, von der Physik abhängige Wissenschaft aufgeben und transformiert werden in eine »reine« Psychologie, die das Reich der Korrelation des Objektiven und des Akthaften, des Sinnes und des Faktischen in seiner prinzipiellen Verfassung thematisiert. Damit wäre eine Umdrehung des Vorgehens gegeben: Bestimmt der Psychologist die Eigenart des Gedachten, Wahrgenommenen usw. von den Verlaufsgesetzen der Denk- und Wahrnehmungsvorgänge aus, so bestimmt Husserl umgekehrt die Eigenart der Akte des Denkens, Wahrnehmens usw. von ihrem Sinngehalt her, d. h. vom Gedachten und Wahrgenommenen. Dieses ist es, was sich ursprünglich, jeder theoretischen Konstruktion vorausgehend, zeigt, m. a. W. was *Phänomen* ist. Auf es sind die psychischen Akte bezogen; ihr Sinn liegt in der Präsenz eines Anderen als sie selbst, d. h.: sie sind *intentional*. Man versteht, wie alle Namen, die Husserl seiner Philosophie gegeben hat (reine Psychologie, Korrelationsforschung, Phänomenologie, Intentionalanalyse), in dieselbe Richtung weisen.

5 Das Stichwort »Intentionalität« hat Husserl in seiner Lehrzeit bei *Franz Brentano* in Wien gehört. Brentano betrieb eine kritische Rezeption des Aristoteles und der Scholastik. Aus letzterer übernahm er den Ausdruck des »Intentionalen«, um den Unterschied zwischen physischen und psychischen Tatsachen zu kennzeichnen (»Psychologie vom empirischen Standpunkt« 1874). Im Gegenzug gegen eine am Ideal der klassischen Naturwissenschaft orientierte Psychologie, die versuchte, das Psychische auf seine Elemente zurückzuführen und deren Verbindung durch Assoziationsmechanismen zu erklären, stellt Brentano als den Grundzug des Psychischen, d. h. des durch Bewußtsein begleiteten Tuns und Leidens, die Bezogenheit auf einen Gegenstand heraus. Solches Sich-Beziehen gehört zum Sinn des Psychischen: ich sehe, liebe, bewerte *etwas;* und es ergibt sich sowenig aus einem zufälligen Zusammentreffen eines Körpers mit einem anderen, daß die psychischen Akte auch dann sie selbst bleiben, wenn der angezielte Gegenstand gar nicht wirklich vorhanden ist (wie bei einer Wahrnehmungstäuschung oder einer Beschäftigung mit Abstrakta). Brentano

unterscheidet nun drei Klassen von Akten und entsprechend drei Klassen von Gegenstandsformen. Solche Akte sind entweder Akte einfacher Präsentation von etwas (Vorstellungen) oder Akte der Stellungnahme, welche ihrerseits in theoretische (Urteile) und praktische (Liebe und Haß) einteilbar sind. Was in diesen Weisen des Bewußtseins angezielt wird, kann material (inhaltlich) dasselbe sein: so etwa in der Vorstellung eines jungen Hundes, im Urteil »dieser Hund ist jung« und im liebevollen Blick auf den jungen Hund. Doch bleibt die emotional-willentliche Stellungnahme irreduzibel auf die theoretische und wiederum jegliche Stellungnahme auf das bloße Bewußthaben von etwas; entsprechend gehören das Gute, das Wahre und das (zuhöchst ins Schöne übergehende) phänomenal-Scheinende in verschiedene Sphären des Sinnes.

2. Phänomenologische Reduktion

Husserl baute auf der Brentanoschen Basis auf seine Weise weiter. 6 Methodisches Prinzip bleibt der Versuch, das Leben des Bewußtseins so zu beschreiben, wie es sich selbst dem unverfälschten Blick der Reflexion darstellt. Dazu müssen, analog dem Vorgehen Descartes' in seiner I. Meditation, alle Vormeinungen ausgeschaltet werden, die das Bewußtsein daran hindern, zu sich selbst zu kommen. Diese Ausschaltung oder Einklammerung nennt Husserl mit einem auf die Stoa zurückgehenden Namen auch Epochè, d. h. Enthaltung (von einem Urteil). Der Urteilsenthaltung verfallen: einzelwissenschaftliche Theorien über das Wesen der Wahrnehmung, des Denkens usw.; die von vermeintlich selbstevidenten Einsichten in das Wesen des Seins und der Erkenntnis ausgehenden überlieferten Erkenntnistheorien (insbesondere die Ansichten, die im sog. Außenweltproblem impliziert sind). Es wird nicht behauptet, daß in diesen Theorien alles falsch sei, sondern nur, daß ihr Wahrheitsgehalt erst einer Prüfung an den Phänomenen selbst bedürfe. Der Blick des Philosophierenden soll von der Unterwerfung unter das »Selbstverständliche« befreit werden zur Fähigkeit der unmittelbaren Kontaktnahme mit den Sachen, wie sie sich selbst »leibhaftig« zeigen, und damit zu einer Übernahme der Verantwortung für seine eigenen Behauptungen. Das, was als irgendwie seiend, geltend usw. »gemeint« ist, soll zurückgeführt werden auf die Weisen, wie es, dieses Meinen erst rechtfertigend, sich selbst präsentiert: »phänomenologische Reduktion«. Ihr Thema ist die unmittelbar erlebbare (wenngleich der Analyse sich nicht ohne weiteres öffnende) Sphäre des intentionalen Lebens, wobei die Art der Gegebenheit des Gegenstandes (Nóëma) in strenger Entsprechung zu den wechselnden Weisen des intendierenden Aktes (Nóësis) steht: Korrelation Noesis-Noema (von griech. nóësis = Denken, nóëma = das Gedachte). Ein und dasselbe Ding kann etwa als Möbel, als Kunstwerk, als Holzstück, als Versinnlichung eines Quaders usw. genommen werden. Gegen die objektivistische Tendenz, in der sich das Subjekt der Wahrnehmung selbst ganz zugunsten einer eindimensionalen, in sich verschlossenen Wirklichkeit zurücknimmt, zeigt Husserl in zahllosen konkreten Analysen, wie sich die »Wirklichkeit«, ungeachtet ihrer Unabhängigkeit vom Belieben meinender Subjekte, im intentionalen Leben des Bewußtseins in ihrer Vielschichtigkeit entfaltet. So versucht er, zwischen der objektivistischen Vernichtung des Subjekts und der empiristisch-skeptischen Depotenzierung der Wirklichkeit zu bloßen Empfindungskomplexen einen Mittelweg zu gehen. Konsequenterweise bestimmt er die Dinglichkeit eines Dinges als den Identitätspol der (potentiell unendlich) vielen Intentionen, die sich auf dieses Ding richten können. Der Unterschied des An-sich und des Für-mich wird verwandelt in den Unterschied zwischen den faktischen, bestimmten und den unendlich variablen möglichen perspektivischen Weisen des Erfahrens.

3. Eidetische Reduktion

7 Damit öffnet sich ein Reichtum der Beschreibung, der durch eine zweite »Reduktion« gebändigt wird: die eidetische. So wie in der grundlegenden Weise der Reduktion, der phänomenologischen, die Sphäre des reinen Phänomens gewonnen werden sollte, so soll hier die Sphäre des *Eidos*, d. h. des Wesens oder des Allgemeinen, gewonnen werden. Ausgangspunkt ist die jeweils einzelne Korrelation eines bestimmten Aktes eines bestimmten Subjekts hier und jetzt zu seinem leibhaft präsenten Gegenstand. Da dieser Gegenstand ja in bestimmter Weise »gemeint« wird, z. B. *als* Teekanne (und darin als räumliches Ding), liegt in der ersten Intention schon ein Allgemeines, das dadurch auf den Begriff kommt, daß man aus allen möglichen Gegenständen, die mit Recht ebenso heißen können, das Invariante heraushebt. Man sieht, mit welch bescheidenem Anspruch diese so erreichte »Wesensschau« auftritt. Im Kontext der Husserlschen Forschung geht es nicht um das Wesen vorliegender Dinge (wie z. B. bei Aristoteles), sondern um den Bau verschiedener Grundweisen der noetisch-noematischen Korrelation: z. B. der Gegebenheit von Naturdingen, von Zahlen, Werten, von Psy-

chischem usf. Durch die Methode der auf das Eidos abzielenden Variation der Einstellung ergibt sich eine gewisse »Anschaulichkeit« des (dann nicht mehr bloß kantisch-formalen, sondern) *materialen Apriori,* dessen Grundgestalten in verschiedenen »regionalen Ontologien« dargestellt werden können.

4. Transzendentale Reduktion

Die gekennzeichnete, noematisch-noetische Struktur des intentio- 8
nalen Bewußtseins wird in ihrer Lebendigkeit aber erst erfaßt,
wenn der strukturelle Aspekt durch den dynamisch-teleologischen
Aspekt ergänzt wird. Die Selbstreflexion des erkennenden Bewußtseins auf sich selbst steht ja im Dienste eines adäquateren Sach- und
Selbstbezugs. Das Motto »Zu den Sachen selbst!« geht auf ein
Mehr, ja ein Absolutes an Wahrheit, Gewißheit und Echtheit.
Darin liegt, daß das erkennende Subjekt die Fähigkeit hat, verantwortlich oder un-verantwortlich, d. h. aus errungener Evidenz oder
unter dem willig erlittenen sozialen Plausibilitätsdruck und seinem
oberflächlichen Anschein seine Setzungen zu vollziehen. M.a.W.:
das, was es für wahr hält, ist Folge seiner (vollzogenen oder ausge-
bliebenen) Entscheidungen; das, was ihm als solide und fraglose
Wirklichkeit vorkommt, ist in Wahrheit Produkt seiner Konstitution. Gewiß ist diese Konstitution zum größten Teil ein Werk der
anonymen Kräfte, sei es der in seiner Sinnlichkeit sich vollziehen-
den passiven Synthese von Raum und Zeit, sei es der bewußtlosen
Übernahme von Sinnstiftungen früherer Generationen, die jetzt
zur Selbstverständlichkeit von Beständen herabgesunken und ver-
festigt sind. In jedem Falle gilt: die Wirklichkeit in ihrem Erscheinen, so wie wir sie kennen, ist nicht einfach da, sondern kommt erst
aufgrund mannigfacher Leistungen zur Gegebenheit, und kann
eben deshalb auch zu einer »Gegebenheit« kommen, in der Wesentliches verdeckt bleibt oder wird. Dies einsehen, heißt praktisch: eine neue unendliche Verantwortung entdecken; theoretisch:
das Wirkliche als Konstituiertes durch eine transzendentale Subjektivität erfassen: das ist der Gehalt der dritten, der transzendentalen
Reduktion, durch die Husserl seine am Eidetischen hängenbleiben-
den Göttinger Schüler verwirrte und in die Linie der von Kant geprägten Transzendentalphilosophie einschwenkte.
Im methodischen Rückschritt ist die transzendentale Reduktion 9
nur im Durchgang durch die phänomenologische und die eidetische Reduktion zu erreichen. In der Ordnung der Motivation und
des Konstitutionsprozesses aber steht sie am Anfang. Denn sie ist

die methodologische Konsequenz aus dem alles tragenden Impuls, sämtliche Überzeugungen durch die Rückführung auf die Setzungen, die in einer (den Gegenstand »im Original«) gebenden Anschauung legitimiert sind, zu begreifen. Über der faktischen Evidenz der Erlebnisse steht ja die apodiktische Evidenz des kritisch sich selbst untersuchenden Cogito. Was sich nicht auf selbst-gebende Erfahrung zurückführen läßt, kann nicht vor unserem Wahrheitsgewissen bestehen. Philosophie darf nicht dem Bedürfnis nach Weltanschauung dienen; sie muß alle Wissenschaften an Strenge, d. h. in der Prüfung der Sachgegründetheit aller Annahmen, übertreffen. Nur so kann sie dann auch einzelnen Wissenschaften eine adäquatere, weil aus Quellen der eidetischen Anschauung geschöpfte Umgrenzung ihres Sachbezirks, in Gestalt der regionalen Ontologien, liefern. Philosophie darf nicht spekulieren, sondern hat sich, in einer Art von höherem Positivismus, rein an das Gegebene zu halten, welches freilich nicht mit den Sinnesdaten zusammenfällt, wie die Positivisten des Wiener Kreises meinten. Wegen der Unabschließbarkeit der Beschreibung und genetischen Aufklärung des unendlich kompliziert geschichteten und vernetzten Bewußtseinslebens hat Husserl seinen Denkstil als den eines dauernden Anfängers und seine Philosophie als eine Arbeitsphilosophie bezeichnet.

Im Laufe seiner Arbeit traten drei Probleme immer mehr in den Vordergrund seines Interesses. Sie betreffen die Frage, wie sich die reale Welt in ihrer Zeitlichkeit, in ihrer intersubjektiven Konsistenz und ihrer Objektivität in unserem Bewußtsein aufbaut. Das dritte Problem ist zugleich das Problem des Übergangs von der natürlichen zur philosophischen Einstellung.

10 In seinen Göttinger Vorlesungen zur »Phänomenologie des inneren Zeitbewußtseins« (WS 1904/05; hg. v. E. Stein und M. Heidegger 1928, jetzt in Husserliana X), die er später kritisch ergänzte, versuchte Husserl, eine Rekonstruktion der Zeitvorstellung zu geben. Grundlegend ist für ihn die jeweils ein Jetzt markierende aktuelle Empfindung, die durch eine neue Empfindung nicht schlechthin vernichtet, sondern behalten wird. Dieses Behalten (Retention) ist einfacher und unmittelbarer als das Wieder-Erinnern; ist dieses ein Vergegenwärtigen, so ist jetzt ein Noch-gegenwärtig-halten. Das Behalten gehört also zur Gegenwart des Anschaulichen selbst. Da das Behaltene einerseits Element der anschaulichen Gegenwart ist, andererseits an anderes Behaltenes anknüpft, dessen Jetzt es war, so ergibt sich durch dieses Ineinandergeschachteltsein von Retentionen eine Erstreckung von vergangenen, vorvergangenen usw. Jetzten, bezogen auf das je jetzige Jetzt und dessen erwartete Ablösung

durch noch zukünftige Gegenwarten, die Protention. Attention (Hingabe an das aktuelle Empfundene), Retention und Protention sind in ihrer Einheit das Aktgefüge, durch das ich mir Zeit geben lasse. Dieses Aktgefüge selbst hat sein Sein in einem Fließen, das – will man nicht in einen unendlichen Regressus geraten – nicht zeitlich gedacht werden darf; es ist, wie Husserl später sagte, »lebendige Gegenwart«. Die Gegenwart also ist es, die Husserls Zeitanalysen dominiert – Reflex seiner auf Vergewisserung in Anschauung ausgerichteten Philosophie der Rechtfertigung.

Das Problem der Intersubjektivität stellt sich Husserl von der Tatsache her, daß es zum Sinn der von mir erkannten Sachverhalte gehört, daß sie auch von anderen Subjekten anerkannt werden können; Objektivität impliziert Intersubjektivität. Wie läßt sich diese Überzeugung auf der Grundlage der transzendentalen Phänomenologie aufklären? M. a. W.: aufgrund welcher Erfahrungen kommt es zur Annahme des anderen Ich? Eine unmittelbare Selbstgegebenheit eines anderen (konstituierenden) Ich gibt es nicht; wäre es originär gegeben, so fiele es mit mir zusammen. Das Bewußtsein der Existenz eines Anderen ist vermittelt durch die unmittelbare leibliche Selbsterfahrung, mit der die Erfahrung eines bestimmten Erscheinungsdings in charakteristischer Weise so verschränkt ist, daß dieses Ding als das Manifestationsmedium (d. h. als der Leib) eines anderen Ich erfahren wird. Das andere Ich ist so zwar nicht zur Gegebenheit an ihm selbst zu bringen, aber es wird in motivierter Weise appräsentiert, d. h. als mit-gegenwärtig bewußt (vgl. Cartesian. Meditationen, §§ 42–62 und Husserliana XII–XV; zur Kritik M. Theunissen, Der Andere, Berlin 1965). Im Hinblick auf die objektive Welt ergibt sich, daß für ihre Konstitution ein solipsistisches Ich allein nicht hinreicht, sondern nur ein Ich, das sich als Glied einer Gemeinschaft von sinnstiftenden Instanzen versteht.

Die Welt selbst in ihrer Objektivität wird Problem für Husserl schon in den »Ideen (I)«, zum eigentlichen Thema aber in den späten Schriften über die »Krisis der europäischen Wissenschaften«. Von Anfang an unterscheidet Husserl eine objektive Vorstellung der Welt, die Produkt einer hochstufigen Konstitutionsleistung ist, von der »Lebenswelt«, d. h. der Ganzheit des Erfahrbaren, wie der jeweiligen Erfahrung als Horizont zugrundeliegt. Die Lebenswelt ist ganz und gar relativ auf das transzendentale Leben in seinen aktiven und passiven Synthesen. Die objektive Welt ist das ihrem Sinne nach nicht, da sie sich als etwas Absolutes präsentiert; tatsächlich aber ist sie das Produkt einer Konstruktion, das von der Substanz der Lebenswelt zehrt. Das gilt insbesondere von ihrem

Seins-Charakter. Denn wenn wir die Zuverlässigkeit unserer Erkenntnis bezweifeln, dann tun wir das immer partikulär: wenn x nicht so etwas ist, dann ist es eben etwas anderes. D.h. wir bewegen uns immer in einem naiven Glauben an die Realität der Welt, wenn wir einzelne Seinsaussagen machen oder bezweifeln. Dieser umfassende Seinsglaube färbt auf die einzelne Seinssetzung ab. Er trägt die Zuversicht, von einem Objekt zu einem anderen, von einem Bereich der Erfahrung zu einem andern übergehen zu können, noch bevor wir diese Übergänglichkeit erfahrend ausgemessen haben (was im übrigen prinzipiell unmöglich ist). Die Welt, in ihrer Ganzheit, ist also wesentlich auf das Vermögen des synthetisierenden Bewußtseins bezogen und darf nicht objektivistisch verfremdet werden. Dies geschieht jedoch, wenn man die Weltbilder, die die Wissenschaft in Abstraktion vom perspektivischen Lebenskontext aufgebaut hat, für die wahre Welt nimmt. Durch diesen subjekts- und lebensverdrängenden Objektivismus, der mit der altgriechischen Frage nach dem Seienden im ganzen einsetzt und sich in der wertneutralen, mathematisierten Wissenschaft der Neuzeit radikalisiert, ist unsere Kultur in ein unheilvolles Hin- und Herschwanken zwischen einem Wissenschaftsglauben und einer Wissenschaftsfeindlichkeit geraten. Eine Lösung ist nicht emotional, sondern nur vom umfassenderen Wissenschaftsideal der transzendentalen Phänomenologie her möglich.

13 Husserls Philosophie hat, in dem von ihm selbst intendierten Sinne, keine Fortführung gefunden. Dennoch war ihr Einfluß sowohl in der Breite wie in der Tiefe überaus groß. Durch editorische Bemühungen gibt es seit einigen Jahren, nachdem in den 50er Jahren die Phänomenologie am Ende zu sein schien, eine Husserlrenaissance, freilich zum Teil in mehr philologischer Perspektive. Husserls Ideal einer geduldigen, schrittweisen Analyse der lebensweltlichen Phänomene bleibt gültig. Doch machte er Voraussetzungen, die nicht gemacht werden müssen: Man kann sich fragen, ob der Bezug auf Evidenz überhaupt radikalisiert und universalisiert werden kann oder ob er nur in partikulär-kritischer Funktion sinnvoll ist; man wird die Priorität des raumzeitlichen Dinges in der Orientierung der Bewußtseinsanalyse bestreiten müssen; man wird finden, daß die Rolle der Sprache zugunsten der Anschauung weggedrängt worden ist. Andererseits hat Husserl durch seine Analysen erst ermöglicht, daß andere sehen konnten, was er übersehen mußte. Das gilt nicht zuletzt vom Verhältnis Heideggers zu Husserl.

Literatur:

Landgrebe 1963   Janssen 1976
Fink 1966; 1976   Marx 1987
Tugendhat 1967   Bernet 1989

II. Martin Heidegger

Leben und Werke

Heidegger stammt aus kleinstädtisch-katholischen Verhältnissen; 14
er ist 1889 in Meßkirch (zwischen Bodensee und Donau) geboren.
Die Ausbildung zum Priester in Freiburg/Br. brach er ab und ging
zur Philosophie über, die ihn schon zur Schulzeit fasziniert hatte.
Er wurde mit einer Arbeit über die psychologistische Urteilslehre
promoviert und habilitierte sich 1915 bei Heinrich Rickert mit einer Schrift über »Die Kategorien- und Bedeutungslehre des Duns
Skotus«. 1919 wurde er Assistent bei Edmund Husserl, 1923 Professor in Marburg, von wo er 1928 als Nachfolger Husserls nach
Freiburg zurückkehrte. 1927 erschien »Sein und Zeit«, das Werk,
das ihn berühmt gemacht hat, obwohl es unvollendet blieb (geplant
waren zwei Bände mit je drei Abschnitten, erschienen ist ein Band
mit zwei Abschnitten). 1933–34 amtete er als Rektor der Freibur-
ger Universität, z.T. im Sinne des Nationalsozialismus. Sein vor-
zeitiger Rücktritt brachte ihn ins politische Niemandsland. Philosophisch war er schon vorher, gleich nach dem Erscheinen des
Hauptwerks, in eine Krise gekommen. So veröffentlichte er, abgesehen von einem Buch über »Kant und das Problem der Metaphysik« sowie einigen Kleinschriften, längere Zeit nichts. Nach dem
Kriegsende, das ihm ein Lehrverbot (bis 1949) brachte, erschien zunächst der »Brief über den Humanismus«(1947); ab 1950 (»Holz-
wege«) kamen dann in rascher Folge Abhandlungen und Vorle-
sungspublikationen: wichtig darunter vor allem: »Vorträge und
Aufsätze« (1954), »Was heißt Denken?« (1954), »Nietzsche«
(1961). Heidegger starb, weltweit berühmt und umstritten, 1976
und wurde in seiner Heimatstadt begraben. Seit 1975 werden seine
Vorlesungen, Werke, unveröffentlichten Abhandlungen und Aufzeichnungen in einer auf etwa hundert Bände veranschlagten Gesamtausgabe publiziert.

1. Der Ansatz der Seinsfrage

15 Heideggers Denken steht unter dem Zeichen der »ontologischen Differenz« zwischen dem Sein und dem Seienden. Damit ist nicht jene Differenz gemeint, die durch die klassische Lehre von der Partizipation der vielen endlichen Seienden an der einen Seinsfülle ins Spiel gebracht wird. Der Ausdruck zielt vielmehr zunächst nur auf ein Problem: Was sich sprachlich als der Unterschied zwischen der verbalen und nominalen Komponente der Sätze darstellt und was sich methodologisch in Husserls VI. Logischer Untersuchung als der Unterschied zwischen der anschaulichen Erfüllung konkreter Intentionen durch die Wahrnehmung und der »kategorialen Anschauung« des »ist« und des »ist nicht« meldete: was ist das? In welcher Weise kann es thematisiert werden? Gewiß nicht unabhängig von einer Analyse der Sprache, freilich einer solchen, die nicht unterläßt zu fragen, wie denn die Sprache, in Struktur und Vollzug, in die Offenbarkeit des Seienden und seines Seins hineingehöre; darin liegt Heideggers Reserve gegenüber einer Tendenz, die die logische Analyse der Aussagen-Formen ins Zentrum der Philosophie rückt. Weil seine Fragerichtung auf die Erhellung des Unterschieds geht, der zwischen dem Sich-zeigen mannigfaltiger Grundweisen des Seienden und der in gewisser Weise schon vorherigen Selbsteröffnung des Seins in der Vielfalt seiner Sinne besteht, deshalb muß seine Methode phänomenologisch sein: das, was sich im Phänomen mitgängig und vorgängig immer schon gibt, an ihm selbst jedoch verbirgt, zu ausdrücklicher Gegebenheit zu bringen. Weil dieser Unterschied alle ontologischen Strukturen und transzendentalen Apriories unterläuft, heißt seine Untersuchung »Fundamentalontologie«. Weil der Unterschied immer schon von uns vollzogen ist, wird seine Thematisierung den Charakter einer »Hermeneutik« haben, d. h. eines Versuchs, sich ausdrücklich zum Bewußtsein zu bringen, womit man in praxi schon eine gewisse Vertrautheit hat. Es geht also darum, den Spielraum unseres verstehenden, intentionalen Verhaltens zu uns selbst und zu je anderem Seienden im Hinblick auf das darin vor-»verstandene« Sein zu durchleuchten.

16 Die Seinsfrage Heideggers erhält ihre besondere Spitze freilich erst durch seine Behauptung, das Sein sei in der bisherigen Philosophie »vergessen« worden, d. h. in seiner Fraglichkeit nicht eigens zugelassen worden. Vielmehr sei es immer, bis hin zu Husserl einschließlich, fraglos in einem bestimmten, keineswegs einzigmöglichen Sinn verstanden worden: nämlich als Gegenwart, Anwesenheit, Vorliegen usw. So galt in der griechischen und mittelalterlichen Philosophie jenes Seiende als das wahrhaft Seiende, das – in

oder über dem Fluß der Veränderungen – mit sich identisch bleibt und als solches an sich bekannter ist als das Wechselhafte. Die Neuzeit radikalisiert diese Auffassung nur noch, wenn sie, das Seiende als Gegenstand deutend, das Ich als die bleibende, mit sich identische Grund-Lage (Subjekt) aller Gegenständlichkeit und damit alles Seienden entdeckt; »Sein« ist dann zuletzt die Selbstgegenwart des Geistes, der der absoluten Selbstreflexion fähig ist. In jedem Falle ist »Sein« als bleibende Gegenwart verstanden. Dem entspricht auf der Seite der Zugangsweise ein Primat des Theoretischen und der Anschauung, die ja beide auf das Vorliegende aus sind. Auch in der Deutung der Zeit schlägt dieses besondere Seinsverständnis durch: nur das Gegenwärtige sei etwas Seiendes, während das Vergangene und das Zukünftige nicht mehr oder noch nicht »sei«; und die flüchtige Gegenwart des Seienden ihrerseits sei nur ein schwaches Bild der reinen, stehenden Gegenwart, die man Ewigkeit nennt.

Gegen diese Tradition setzt Heidegger nicht nur den Vorwurf, sie lebe von nicht kritisch eingelösten naiven Setzungen (– ein Vorwurf, von dem sich insbesondere Husserl zutiefst getroffen fühlen mußte); er behauptet auch, dadurch werde die Wahrheit des Seins verdeckt. Wegen der angedeuteten engen Verflechtung der Deutung des Seins und der Zeit im Horizont der bleibenden Gegenwart kommt Heidegger zur Überzeugung, daß die Seinsfrage nur zusammen mit der Frage nach der Zeit durchsichtig ausgearbeitet werden kann. Daher der Titel des Werkes »Sein und Zeit«.

2. Sein und Zeit

Unter dem Vorzeichen der Identifizierung des wahren Seins mit der Gegenwart kommt das Eigentliche der Zeit nicht zum Vorschein. Daß das Vergangene und das Zukünftige nicht gegenwärtig da sind, ist eine Banalität; ihnen das Sein schlechthin abzusprechen hieße aber, die Realität der Zeit zu leugnen. Das Sein des Vergangenen (bzw. Zukünftigen) sucht Heidegger so zu bestimmen, daß er zuvor fragt: was ist (nicht das vergangene Seiende, sondern) das Vergangen*sein* selbst? Was die Zu-kunft, das Zukommen selbst? Offensichtlich läßt sich nur auf diesem Weg ein Ausweg aus den klassischen Aporien finden, nach denen die Zeit »nur« in einem (ontologisch nicht erhellten) »Subjekt« *sein* kann. Es deutet sich auch schon an, daß die Gegenwart nichts Erstes, sondern etwas mit Zu-kunft und Gewesensein Gleich-Ursprüngliches ist.

Das konkrete Pendant zur reinen Gegenwart ist die Vorhandenheit der Gegenstände, in erster Linie das Vorhandensein der Natur-Seienden, das für die gesamte Tradition bis hin zu Husserl das Modell für das abgegeben hat, was man mit dem Wort »Sein« meinte. Heidegger versucht zu zeigen, daß sich die (wie selbstverständlich genommene) Offenbarkeit des Vorhandenen einer vorgängigen Offenbarkeit des Seienden im technischen Kontext verdankt. Das bloß noch neutral vorhandene Ding mitsamt seiner Gegenwart ist ein Verfallsprodukt des in mannigfache, praktisch vertraute Verweisungsbezüge eingebauten »Zuhandenen«, das dienlich oder bedrohend, hinderlich oder anziehend sein mag. Diese Verweisungsbezüge gehen jeweils auf ein Herzustellendes, ein »Werk«, auf das wir begehrend und handelnd aus sind. Für die Gegenwart eines Zeugs heißt das: wie und als was es sich präsentiert, hängt von einer bestimmten Zukunftsorientierung unserer selbst ab; und diese ist der Versuch einer Antwort darauf, daß wir uns situativ bestimmt erfahren. Das Zueinander von Entwurf in eine bestimmte mögliche Zukunft hinein und von Geworfenheit in eine bestimmte, zunächst in der Stimmung erfaßte Situation läßt Seiendes überhaupt als relevantes und darin erst als so und so eigenschaftlich geprägtes zum Vorschein kommen. Die Gegenübersetzung von Vorhandenheit und Zuhandenheit beabsichtigt keine vollständige Aufzählung von Grundbedeutungen des Seins, sondern hat nur den polemischen Charakter, die Alleinherrschaft des Seinssinnes »Vorhandenheit« zu brechen; im übrigen ist die Analyse offen.

18 Die Eröffnung der Welt im technisch-praktischen Sich-auskennen wird nun, als ein bloß uneigentliches Verstehen, mit einem eigentlichen Verstehen kontrastiert: uneigentlich deswegen, weil darin der Mensch noch nicht sein Eigenes, die Freiheit, entdeckt hat, aber auch deswegen, weil darin das Seiende ja nur funktionalisiert und nicht in seinem Eigen-Sinn zur Erscheinung kommt. Im Selbstverständnis, das der Mensch aus den zu bewältigenden Aufgaben gewinnt, liegt, daß sein Sein weder ein pures Vorhandensein noch die zeitlose Subjektivität für gegenständliche Erkenntnis, sondern ein faktisches, »gestimmtes« Sein-Können ist. Dieses Sein-Können ist »uneigentlich«, solange es seine Möglichkeiten aus dem schöpft, was »man« so für reizvoll, notwendig und machbar hält. Es entdeckt sich selbst, als unvertretbare Möglichkeit des Selbstseins, in der ungegenständlichen (also die intentionale Analyse unterlaufenden) Erfahrung der Angst. Die Angst hat zugleich zwei Seiten: es wird mir Angst vor dem Selbstsein (Lebensangst) und vor dem Nicht-sein-können (Todesangst). In ihr drückt sich aus, daß jeder Versuch der Selbstbegründung von vornherein sinnlos ist, weil die zu »besorgende« Umwelt, aus der solche Möglichkeiten der Selbst-

sicherung kommen können, nicht an die Radikalität des freien Seinkönnens heranreicht. Deswegen liegt in der Stimmung der Angst – besonders in jener Angst, die sich einstellt, wenn der Ruf des Gewissens zur Übernahme der eigenen Autonomie gehört wird – eine tiefere Erfahrung der eigenen Wahrheit und der Erschlossenheit des Seienden im Ganzen, als im technisch-erklärenden Weltentwurf, geschweige denn im bloß »gaffenden«, theoretischen Bezug zum Vorhandenen. Weil diese Erschlossenheit wesentlich nur in ihrer freien, ungestützten Übernahme geschieht, heißt sie auch »Entschlossenheit«. In ihr liegt auch die ursprünglichste Weise der Zeitlichkeit: reines auf-sich-Zukommen, nicht nur das relative Noch-nicht-sein eines herzustellenden Werkes; reines Gewordensein, nicht nur nicht-mehr vorhandenes Sein; und darin die reine Gegenwart des »Augenblicks«.

3. Sich einfügen in das Geschehen der Wahrheit

Durch eine gründlichere Phänomenologie wollte Heidegger eine geheime Voraussetzung der ganzen europäischen Denkgeschichte problematisieren: die stete Anwesenheit als den dominierenden Seins-Sinn. Doch blieb er selbst in ›Sein und Zeit‹ dieser Voraussetzung insofern verhaftet, als er dort eine zeitlos gültige Ableitung der Grundbedeutungen von »Sein« aus der zeitlichen Struktur des Seinsverstehens zu geben versuchte. Er scheiterte zwar bei der konkreten Ausarbeitung dieser transzendentalen »Genealogie«, weswegen sein großes Buch-Projekt ein Torso geblieben ist. Wichtiger als dieses Scheitern aber war die Einsicht, daß er, wenn er seiner These treu sein wollte, sein ganzes Denken »vergeschichtlichen« müsse, – daß er es nicht mehr deuten und durchführen dürfe als objektive Darstellung ewiger Strukturen von Offenbarkeit (Wahrheit) überhaupt, sondern als das Aufgreifen eines Geschicks, d. h. einer neu auf uns zukommenden, im Denken und Gestalten zu übernehmenden Grundweise von Lebenswelt.

Solange Heideggers Verhältnis zur Vergangenheit der Philosophie durch den Gedanken der Destruktion geprägt war, d. h. der Zuweisung relativer Wahrheit an einzelne, später zu Unrecht universalisierte ontologische Entdeckungen, blieb es im Horizont zeitloser Wahrheit. Nach ›Sein und Zeit‹ fügt er sich selbst in die Geschichte der Philosophie als in ein grundlegend schlicht hinzunehmendes Überlieferungsgeschehen ein. Seine kritische Einstellung bleibt dabei ungebrochen; er wird kein Vertreter der philosophia perennis. Aber nun sucht er das Wahre-für-jetzt und für die auf uns vielleicht zukommende Zukunft in der versinkenden Vergangenheit selbst: als das Ungedachte im dort Gedachten (und Gesagten). Dazu muß die Geschichte der Philosophie erst erneut erinnert werden.

20 Die Vergangenheit unseres europäischen Denkens stellt Heidegger unter den Titel »Metaphysik«. Damit will er andeuten, daß alles Erfahren, Denken und Gestalten zentral onto-logisch, d. h. von der Deutung des Seienden im Horizont des Seins als beständiger Anwesenheit, geprägt war und irgendwie noch ist. Am bestimmenden Anfang der Geschichte dieser Weise von »Wahrheit« steht die Doppelgestalt der platonisch-aristotelischen Philosophie: Ansetzung des allgemeinen Wesens als des Wahren in/über dem jeweiligen einzelnen Seienden; Ausbildung eines gesicherten Weges zum »Seienden« in der Unterscheidung von Sinnlichkeit und Geist; Deutung des Höchsten als in sich stehender Geist. Mit Hegels spekulativer Identifizierung von Substanz und Subjekt, von Idee und Realität, Bewegung und Ewigkeit kommt die Denkfigur der Metaphysik zu einem letzten Höhepunkt und damit zu ihrer Erschöpfung; als Nachklang folgt Nietzsches Umkehrung der Rangfolge von Geist und Sinnlichkeit und die Stabilisierung des Werdens in der Lehre der Ewigen Wiederkehr. Die wesentlichen Möglichkeiten des metaphysischen Denkens sind damit erschöpft; will man sich nicht mit historisierender oder analysierender Neutralisierung des Erbes begnügen, muß man heute, gerade wenn man die Größe der Metaphysik achtet, einen ganz anderen Anfang suchen. Diesen Neuanfang suchte Heidegger dadurch zu gewinnen, daß er das vormetaphysische Denken der sog. Vorsokratiker und das nachmetaphysische Dichten Hölderlins deutend aufeinander bezog. In diesem »Schritt zurück« ins »Ungedachte« der Tradition, nicht mehr in der Synthese, die sich durch eine immer höhere Entfaltung von unbefragten Voraussetzungen auszeichnet (Hegel), sieht Heidegger eine Möglichkeit, nach dem »Ende der Metaphysik« noch in einem wesentlichen Sinne zu »denken«.

4. Die Technik und die »Kehre«

21 Denn heute haben sich die Wissenschaften, was Methode, Zielsetzung und Selbstreflexion betrifft, von der Philosophie emanzipiert. Sie brauchen die Philosophie nicht zu ihrer Grundlegung und sie wehren sich gegen ihre Integration in ein philosophisch zu rechtfertigendes Gesamtsystem des Wissens. Ihr eigentlicher Impuls ist die »Technik«, d. h. der Versuch, alles zu erfaßbaren Beständen zu objektivieren und so zu erklären, daß es Material für die Selbsther-

stellung eines neuen Typs von Menschheit werden kann. In der Präzisierung (Einengung) der Weite der Welterfahrung zur wissenschaftlich-technischen Erkenntnishaltung sieht Heidegger nicht die Bescheidenheit des Verzichts auf metaphysische Fragestellungen, sondern in erster Linie das Weiterwirken eines zentralen metaphysischen Motivs: das Seiende zu gegenständlicher Präsenz zu zwingen. Die Tendenz zur Vergegenständlichung ist nicht hinreichend verstanden, wenn man sie auf die Willkür der Forscher oder bestimmter Interessengruppen zurückführt: Vielmehr drängt sich der Eindruck auf, daß die Dominanz des wissenschaftlich-technischen Selbstverständnisses sich aus der Hörigkeit gegenüber einem »Geschick« der Seinsentbergung ergibt. Denn wie anders soll man verstehen, daß die radikale und universale Einstellung sich als etwas nahelegt, was das einzig »realistische«, »ehrliche« usw. ist? Es scheint, als käme die Versuchung, die Wahrheit des Seins mit der hinreichend gesicherten Objektivität und der pragmatischen Relevanz wissenschaftlicher Theorien zu verwechseln, aus der Art, wie sich das Sein selbst zu verstehen gibt. Heidegger nennt diese Art das »Ge-stell«. Damit will er andeuten, daß die Menschen »gestellt« (angehalten) werden, das Seiende nur noch als das Korrelat der objektiv-klassifizierenden Vorstellung und der auf Her-stellung zielenden Erklärung und Bestandsicherung zuzulassen. Gewiß ist dieses »Geschick« nicht schlechthin fatalistisch zu deuten; doch ist es immerhin so mächtig, daß bloßes Moralisieren dagegen nicht ankommt. Heidegger hat keine Erklärung dafür, wie es möglich ist, daß das Entbergungs-»geschehen«, das zum Sein selbst gehört, zugleich dessen teilweise Verweigerung in sich hat. Die Endlichkeit der Lichtung des Seins scheint ja nicht diese »Irre«, sondern bloß dies mit sich zu bringen, daß das Seiende immer nur partiell offenbar sein kann und daß das Sein selbst in seiner Lichtung Geheimnis bleibt. Heidegger stellt das Zugleich von »Ereignis« (daß Wahrheit sich im offenständigen Verhalten des Menschen ereignet und zueignet) und »Enteignis« (Verweigerung im Ge-stell) lediglich fest. Auf der anderen Seite aber sieht er in diesem Zugleich auch den Grund einer Hoffnung. Wenn das Ge-stell trotz allem die Weise einer Zueignung der Seinslichtung an den Menschen ist, dann ist es möglich, daß sich diese Zueignung in ihre eigene Wahrheit »kehrt«. Dann wüchse, frei nach Hölderlin, in der »Gefahr« des Ge-stells auch »das Rettende«.

Was aber ist das zu Rettende? Wie sähe es aus, wenn sich die »Kehre« des Seinsgeschicks in dessen vorbehaltene Wahrheit vollzieht? Dem Ansatz von »Sein und Zeit« entsprechend, ist die ursprüngliche Weise des Daseins der Wahrheit die menschliche Lebenswelt in ihrer sinnhaften Endlichkeit. Sie ist das von den wissenschaftlichen Konstruktionen Übersprungene. In Heideggers frühem Hauptwerk war sie nur negativ-kritisch gekennzeichnet worden. In seinen späteren Aufsätzen versucht er, häufig in Anlehnung an Hölderlins tastende Prophetien einer versöhnten Wirklichkeit, diese Lebenswelt als den Zeit-spiel-raum zu kennzeichnen, der durch den Gegensatz und das Zueinander von Himmel und Erde, von Göttlichem und Menschlichem eröffnet ist. Durch die Entfaltung in diese vier Dimensionen der Weltlichkeit der Welt wird das Seinsgeschick »Ge-stell« durch das grundlegendere des »Ge-vierts« verbunden. »Himmel« und »Erde« meinen dabei nicht etwas bloß Symbolisches, wohl aber das, was konkret als Himmel und Erde erfahren wird, in seiner ganzen Sinndichte. In diesem Ereignis der Welt verschwindet die Subjekt-Objekt-Konstellation aus ihrer Machtposition. Alles wird geringer, einfacher, menschlicher. Vor allem gibt es wieder etwas, was durch die Welt des Ge-stells ausgeschlossen worden war: ein mögliches Sich-zeigen des Heiligen und darin des Göttlichen. Heidegger, der die Geschichte der Metaphysik als die progressive Realisierung von Motiven sieht, die schließlich zum Ge-stell geführt haben, kann deswegen die zur Metaphysik zentral gehörende (»natürliche«) Theologie nur in dem Sinne für eine Manifestation des Göttlichen halten, als auch die Verweigerung noch eine Weise der Zusage ist; durch sie wird mehr eine Stelle der Abwesenheit als eine anwesende Gestalt ins Wort gebracht.

Ob es wirklich zu dieser »Kehre« kommen wird, weiß Heidegger nicht. Durch sein Denken will er lediglich eine Bereitschaft für solches Kommen wecken, indem er einen Verzicht lehrt: den Verzicht auf die zum Nihilismus führende szientistisch-technomorphe Grundhaltung samt ihrer philosophischen Abstützung. In seinen späten Tagen schien es ihm jedoch immer unwahrscheinlicher, daß wir dazu noch in der Lage seien.

23 Heideggers Denken ist eine Theorie, die im Dienste der Erfahrung steht – anders als in den empirischen Wissenschaften oder auch in den klassischen metaphysischen Wegen, wo das Verhältnis umgekehrt ist. Darin liegt, daß der Schnitt zwischen dem Sinnlichen und dem Geistigen, der für die ganze Wissenschafts- und Philosophiegeschichte fundierend war, in gewisser Weise zurückgenommen wird. Sein Anspruch, ein Denken nach dem Ende der Metaphysik vorzubereiten, beruht auf der Erfahrung, daß die von der Tradition überlieferten Möglichkeiten, die er wie kein anderer zunächst zu neuem Leben zu erwecken wußte, für das heute zu Denkende nicht mehr hinreichen. Worin dies bestehe und was einer denkenden

Vorbereitung bedürfe, ließ er sich wieder von der Erfahrung geben – freilich einer tastenden, vermutungsweisen, ungesicherten –, nur geführt von einer großen Genauigkeit des Empfindens und Lesens. Dabei ist sein Typ von Erfahrung nicht vom objektiv-Gegenwärtigen her, sondern von der Zu-kunft des Gewesenen her be-stimmt. Heideggers Wirkung war und ist sehr groß. Man kann sich aber fragen, ob sein Bewußtsein, ein vorläufiges, gefährdetes Denken zu versuchen, und sein Gespür für die Echtheit von Erfahrungen überall ebenso ernstgenommen worden sind wie die Gewaltsamkeit seines Umgangs mit der Geschichte und seiner Wortprägungen.

Literatur:

Biemel 1973
Gethmann 1974
Gadamer 1983
Müller 1986

von Herrmann 1987
Ott 1988
Pöggeler 1990, 1992
Saß 1968, 1975, 1982 (Bibliogr.)

III. Max Scheler

Scheler, 1874 aus halb jüdischer Familie in München geboren, studierte Psychologie, Medizin, Soziologie und Philosophie, letztere insbesondere bei dem Neukantianer Rudolf Eucken in Jena. 1899 ließ er sich katholisch taufen, habilitierte sich und heiratete ein erstes Mal (seine dritte Gattin wird dann ab 1954 seine Ges. Werke herausgeben). Ab 1907 arbeitete er beim Münchner und Göttinger Phänomenologenkreis mit, doch in großer Selbständigkeit gegenüber Husserl. Nach dem Krieg, als Professor für Philosophie und Soziologie in Köln, war er zunächst eines der Häupter der damaligen katholischen Erneuerung, begann aber bald, sich zu einer pantheistischen Weltsicht hinzuwenden. Er starb 1928 in Frankfurt.

Scheler war ein sprühender, von vielfältigen Problemen faszinierter und weite Kreise faszinierender Geist. Das strenge, konsequent zum Transzendentalismus drängende Methodenideal Husserls blieb ihm, der die Phänomenologie als Befreiung vom Kritizismus erlebt hatte, fremd. Phänomenologie war für ihn in erster Linie Hingabe an das Objekt, Kunst der Beschreibung von Lebensphänomenen im Hinblick auf die Mannigfaltigkeit der dazu implizierten Sinn-Strukturen; die phänomenologische Epochè vertiefte er im Sinne des klassischen Unterschieds von Dasein und Sosein zu einer Metaphysik. Er versuchte, die Impulse der Lebensphilosophie (Nietzsche, Bergson, Simmel) aufzugreifen, ohne doch die Eigenart des Geistigen zu opfern. Die Verbindung von Lebensphilosophie und Phänomenologie vollzog Scheler durch die These, daß das Dasein im Widerstand erfahren werde, den das Reale dem dranghaften Streben des Subjekts entgegensetzt (Aufnahme einer These von Dilthey), während das Sosein einer Sache vom erkennenden Subjekt ungeschmälert rezipiert werden könne. Daraus ergeben sich zwei Folgerungen: daß einerseits die Ausklammerung des Daseinsglaubens auf dem Nein des Subjekts zu seiner dranghaften Lebendigkeit beruht, und daß andererseits die Ordnung des objektiven und subjektiven Geistes rein essentieller Natur ist. Schelers später, durch einen tragischen Pantheismus aufgefangener Dualismus von Drang und Geist, liegt keimhaft schon seinen ersten Versuchen zugrunde.

26 1913 erschienen Schelers erste wichtige Bücher: »Zur Phänomenologie und Theorie der Sympathiegefühle von Liebe und Haß« (1927 neu als »Wesen und Formen der Sympathie«) und »Der Formalismus in der Ethik und die materiale Wertethik«. Das Fühlen, bisher von der Philosophie nur wenig beachtet, spielt in beiden Werken eine zentrale Rolle. Die Spannbreite geht vom naturhaften All-Eins-Gefühl des Massenerlebnisses über die Weisen des Nach- und Mitfühlens – samt ihren Verfallsformen, z. B. im Ressentiment – bis hin zum fühlenden Erfassen einer Hierarchie von Werten. Diese Werte sind, im Gegensatz zu Kants Herleitung der sittlichen Imperative aus dem formalen Prinzip der Gesetzlichkeit, material unterschieden (z. B. als Sach- und Personwerte, Akt- und Reaktionswerte, Handlungs- und Erfolgswerte usw.); sie bleiben jedoch im Hinblick auf einzelne Güter apriori geltend und erfaßbar; durch den Bezug auf sie, der jedem empirischen Bezug zu Wirklichem vorausliegt, ist die menschliche Person konstituiert.

Die Person ist also ein Wesen der idealen Sphäre, genauer: deren reines Vollzugsmoment. Scheler lehnt den aristotelischen Gedanken einer Einbettung der intentionalen Akte in ein substanzielles Subjekt, das diese Akte vollziehen *kann*, ab; Person ist für ihn reine Aktualität, die jeweils das Ganze der Persönlichkeit mit ins Spiel bringt und deshalb nie vergegenständlicht werden kann. Er kennt neben der individuellen menschlichen Person auch Kollektivpersonen (z. B. die Kirche, die Nation) und letztlich eine Person der Personen, die auf der Seite des geistigen Vollzugs die Einheit der Welt und die gegenseitige Verstehbarkeit der Personen garantiert: Gott. Die ideale Sphäre, in der die Person ihr Leben vollzieht, ist nicht in erster Linie durch die Erkenntnis, sondern durch die Liebe charakterisiert. In der Linie Augustins, Pascals und Nietzsches sieht Scheler die Person in erster Linie als ein begehrendes und der Liebe fähiges Wesen; einzuschwingen in die Liebe der Urperson, ist der tiefste Wunsch der menschlichen Person, die sich auf diese Höhe nur dadurch erheben kann, daß sie ihre Vitalität sublimiert. Denn nicht nur fängt der Mensch zunächst als Triebwesen an und steigt erst langsam zur Erfassung und Bejahung höherer Werte auf; ganz prinzipiell gilt, daß das Geistige nur dadurch Dasein gewinnen kann, daß es die wirkenden Kräfte der dranghaften Wirklichkeit in seinen Dienst nimmt.

Wenn der Mensch im letzten nicht Verstand, sondern Herz ist, 27 dann lassen sich je nach der jeweils tragenden werthaften Motivation verschiedene Typen des Wissensstrebens voneinander abgrenzen. Scheler unterscheidet das dranghaft begründete, auf Herrschaft gehende Wissenwollen der Naturwissenschaften vom Bildungswissen, das auf die Schau von Wesensordnungen geht, und dieses wiederum vom Heilswissen der religiösen Erkenntnis, die den höchsten Wert, das Heilige, sucht. Entsprechend dem je anders gesetzten Vorrang, der diesen verschiedenen Weisen des Wissensstrebens (und der ihnen zugrundeliegenden Werte) zugeteilt wird, lassen sich verschiedene Arten von Gesellschaft unterscheiden (»Die Wissensformen und die Gesellschaft«, »Die Formen des Wissens und der Bildung«, 1925). Scheler gehört zu den Begründern der Wissenssoziologie.

Gegen Ende seines kurzen Lebens schlossen sich die meisten Motive des Schelerschen Denkens in das Projekt einer »Philosophischen Anthropologie« zusammen, die sein Hauptwerk werden sollte, von der aber nur die einleitende Programmschrift »Die Stellung des Menschen im Kosmos« noch 1928 erschien. Die Stufen des Lebens, das in seiner Eigenart als schmerzlich suchender Drang für Scheler am deutlichsten an den pflanzlichen Tropismen sichtbar wurde, erstrecken sich hin bis zur weltgestaltenden technischen Intelligenz im Menschen. Aber erst das Neinsagenkönnen zu diesem Drang und die Möglichkeit, seine Kraft auf die Realisierung geistiger Werte zu richten, macht das eigentlich Menschliche aus. Der Mensch jedoch ist wiederum nichts anderes als der Ort, an dem sich das in Drang und Geist zerrissene Absolute seine konkrete Realität zu erringen sucht. Das »Ewige im Menschen« – so der Titel des Hauptwerks seiner katholischen Epoche (1921) – wird nun mit den Augen Spinozas und Schopenhauers gesehen.

Scheler war und bleibt ein großer Anreger. Von der Vielfalt der Sachprobleme fortgerissen, fehlte ihm die Ruhe zur systematischen Ausarbeitung seiner Theorien. So war sein Einfluß auf das gebil-

dete Publikum größer als seine Schätzung in philosophischen Fach-
kreisen.

Literatur:

Hessen 1948   Good 1975
Hartmann 1963 (Bibliogr.)   Mader 1980
Frings 1974

IV. Maurice Merleau-Ponty

28 In Frankreich fiel die Idee der Phänomenologie auf einen fruchtbaren Boden, der durch die Tradition der Reflexionsphilosophie, von
Descartes über Maine de Biran bis zu Bergson, vorbereitet war.
1930 hielt Husserl Vorlesungen an der Sorbonne, die als »Méditations cartésiennes«, von E. Lévinas übersetzt, erschienen. Der Denker, der am meisten Anregung von der Phänomenologie empfing
und sie in ontologischer Perspektive transformierte, war wohl Merleau-Ponty. Der 1908 Geborene war von 1952 bis zu seinem Tode
1961 Professor am Collège de France. Seine wichtigsten Werke
sind: »La structure du comportement« (1942), »Phénoménologie
de la perception« (1945) und »Le visible et l'invisible« (postum
1964). 1945 gründete er, zusammen mit Sartre, die Zeitschrift »Les
Temps Modernes«.

29 Die gleichzeitige Frontstellung gegen die beiden feindlichen Brüder
des Szientismus und des Kritizismus markiert den Ausgangspunkt
seiner Überlegungen. Gegen den Szientismus (der für ihn zugleich
Atomismus und Mechanismus ist) setzt Merleau-Ponty das Prinzip
der Intentionalität und der Gestalt; er bekämpft auf der anderen
Seite die kritizistische These, alle Form im Empirischen sei das Ergebnis einer Prägung des bloß mannigfaltigen Empfindungsmate-
rials durch die Formen, die das intellektuelle Subjekt selbstmächtig
aus sich heraus entfaltet. Im subjektstheoretisch »neutralen« Begriff des strukturierten und sich selbst strukturierenden Verhaltens
(comportement) sucht Merleau-Ponty die Mitte, die von den beiden gegensätzlichen Theorien verfehlt wird. Dieser Begriff ist eine
Weiterbildung des phänomenologischen Begriffs der Intentionalität. Bei Husserl fand Merleau-Ponty die entscheidenden Argumente gegen ein objektivistisches Selbstverständnis der Psychologie, zugleich, im Begriff der passiven Synthesis, eine Deutung der

gegenseitigen Verflechtung von Subjekt und Welt. Er lehnt jedoch Husserls Glauben an eine mögliche Selbstdurchsichtigkeit des Bewußtseins ab; die phänomenologische Reduktion ist nach ihm nur als teilweise möglich. Gerade im Scheitern des radikalen Aufklärungsprojekts Husserls liege dessen eigentliche Bedeutung; denn so wird – gegen die Gleichung des Seienden mit dem Gegenständlichen – wieder deutlich: es gibt ein »rohes Sein« (être brut), eine unzivilisierte Subjektivität (esprit sauvage). Selbst in unserem geistigen Streben auf eine Aufhebung der undurchdringlichen Kontingenz des Seienden stehen wir noch in der Verlängerung einer naturhaft-anonymen Subjektivität. Die bleibende Grundschicht unserer technisch-intellektuellen Dynamik ist die Dynamik der Leiblichkeit, durch die wir in der vor-objektiven Realität verankert sind. Gewiß können wir uns eine Vorstellung vom Funktionieren unseres Körpers wie auch der Körperwelt um uns verschaffen; dabei aber bleiben wir von der lebendigen Natur um- und unterfangen. Ein Zeichen dafür ist die Wahrnehmung, auf der alles Theoretisieren aufbaut, ohne sie doch einholen zu können; ein anderes die von den Psychiatern Gelb und Goldstein herausgestellte unbewußte Verhaltensintentionalität des Leibes.

Was für das Stehen in der Natur gilt, gilt auch für die Geschichte. 30 Bevor wir sie als gliederungsfähiges Objekt *vor* uns haben, stehen wir handelnd *in* ihr. Auf die Frage, wie dann recht in ihre innere Dynamik (analog zur fungierenden Leiblichkeit) hineinzukommen wäre, entwickelte Merleau-Ponty schon früh eine (mit Reserve gemischte) Sympathie mit dem Kommunismus, die freilich von der Partei nicht entsprechend honoriert wurde und sich später (Koreakrieg, Ungarnaufstand) entsprechend verdünnte (»Humanisme et Terreur« 1947, »Aventures de la dialectique« 1955). So tritt in der Mitte der 50er Jahre das politische Engagement wieder zurück zugunsten einer vertieften Analyse und Evokation der leibhaften Realität (»chair«) der Welt, deren vielfältig gebrochener Perspektivenreichtum und sinnliche Dichte Merleau-Ponty faszinierten. Die Beschäftigung mit der Malerei und der Sprache, als vorrationalen Weisen des Ausdrucks, wird für ihn wichtiger. Zugleich öffnet er sich der Psychoanalyse und der strukturalen Linguistik: Wissenschaften, in denen deutlich wird, daß das seiner selbst bewußte Subjekt von einem strukturierten Sinn lebt, den es nicht gesetzt hat. Merleau-Pontys unvollendet gebliebenes Denken ist eine Ontolo- 31 gie ohne Metaphysik. Die im Gegenzug zum Rationalismus angesetzte Suche nach dem ursprünglichen Sinn geht immer nur nach unten, zu den »Müttern«, nie nach oben, in das Über-Rationale, d. h. in die Ermöglichung der Vernunft und der Freiheit als solcher.

So sucht er nach Ursprüngen, die wesentlich »vergangen« sind; er will den Abstand (écart) zur naiv-kindlichen Einheit mit der Welt überwinden, den er doch, philosophierend, dauernd setzt. Darin liegt die innere Spannung eines Denkens, dessen Verdienst es bleibt, die rationalen Selbstsetzungen auf ihren vergessenen Boden zurückgestellt zu haben: auf das unselbstverständliche, erstaunliche, in unseren Sinnen je neu aufgehende Sein der Welt.

Literatur:

Tilliette 1981
Waldenfels 1983, 142−216

Métraux 1986
Lapointe 1976 (Bibliogr.)

V. Paul Ricœur

32 Hatte Husserl versucht, in gewisser Weise hinter die Sprache zurück, dem Sichzeigenden in seiner Reinheit nahezukommen, so wird im Gegenzug dazu schon bei Heidegger die Sprache zu einem Konstitutivum des Sichzeigens. Das Werk von Ricœur bewegt sich in derselben Richtung der Entfaltung. Auf der Basis eines soliden Studiums der Phänomenologie Husserls und unter dem Einfluß der Existenzphilosophie (Marcel und Jaspers, aber auch É. Mounier) beginnt Ricœur sein eigenständiges Schaffen mit dem Entwurf einer Phänomenologie des Willens, um so die dem Theoretischen verpflichteten Analysen Husserls zu ergänzen (»Philosophie de la volonté«, 3 Bde., 1950−60). Zunächst geht es ihm darum, gegen die Reduktion des Wollens entweder auf einen rein aus sich kommenden Freiheitsakt oder auf die Auswirkung eines Kräftespiels natürlicher Art die Dialektik des Willentlichen und des Unwillentlichen in jeder Entscheidung herauszuheben. Damit deutet sich schon jene Erweiterung der (in Frankreich eine reiche Tradition verzeichnenden) Reflexionsphilosophie in Richtung auf das Moment des Vor-Rationalen hin an, die für Ricœurs Weg charakteristisch sein wird. So fragt er im II. Teil seiner »Philosophie des Willens«, der dem Fall der Freiheit in die Schuld gewidmet ist, auf der einen Seite nach der Möglichkeitsbedingung für den bösen Willen, die er in der Tatsache findet, daß der Mensch wesentlich ein nicht mit sich identisches Wesen ist. Andererseits bemüht er sich um eine Hermeneutik der Sprache, in sich effektives Schuldiggewordensein ausspricht. Zwischen der eidetisch analysierbaren Möglichkeit und der

zunächst einfach hinzunehmenden, nicht aus dieser ableitbaren Tatsächlichkeit des Bösen klafft ja ein Abgrund, der seine methodologischen Konsequenzen haben muß. Die verschiedenen Weisen, wie Schuld originär zur Sprache kommt (das Geständnis; die Mythen über den Ursprung des Bösen), haben jene Struktur, deren metaphorische und temporale Natur Ricœur immer wieder beschäftigen wird.

Zuvor gilt es freilich, sich mit Interpretationen auseinanderzusetzen, die alles naive Sichaussprechen des Subjekts auf eine hintergründige, anonyme Konstellation von Mächten hin zu unterlaufen versuchen. Von den drei »Meistern der Verdächtigung« – Marx, Nietzsche und Freud – ist es besonders der letztere, mit dessen Deutungsprinzipien sich Ricœur auseinandergesetzt hat, indem er Freuds »Archäologie« der menschlichen Subjektivität nach unten hin durch eine »Teleologie« nach oben hin, in freier Anlehnung an Hegels Gedanken vom Weg des Bewußtseins zu sich selbst, zu ergänzen vorschlug (vgl. § 95). 33

Der Grundzug der Philosophie muß, nach Ricœur, Hermeneutik sein, also die Auslegung der Produkte der sinnvollziehenden Subjektivität; denn diese kommt zu einem Verständnis ihrer selbst nicht durch intellektuelle Anschauung auf dem Weg der Reflexion, sondern nur auf dem Umweg über die Deutung der Sedimente ihrer kreativen, ihr selbst zunächst undurchsichtigen Lebenspraxis, die mit Sprachhandlungen durchsetzt ist. Deshalb sind Ricœurs spätere Werke in einem engen Kontakt mit der Text- und Literaturtheorie entstanden. Es geht dabei vor allem um drei Themen. – Das eine ist die Metapher (»La métaphore vive«, 1975). Die sprachliche Einheit, die für deren Analyse zugrundezulegen ist, ist nicht das Wort, sondern wenigstens der Satz, wenn nicht der Text. In der gelungenen Metapher zeigt sich, daß Sprache (und darin Subjektivität) ein immer neues, kreatives Spiel ist, das seine eigenen geregelten Voraussetzungen zugleich bestätigt und transformiert. – Das zweite Thema ist die Erzählform (»Temps et récit«, 3 Bde., 1983–85), in der Ereigniszusammenhänge überschaubar werden. So wenig es Dinge außerhalb eines Erfahrungszusammenhangs gibt, gibt es Ereignisse außerhalb eines – so oder so organisierbaren – Erzählungszusammenhangs. Dieser erlaubt uns, das, was geschehen ist, zu verstehen. Erzählen ist also eine primitive Form der Rationalisierung, auf der sich höhere Stufen der historischen Erklärung aufbauen. Ricœurs Analyse der Erzählform hat eine zweifache philosophische Pointe. Zum einen: Was wir ›Zeit‹ nennen, scheint ihm in der Erzählung zuhause zu sein, insofern diese eine Kontinuität von Ereignissen konstituiert. Er richtet sich gegen 34

Versuche, ›Zeit‹ aus der Selbstpräsenz des Subjekts her zu verstehen und kritisiert damit den latenten Idealismus der Zeit-Theorien Husserls und z.T. selbst Heideggers. Zum andern: Es geht um den Begriff der Wahrheit, wenn diese nicht einzelnen Sätzen, sondern ganzen Texten zugesprochen werden soll: Welchen Sinn kann es haben, von der Wahrheit einer Erzählung im ganzen zu sprechen? Wenn es gelingt, einen solchen Sinn im Hinblick auf historische Darstellungen zu fassen, darf man auch weiterfragen: darf man möglicherweise auch fiktionalen Texten eine Art von Wahrheit zusprechen? – Das dritte Thema ist die Subjektivität selbst, die sich auf andere Subjekte hin ausdrückt und von dort her erst ist, was sie ist. In seinem Buch »Soi-même comme un autre« (1990), das ein Gesprächsangebot an die analytische Philosophie ist, bahnt Ricœur einen Mittelweg zwischen der neuzeitlichen Exaltation selbstmächtiger und autarker Subjektivität und der postmodernen Deklaration vom Tod des Subjekts. – Ricœurs Werk ist von großer Ausgewogenheit. Er selbst bezeichnet seine Schriften als Bruchstücke einer praktischen Philosophie, die auf jeden Letztbegründungsanspruch, nicht aber auf das Rationalitätsideal verzichtet hat.

Literatur:

Waldenfels 1983, 226–335
Vansina 1985 (Bibliogr.)

Kemp 1989
Bouchind'homme 1990

B. Existenz- und Dialogphilosophie

War bei der phänomenologischen Bewegung trotz aller Vielfalt 35
doch die zentrale Stellung des Inspirators und Schulhaupts E. Husserl unübersehbar, so können die Bezeichnungen »Existenz-« und
»Dialogphilosophie« kaum mehr als den Rechtstitel eines bequemen Etiketts für sich reklamieren.
Gemeinsam bleibt den darunter subsumierten Autoren die Opposition gegen den Essentialismus – gemeinsam die Entdeckung der lebensweltlichen, auf individuelle Freiheit bezogenen Perspektive.
Einige von ihnen sind durch die Schule der Phänomenologie gegangen, wie Sartre und Levinas; die dialogischen Denker lassen sich
von der Nachbarschaft zur biblischen Überlieferung inspirieren.
Aber auch die Existenzdenker, die jener Tradition reserviert oder
ablehnend gegenüberstehen, bewegen sich, im weitesten Sinne, in
einem theologischen Horizont, und dies nicht nur wegen des großen Einflusses, den Kierkegaard auf sie ausgeübt hat. Fast allen hier
behandelten Autoren ist es gemeinsam, daß ihnen das Ideal der
Wissenschaft und damit die darauf bezogene methodologische Reflexion wenig bedeutet. Vielmehr denken sie, in engem Bezug zu
ihrem eigenen Leben, aus existentiellen Entdeckungen heraus, die
sie in einer Art prophetischen Sendungsbewußtseins ihren Lesern
zu vermitteln suchen. Nicht selten wollen sie auch politische Wirkungen erzielen.
Im übrigen bleiben solche etikettierenden Einteilungen von Philosophien natürlich fragwürdig. Aus diesem Grunde sind hier Existenzdenker und Dialogphilosophen miteinander gemischt. Denn
auch die sog. Denker des Dialogischen gehen vom Selbstverhältnis
des in Freiheit existierenden Ich aus; und umgekehrt spielt bei den
Autoren, die meistens als Existenzphilosophen bezeichnet werden,
das zwischenmenschliche Verhältnis eine wesentliche Rolle, wenngleich so, daß das Schwergewicht doch eher auf dem Ich als auf
dem Du zu liegen kommt. – Unter die Existenzphilosophie – aber
gewiß nicht unter das Dialog-Denken – könnte auch Heidegger gerechnet werden. Doch ist für ihn das Stichwort »Phänomenologie«
zentraler als das der Existenz.

Literatur:

Müller 1986
Lotz 1965
Casper 1967

Schrey 1970
Theunissen 1981
Janke 1982

I. Ferdinand Ebner

36 Ebner (1882–1931) litt nicht nur unter der Enge eines Volksschul-
lehrerdaseins in einem Dorf der Umgebung Wiens; er war ein von
vielen Krankheiten geschlagener Mann. Um 1916 herum gelangte
er zu einer entschiedenen Aneignung des christlichen Glaubens;
sein in Fragmenten sich äußerndes Denken erhielt dadurch die
Richtung. Den Prolog des Johannes-Evangeliums (»Im Anfang war
das Wort«) meditierte er immer wieder. Kierkegaards »Krankheit
zum Tode« wurde ihm zum Hilfsmittel gegen eine Weise des Denkens, das sich theoretisierend in die objektiven Strukturen des Seins
verliert, statt das Existieren selbst erhellend zu begleiten. Das wichtigste Buch Ebners deutet in seinem Titel die Sache an, um die es
ihm ging: »Das Wort und die geistigen Realitäten. Pneumatologische Fragmente« (1921).
Ausgangspunkt ist ihm das einsame, seiner Existenz ebenso gewisse
wie seines Sinnes entbehrende Ich. Die Entdeckung ist das Du: daß
der sich aussprechenden Icheinsamkeit ein Angesprochenes schon
verborgen zugrundeliegt – daß das lebendige Wortgeschehen gegenüber dem zu sich kommenden Selbstbewußtsein die ursprünglichere Realität ist. Ebner kontrastiert diese Entdeckung mit einem
Grundzug der modernen, nachcartesischen Mentalität, für die ›das
Reale‹ mit den Vorstellungen eines Ich zusammenfällt, das sich auf
diese Weise mit ›aller Realität‹ vermittelt, selbst aber keine Realität
findet. Es ist der »Traum vom Geist«, und das Erwachen daraus ist
die Entdeckung, daß das Ich nur deshalb eine geistige Realität ist,
weil es aus dem Angesprochensein, dem Begabtsein mit Sprache,
lebt. Das Ich ist also immer schon ein Du eines anderen Ich gewesen, letztlich des göttlichen Ich. Ähnlich wie Buber und noch vor
ihm sagt Ebner auch, daß Gott nur als Du gefunden werden kann.
Damit ist gegeben, daß Gott nicht am menschlichen Du vorbei gesucht werden darf, so wie dieses nur in Gott wirklich ernstgenommen wird. Konsequenterweise versucht Ebner, anders als Buber,
das Gebet zu einer Art Grundform der Existenz werden zu lassen.
Themen, die ihn beschäftigten, waren u. a. das Verhältnis von Mann
und Frau, die Arbeiterfrage, der Krieg, die Verbürgerlichung der
Kirche. – Auf ganz persönliche Weise hat Ebner den existenzphilo-
sophischen Impuls wieder entdeckt und den dialogischen Grundgedanken als erster in diesem Jahrhundert ausgesprochen.

Literatur:
Methlagl 1985   Wucherer 1985

II. Gabriel Marcel

Marcel (1889–1973) wurde geboren und starb in Paris. Die vielsei-
tigen Verbindungen seines Vaters mit der kulturellen Elite, die eigene musikalisch-literarische Begabung machten ihn früh empfäng-
lich für das Geistige. Nach einer rationalistischen Phase, die er vor
allem mit Hilfe von Bergson überwand, wurde, ausgehend von den
Anregungen Schellings, Coleridges und Royces, ein »höherer Empirismus« sein Ideal. Die immer wieder unterbrochene und 1941
schließlich ganz aufgegebene philosophische Lehrtätigkeit an
Gymnasien wurde weit überwogen von einer weitgespannten Aktivität als Literaturkritiker, Lektor bei verschiedenen Verlagen und
nicht zuletzt als Verfasser von zahlreichen Dramen.

Seine philosophische Produktion, die thematisch in der Linie der
französischen Reflexionsphilosophie liegt, entwickelt sich aus Tagebucheintragungen; und das gilt nicht nur für sein erstes, ein eigenständiges Denken dokumentierendes Werk, das »Journal métaphysique« (I, 1927). Der Versuch, in immer neu angesetzter Beschreibung Grunderfahrungen menschlichen Daseins ins Wort zu
heben, vertrug sich für ihn nicht mit der Absicht aufs System. Seine
Schriften sind Ausdruck von Gesprächen, die Marcel mit sich selber und mit den Zuhörern seiner Vorträge führte, auf dem Weg des
Lebens hie und da innehaltend, aufs innere Licht unserer immer bedrohten Seinsaffirmation sich für einen Augenblick zurückwen-
dend. Zum dialogischen Charakter des Marcelschen Denkstils ge-
hörte es auch, daß er sich immer wieder von dem überraschen ließ,
was ihm die – von ihm zwar erfundenen, aber ein Eigenleben be-
hauptenden – Gestalten seiner Dramen zu sagen hatten.

Die Erfahrung der Abwesenheit, die Marcel mit vier Jahren durch
den Tod seiner Mutter machen mußte und die sein ganzes Lebens-
gefühl prägte, steht vielleicht am Anfang seines Denkimpulses. Die
Abwesenheit von Verstorbenen deutet sich als Weise der Anwesenheit an, wenn man darauf achtet, daß auch ihnen gegenüber Treue
gefordert ist, soll nicht schon die Treue zu Lebenden durch einen
Vorbehalt eingeschränkt sein. Treue, Gerechtigkeit und derglei-
chen sind zwar allgemeingültige Ideale, haben aber Sinn nur in Bezug auf individuelle Wesen – mich und den jeweils Anderen –, deren innere Würde und Bedürftigkeit durch sie zum Ausdruck
kommt. Die inkarnatorische Bewegung vom Idealen zum Konkreten geht gegenläufig zur Fluchtbewegung der Intellektualisierung
oder abstrakten Moralisierung. Sie führt aber nicht zum theoreti-

schen oder praktischen Materialismus, sondern zu einem Personalismus, der ins Transzendente weist.

39 Gegen die Fluchtversuche der denkenden Menschen in das materiell-funktionale Objektive oder in die Welt des Rational-Allgemeinen stellt er die Erinnerung an den inkarnatorischen Grundzug des geistigen Seins. Im Zentrum der Helle des Ego-cogito steht ein Dunkel, in dem sich sowohl die Leiblichkeit wie das Geheimnis des Seins als Wertfülle andeuten. Damit sind die miteinander nicht vermittelten cartesischen Größen der res extensa und der res cogitans auf ein Ursprünglicheres hin unterlaufen und so als Produkt einer abstrahierend-objektivierenden Reflexion dargetan. Diese (für uns) »erste« mußte durch eine »zweite Reflexion« aufgehoben werden: d. h. durch die Prüfung der Ergebnisse, die die naiv vergegenständlichende erste Rückbiegung des Ich auf sich erbracht hat, an der intuitiven Selbst-»Gegebenheit« des Vollzogenen, die ein Entzug ist und deswegen nur auf dem Umweg über die vorläufige Objektivierung der ersten Reflexion zu thematischer Aussagbarkeit kommen kann.

Dem Unterschied von erster und zweiter Reflexion bzw. dem sich darin Zeigenden entspricht die Unterscheidung von Haben und Sein, die am Phänomen der Leiblichkeit entwickelt wird (»Être et avoir«, 1935). Ich »habe« einen Leib: d. h. er ist verfügbar und objektivierbar. Ich »bin« aber auch mein (nicht: ein!) Leib: d. h. meine Existenz ist, ihr selbst undurchsichtig und unverfügbar, inkarniert. Das Inkarniertsein ist als solches zu übernehmen: es ist die Quelle allen konkreten Sinnes. Es ist nicht erschöpfend in der Weise des Habens auszuleben. Ausgehend von der Leiblichkeit erweitert Marcel den Anwendungsbereich der beiden Kategorien bis zu Grundkategorien der Existenz. Das (transitiv zu lesende) »Sein« ist aktive Passivität; es wird vollzogen in äußerster Disponibilität für das Du, das menschlich-begegnende wie das göttliche, das mich in diesen konkreten Leib, diese konkrete zwischenmenschliche Situation disponiert hat. Zum »Sein« gehört ein »glaubendes« und liebendes Sicheinlassen auf die Wertfülle des Daseins; zu ihm gehört vor allem auch Hoffnung (»Homo viator«, 1944). Von seiner Natur her ist das Sein kein Gegenstand, sondern partizipierender Vollzug an einem »Geheimnis«, das alles andere als ein intellektuelles »Problem« ist. In ihm verbirgt sich Gott (»Le mystère de l'Être«, 1951).

Als Marcel mit 40 Jahren katholisch wird, geschieht dies ohne dramatischen Bruch; sein philosophischer Weg findet eine fast natürliche Heimat. Seine Eigenständigkeit hat er denen gegenüber, die meinten, nun müsse er noch Thomist werden (z. B. Maritain), verteidigt. Sein Stil blieb bis zum Ende derselbe.

Marcel war einer der großen Anreger der französischen Philosophie dieses Jahrhunderts; auch Sartre z. B. hat einiges von ihm übernommen. Eine eigentliche Schule freilich konnte dieser originelle, dem Fragmentarischen und Eigenpersönlichen verpflichtende Kopf nicht haben.

Literatur:

Troisfontaines 1953/1969   Belay 1976
Berning 1973   Schilpp 1984

III. Martin Buber

Buber, 1878 in Wien geboren, wurde mit drei Jahren in das sehr 40 wohlhabende Haus seiner Großeltern in Lemberg gegeben. Sein Großvater Salomon Buber edierte neben seinen Geschäften alte Midrasch-Texte, d. h. aktualisierende Kommentare zum Alten Testament. Die Vertrautheit mit dem Hebräischen und die Ehrfurcht vor dem Lernen hat Martin seit dieser Zeit behalten. Während seiner Studienzeit in den Zentren des deutschen Geisteslebens öffnete er sich jedoch ganz der Weite der westlichen Kultur. Erst durch seinen Kontakt mit der zionistischen Bewegung (ab 1898) begann er, sich auf sein jüdisches Erbe zu besinnen, dem er fortan selbstsicher diente. Den bloß politischen Zionismus Theodor Herzls ablehnend, erhoffte er sich eine Erneuerung des Judentums aus lebensphilosophischen Gedanken, wobei ihn – neben Georg Simmel – sein Freund Gustav Landauer mit seinen anarchistisch-sozialistischen Ideen inspirierte. Dann wurde der interpretierende Rückgriff auf die Geschichten des Chassidismus (einer ostjüdischen Bewegung, bei der eine Mystik der Alltagsaktivität und ein Gemeinschaften schaffendes Führertum im Zentrum standen) für ihn immer wichtiger. Zunächst deutete Buber diese Texte wie auch Sagen anderer Völker aus der Perspektive einer Einigungsmystik, bis er in »Ich und Du« (1923) den Gedanken seines Lebens fand: den Gedanken des Dialogs.

»Ich und Du« ist im Grunde ein religionsphilosophisches Werk. 41 Seine Spitze ist gegen die (von Buber selbst vorher vertretene) Auffassung der Religion – und damit des Lebens – als eines Aufgehens im allumfassenden Einen gerichtet, also gegen die vom Hinduismus inspirierten Monismen ebenso wie gegen jeden Quietismus. Seine tragende These ist: »Du« ist der adäquate Gottes-»Name«. Damit ist die theoretische Vernunft als für religiöse Fragen unzuständig erklärt, so daß die quälende Frage, ob Gott existiere oder nicht, plötzlich wegfällt. Gott »ist« nur als ansprechender und angesprochener, nie als besprochener. All das, was weder anspricht noch angesprochen werden kann, was weder wahrhaft auf mich zugehen kann noch Hingabe empfangen kann, ist nicht Du, sondern Es.

Das Woher und Woraufhin der alles in eins fassenden Selbstaussage des Ich ist das absolute ewige Du. Dieses aber tritt vermittelt durch die Vielfalt jeweiliger endlicher Dus auf. Als solche kommen für Buber nicht nur Menschen in Betracht, sondern auch Wesen der Natur, wie z. B. ein Baum, und geistige Wesenheiten (Ideen), die durch den Einsatz des Künstlers ein Werk werden wollen. Aber natürlich sind Menschen in erster Linie geeignet, füreinander zum Du zu werden, denn nur hier ist die Wechselseitigkeit, die für die echte Beziehung kennzeichnend ist (auch und gerade für die Beziehung zwischen Geschöpf und Schöpfer!), voll gegeben. Von der Seite des Ich aus ist zunächst kennzeichnend, daß das Du in der Entstehung eines Ich-Du-Verhältnisses die Initiative hat; es zeigt sich »von Gnaden« – während der Aufbau eines Ich-Es-Verhältnisses (d. h. Subjekt-Objekt-Bezugs) jederzeit in der Verfügungsgewalt des Ich liegt. Dann aber auch dies, daß die volle Wesensauszeugung (Realisierung) meiner selbst nur auf ein Du hin möglich ist, während Aufbau und Verwaltung der Es-Welt die personalen Tiefenkräfte des Ich brachliegen läßt.

42 Der Gegensatz dieser zwei Grundformen: meines Verhältnisses, das sich auf ein Du bezieht, und meines Verhältnisses zu einem Gegenstand, der bloß ein Es ist, ist die tragende Architektur des Buberschen Denkens. In beiden Fällen handelt es sich um ein Gegenüber zu mir, um eine Art von intentionalem Zwischen. Doch hat das beiden Bezügen zugrundeliegende Ich nur eine formale Einheit; seine konkrete Sinnerfüllung oder Subsistenz hängt von dem ab, worauf es sich bezieht, ob das Andere nun als Du oder als Es ge- und erlebt wird.

Mit der Welt des Es meint Buber etwa das, was Kant als die offene Gesamtheit der Erscheinungen, als das Feld objektiver Erfahrbarkeit anzielte. »Es« ist all das, was sich beobachten, feststellen, erklären und damit auch praktisch prinzipiell beherrschen läßt. Ihrem Sinn nach ist die Orientierung in der Wirklichkeit unter der Form des Es dem Umkreis der Notdurft des Überlebens und des bequemen Lebens eingeschrieben. Der Aufbau der Wissenschaften und der Technik, ebenso wie der Erwerb von Informationen und praktischen Fertigkeiten sind deshalb notwendig; aber sie geben noch keinen humanen Sinn. Dieser ist an die Entdeckung der Du-Wirklichkeit gebunden.

Eine »Entdeckung« ist die Du-Wirklichkeit freilich nur vom Standpunkt des neuzeitlichen Subjekts aus, das sich so sehr in die Es-Welt eingerichtet hat, daß es darüber vergaß, wie sehr es seine eigene »Ich-Stärke« gegenüber der Natur der Zusage des Du verdankt. Die Beziehung bleibt das Grundlegende für den Menschen, mindestens im Angesprochensein vom ewigen Du her und im entsprechenden Verlangen nach einer konkreten endlichen Du-Begegnung. – Auf der anderen Seite bleibt die Gegenwart des begegnenden Du nicht; immer wieder – das ist für Buber »die erhabene Schwermut unseres Loses« – sinken wir auf die Ebene der Es-Verhältnisse zurück, teils aus der Kraftlosigkeit unseres Wesens, teils wegen des Entzugs des Du, der in unserer Zeit einer »Gottesfinsternis« (so ein Werk aus dem Jahre 1952) gleichkommt. So hat Bubers Verweis auf das ewige Du, das in allen endlichen Dus mit aufleuchtet und angezielt wird, den Sinn, der Du-Welt eine ähnliche Konsistenz zu verschaffen, wie sie die Es-Welt in unserer Erfahrung hat. Umgekehrt ist der zwischenmenschliche Dialog für ihn ein Rückzugsgebiet der Sinnsuche, das selbst von der Skepsis bezüglich der Existenz Gottes oder eines jenseitigen Lebens nicht berührt wird.

Bubers prophetische Erinnerung hat kulturkritischen Charakter; so bleibt sie stark an das gebunden, was sie kritisiert. Die Überschärfe der exklusiven Alternative zwischen Es und Du hat u.a. darin ihre Wurzel, daß Buber das Du systematisch als das Andere zum Es denkt. So kommt es auch zu dem fast verschwimmend weiten Gehalt des »Du« und zum unklaren Verhältnis zwischen dem ewigen Du und den endlichen Dus. In seinen späteren dialogischen Schriften (z.B. »Zwiesprache«, 1930) hat Buber deshalb das interpersonale Zwischen ohne den steten Bezug auf das Es zu fassen gesucht. [43]

Mit »Ich und Du« hat Buber die Botschaft seines Lebens gefunden. Seine spätere Lehrtätigkeit in Frankfurt, nach der Emigration 1938 in Jerusalem, war davon ebenso bestimmt wie seine Art der Bibelübersetzung (1924 ff.; neu bearbeitet 1954 ff.), die er z.T. zusammen mit F. Rosenzweig unternahm, und sein unermüdliches Eintreten für eine Verständigung zwischen Juden und Arabern in Palästina (vgl. »Pfade in Utopia«, 1950). International geehrt, zuhause umstritten, starb Buber 1965 in Jerusalem.

Literatur:

Schilpp/Friedmann 1963   Cohn/Buber 1980 (Bibliogr.)
Schaeder 1966   Bloch/Gordon 1983

IV. Franz Rosenzweig

44 1886 einer assimilierten jüdischen Familie in Kassel entsprossen, studierte Rosenzweig (nach einem medizinischen Intermezzo) Geschichte bei Friedrich Meinecke und Philosophie bei Hermann Cohen. Diskussionen mit gleichaltrigen Freunden um die Frage, ob man nicht, als Angehöriger einer »christlichen« Kultur, auch die Konsequenz der Taufe ziehen sollte, brachten ihn zu dem Entschluß, Christ zu werden. Dieser blieb jedoch unausgeführt, da Rosenzweig, der vorher noch einen Synagogen-Gottesdienst besuchen wollte, bei dieser Gelegenheit erfuhr, daß er als Glied des auserwählten Volkes keine weitere Vermittlung zu Gott brauche. In der Folgezeit beschäftigte ihn, den am Idealismus Hegels und Goethes Gebildeten, die Frage, wie Offenbarung und wie überhaupt geschichtliche Individualität gedacht werden könne. Aus diesen Überlegungen ging einerseits das kritische Werk »Hegel und der Staat« (1914, veröff. 1920), andererseits das Hauptwerk Rosenzweigs hervor, »Der Stern der Erlösung« (auf Feldpostkarten im Herbst und Winter 1917 geschrieben, 1921 veröff.).

45 Der »Stern« ist ein System der Philosophie, das zentrale biblische Motive erinnernd aufgreift – ein Gegenentwurf gegen die vom Identitätsgedanken beherrschten Systeme des Idealismus. Rosenzweig nimmt sich die philosophische Rechtfertigung des gesunden Menschenverstandes vor, der das, was in individueller Gestalt erscheint, auch als solches nimmt, während die Philosophie »von Ionien bis Jena« die Erscheinungen auf das zurückführt, was nicht erscheint (das Wesen: bei Thales das Wasser, bei Hegel der Geist – beide Male eine Ganzheit, die die Differenz in sich aufgehen läßt). Insbesondere geht es Rosenzweig um die wechselseitige Unrückführbarkeit der Welt, des Menschen und Gottes, deren zueinander differentes Sein als un-vor-denkliche letzte Tatsächlichkeit aller Erfahrung zugrundeliegt und aller ontologischen Konstruktion zugrundezulegen ist. Die Irreduzibilität dieser diskreten Größen ist für ihn festgemacht an der Erfahrung, daß sich das denkende Individuum nicht in die gedachte Totalität aufheben kann: seine Todesfurcht, die durch die versuchte Selbsteinbergung ins universale System überwunden werden sollte, bleibt hartnäckig bestehen – und ebenso die (vom System der Wahrheit her sinnwidrige) Möglichkeit, mich mit anderen über die praktische Bedeutung des Systems zu unterhalten. »Ich ganz gemeines Privatsubjekt, Ich Vor- und Zuname, Ich Staub und Asche, Ich bin noch da« (GW III, 127) – auch nachdem die Vermittlung des absoluten Gedankens mit sich

selbst zu Ende gekommen ist. Damit zeigt sich die Grenze der idealistischen Entwürfe, aber auch die Möglichkeit, sich mit Hegels Selbstverständnis, er repräsentiere das Ende der Philosophie, einverstanden zu erklären: nach dem Ende der Identitätsphilosophie soll nun die der Differenz kommen, und das heißt: die Philosophie des Individuellen und der unableitbaren Erfahrung und der offenen Zeit.

Wie Heidegger, aber ohne den Bezug zur Ewigkeit einzuklam-
mern, denkt Rosenzweig das Sein als Zeitlichkeit. Der konkrete Name dafür, daß jedes Denken und Handeln sich sozusagen als sein bleibendes *Perfekt* Gott, Welt und Mensch immer, und zwar als unterschiedene, voraussetzen muß, ist »Schöpfung«. Der Schöpfungsgedanke gibt den Grund dieses Unterschieds an und sichert so gegen die Versuchungen, das eine im anderen aufgehen zu lassen. Insbesondere ist die Differenz Gottes zur Welt und zum Menschen die Überwindung der neuzeitlichen Versuchungen, entweder die Welt in ihrer Vorstellung oder das Ich in der Welt untergehen zu lassen. Jedoch ist das nackte Nicht-Identisch-Sein noch keine wechselseitige Gegenwart. Das Moment der *Gegenwart* korreliert Rosenzweig mit dem der »Offenbarung«. In ihr wird der Mensch in seiner Individualität bestätigt, indem er unbedingt angesprochen und so seinerseits zum liebenden Ansprechen befähigt wird. Jede Berufung auf unpersönliche Lebensmaßstäbe wie den »der« Geschichte, die urteilt und Unterwerfung fordert, fällt damit weg. Vielmehr wird die Berufung des Menschen zu seinem individuellen, dialogisch zu lebenden Dasein ins Licht gestellt. Diese Berufung auf sich nehmen heißt, an der Erlösung mitzuarbeiten, auf jene *Zukunft* hinzuleben, in der der Ewige alles in allem sein wird. Ihr Symbol ist der Stern, der durch die Überlagerung der beiden gleichseitigen Dreiecke der Differenz (Gott, Welt, Mensch) und der Geschichte (Schöpfung, Offenbarung, Erlösung) entsteht.

Es ist der Stern Davids. Wie steht die Besonderheit des Juden und des Christen – mit den anderen Religionen geht Rosenzweig streng um – zur Allgemeinheit des Menschen? Dieses Allgemeine hat sein Dasein in geschichtlicher Differenzierung: als das ohne Offenbarung lebende, die humane Immanenz vervollkommnende Heidentum, als die vorweggenommene Ewigkeitsgestalt des Judentums und als die missionarische Übergangsgestalt des Christentums. In der Geschichte kann und soll diese Differenz nicht aufgehoben werden; das bleibt das Privileg der Ewigkeit selbst. So versucht Rosenzweig, den Streit zwischen Juden und Christen zu schlichten, jedenfalls dem Christentum offener entgegenzukommen, als dies Buber und selbst Levinas tun.

47 Nach dem Erscheinen des »Stern«, dessen Wirkung bis heute dem Gewicht des Werkes nicht entspricht, widmete sich Rosenzweig dem von ihm in Frankfurt/M. gegründeten Freien Jüdischen Lehrhaus und der Übersetzungsarbeit (Die Bibel, zus. mit Buber; und die Hymnen des mittelalterlichen Dichters Jehuda Halevi). Eine rapide fortschreitende Muskelparalyse versagte ihm den Gebrauch von Stimme und Hand. Mit Hilfe seiner Frau und einer speziell konstruierten Maschine konnte er sich jedoch ausdrücken. So war sein Haus ein Zentrum jüdischer Gelehrsamkeit bis zu seinem frühen Tode im Jahr 1929.

Literatur:

Mosès 1982   Zak 1987
Görtz 1984   Schmied-Kowarzik 1988, 1991

V. Karl Jaspers

48 Jaspers, geboren 1883 im Oldenburgischen, studierte Medizin – einerseits, um mit seiner schweren Lungenkrankheit so zurechtzukommen, daß er dem schwachen Körper möglichst viel Leistung abverlangen konnte, andererseits, um ein philosophisches Bedürfnis zu befriedigen: an der strengen naturwissenschaftlichen Methode den Verstand zu schulen und zugleich aus naher Bekanntschaft die Grenze des empirisch-wissenschaftlichen Denkens zu erkunden. Innerhalb der Medizin vertiefte er sich in die Probleme der Psychiatrie. Als Frucht des Versuches, Ordnung in die Vielfalt der dort üblichen Ansätze zu bringen und den intuitiv-verstehenden Zugängen das gleiche Recht wie den physiologisch-erklärenden zu sichern, erschien 1913 seine »Allgemeine Psychopathologie«, der er 1919 eine »Psychologie der Weltanschauungen« zur Seite stellte, die zugleich ein Beitrag zur Theorie des »normalen« Seelenlebens und eine Einleitung in die Philosophie sein sollte. 1920 wurde Jaspers Philosophieprofessor in Heidelberg, wo er, ganz durchdrungen von der Verantwortung seiner universitären Stellung, dozierte, bis man ihm 1937 den Lehrstuhl entzog. Die großen Denker der Vergangenheit, von denen sich Jaspers am tiefsten beeinflussen ließ, waren Kant und Kierkegaard; unter den Zeitgenossen waren ihm Max Weber und Martin Heidegger die wichtigsten Gesprächspartner.

Die wichtigste Publikation von Jaspers bleibt wohl sein dreibändiges Werk »Philosophie« (1932); das nach 1945 geplante große Werk einer Philosophie des »Umgreifenden« blieb nach dem ersten Band, »Von der Wahrheit« (1947), stecken. Es geht Jaspers um eine geistige Erneuerung, um eine Art intellektueller Bekehrung, die einen Weg aus der tiefen Krise der Kultur Europas nach dem Ersten Weltkrieg weisen soll.

Der 1. Band, »Weltorientierung«, bekämpft die objektivistische Selbstinterpretation der Wissenschaft: als wäre diese eine immer vollständigere Aufdeckung der Wahrheit über die Welt. Zwei Argumente werden ins Feld geführt: das Wissen von der Natur kann sich nie zu einem geschlossenen Weltbild vollenden, weil mit den Ergebnissen der Forschung auch neue Fragen und Fragestile entstehen; außerdem läßt sich die Pluralität der wissenschaftlichen Methoden nicht auf eine Einheitsmethode zurückführen. Vielmehr liegt in der Erkenntnis, daß Wissenschaft ein Prozeß unabschließbarer Synthese und Differenzierung ist, ein Hinweis auf das Leben des wissenschaftlich tätigen Geistes selbst, das von der empirisch-wissenschaftlichen Erforschung nicht erfaßt werden kann.

Dieses Leben wird nun aber bei Jaspers nicht, wie in der metaphysischen Tradition, auf sein Wesen hin untersucht, sondern, ähnlich wie bei Kant, in praktischer Perspektive angegangen. Das ist der Inhalt des 2. Bandes, der deshalb nicht »Theorie des Geistes«, sondern »Existenzerhellung« heißt. Es geht darum, das, was ich als freies, unter der Idee der Wahrheit und der Würde lebendes Wesen, schon bin und gewesen bin, so ins Bewußtsein zu heben, daß der Vollzug der Existenz adäquater, besser verantwortet werden kann. Es gibt für diesen Vollzug keine objektiv vorliegenden Normen: denn die bloß faktische Überlieferung kann nicht unmittelbar als solche gelten, und eine metaphysische Instanz der Prüfung erkennt Jaspers nicht an. Wohl aber gibt es Lebenssituationen, durch die der Einzelne zu einer inneren Wahrheit erweckt werden kann, die das Gesetz seiner Freiheit ist. Dort werden Erfahrungen ambivalenter Endlichkeit gemacht. Die eine ist das Erlebnis der Kommunikation: von einem Menschen so geliebt zu werden, daß diese Liebe unerbittlich Wahrhaftigkeit und Treue zu sich selbst fordert und damit zugleich die eigene Freiheit zur Übernahme ihrer selbst und zur Annahme des Partners ermächtigt. Die andere Erfahrung, an der die Existenz zu sich kommt, ist die der Grenzsituation. Mit diesem Wort bezeichnet Jaspers jenen Ort, an dem das praktische Lösungspotential eines Menschen an eine unübersteigbare Mauer stößt; es ist die Unausweichlichkeit des Todes, des Leidens, des Schuldigwerdens usw. Wer sich dieser Notwendigkeit, die alles gewöhnliche Verstehen- und Bewältigenkönnen zunichtemacht, stellt, kann nur verzweifeln oder eine bisher verborgene Dimension entdecken, aus der heraus die Freiheit lebt und eigens existieren kann. Diese Dimension nennt Jaspers »Transzendenz«, weil sie alle anderen Möglichkeitshorizonte übersteigt.

51 Ihrer Deutung gilt das 3. Buch (»Metaphysik«). Das Bewußtsein der Transzendenz ist ganz und gar ein existenzielles: Wer in die Grenzsituation kommt, transzendiert die Grenze zunächst im Verlangen, doch noch einen Grund zur Lebensbejahung zu finden; darüber hinaus kennt Jaspers die Ermächtigung der sinnbezogenen Freiheit nicht nur als Postulat, sondern auch als Erfahrung. Diese Erfahrung ist nie empirisch von der Art wiederholbarer Empirie; sie ist an den Ernst und die Nicht-objektivierbarkeit der Existenz gebunden; sie hat die Eigenart eines »Glaubens«, d. h. eines Festhaltens an der Möglichkeit vernünftiger Lebensgestaltung auch angesichts der radikalen Endlichkeit. Die gemeinte Erfahrung der Transzendenz kann sich auch in irgendwelchen welthaften Bildern aussprechen, die aber niemals mehr als zweideutige »Chiffren« sein können. Die Chiffren sind nur für den lesbar, der die Erfahrung selbst kennt, weil kein notwendiger Zusammenhang der Zeichen mit dem Bezeichneten besteht. Der »philosophische Glaube« setzt sich insofern gegen den Offenbarungsglauben ab, als er in den Zeugnissen des letzteren nur eine mögliche und durch ihre Fixierung höchst gefährliche Dokumentation einer Haltung und eines Bewußtseins sieht, in dem das Namenlose der menschlichen Existenz als solcher gelebt wird. Umgekehrt kann man sich fragen, ob das Jaspersche Transzendieren nicht von einem gewissen Voluntarismus durchzogen bleibt.

52 Das Existenzdenken Jaspers' wandte sich zunächst nur an den individuellen, fragenden Zeitgenossen; dabei war die Tragfähigkeit der großen Institutionen der Kultur, nicht zuletzt der Universität, naiv vorausgesetzt. Durch die politische Entwicklung wurden Jaspers, der mit einer Jüdin verheiratet war, die Augen geöffnet. So weitete sich sein Interesse, als die NS-Zeit überstanden war, ins Politische und Universale.

Der Krieg hatte die Welt verändert. Europa konnte sich nicht mehr für das Zentrum der Welt halten; die weltweit sich ausbreitende technische Zivilisation unter der Drohung der Atombombe stand in Gefahr, ihre Wurzeln in der Vergangenheit zu verlieren. In seinem Buch »Vom Ursprung und Ziel der Geschichte« (1949) sowie in umfangreichen, z. T. erst später (auswahlweise) veröffentlichten Darstellungen großer Philosophen versuchte Jaspers, die Idee einer neuen Weltkultur zu entwerfen. So wie es in der »Achsenzeit« (ca.

800–200 v. Chr.) ungefähr gleichzeitig zur Herausbildung der großen Hochreligionen und Kulturen Chinas und Indiens, des Juden- und Griechentums gekommen ist, so sieht Jaspers in einer zweiten Achsenzeit, die nun begonnen hat, eine humanistische Weltkultur heraufkommen, die fähig ist, die Gefahren der rein technisch bestimmten Entwicklung zu bannen: Wissenschaftsaberglaube, Vermassung, totalitäre Herrschaft. Die Rückbesinnung auf die konvergierenden, transzendenzbezogenen Menschenbilder der großen Denker der Vergangenheit soll zur Vorbereitung dieser neuen Synthese einen Beitrag leisten.

In seinem engeren Umkreis engagierte sich Jaspers auch politisch. Er hoffte, nach 1945 bei einer grundlegenden Besinnung der Deutschen mitzuwirken; »Die Schuldfrage« (1946) statuierte zwar keine Kollektivschuld, wohl aber, aufgrund des versäumten Widerstands, eine kollektive Mithaftung aller. Doch obwohl sich die Ehrungen häuften, hörte man nicht recht auf ihn. Als Jaspers 1949 nach Basel ging und später von dort aus scharfe Angriffe gegen die politische Orientierung der Bonner Regierung richtete (gegen Bewaffnung und Wiedervereinigungspolitik), geriet er in die Isolation. – Jaspers starb 1969. Seine Anliegen, denen er freilich durch seine etwas vage appellative Sprache und seine nur negative Umschreibung der Transzendenz selber Wege verbaute, bleiben aktuell.

Literatur:

Saner 1970, 1973   Salamun 1985
Hersch 1980, 1986   Harth 1989

VI. Jean-Paul Sartre

Sartre war mit allen Fasern seines Wesens Schriftsteller. Schreiben 53 heißt, die Wirklichkeit neu zu schaffen – in Bezug auf das Vorgegebene, aber in freier Gestaltung. Im Schreiben schafft sich der Schriftsteller selbst eine Existenz, deren fiktiven Charakter zu enthüllen noch einmal sein Vorrecht ist. Sartres Philosophie kann von daher als der Versuch gesehen werden, radikal bewußt zu schreiben.

Sartre, 1905 in Paris geboren, verliert mit zwei Jahren seinen Vater. Im großelterlichen Haus, in dem er mit seiner Mutter aufgenommen wird, macht er zwei prägende Erfahrungen: wer nicht zuhause ist, muß sich sein Existenzrecht erst verdienen; wer Geschichten erfinden und brillante Aufsätze verfassen kann, gewinnt dadurch vor anderen wie vor sich objektive Realität. Rückblickend – in »Les mots« (»Die Wörter«, 1964) – sieht sich Sartre mit etwa 8 Jahren den »Entschluß« fassen, Schriftsteller zu werden. Nach dem Studium der Literatur und der Philosophie, bei dem er seine spätere Lebensgefährtin Simone de Beauvoir kennenlernt, arbeitet er an verschiedenen Gymnasien (1930–1945, abgesehen von kurzer Kriegsgefangenschaft). 1938 veröffentlicht er seinen ersten Roman: »La Nausée« (Der Ekel), dem weitere folgen: »Die Mauer«, »Die Wege der Freiheit«. 1943 werden die »Fliegen« aufgeführt, später weitere Dramen (Bei verschlossenen Türen, Der Teufel und der liebe Gott, Die ehrbare Dirne, Die Eingeschlossenen von Altona usw.). Nebenbei erscheinen literarische Kritiken, Analysen zur Zeit (gesammelt in »Situations«, I–X). Sartre, seit 1945 ohne festen Beruf, ohne Familie, lebt ganz der Feder. Er folgt Merleau-Pontys Einladung zu einem politischen Engagement auf der Linken, gründet mit ihm (u. a.) die literarisch-politische Zeitschrift »Les Temps Modernes«.

54 1943 erscheint Sartres wichtigstes philosophisches Werk: »L'Être et le Néant« (»Sein und Nichts«); ihm waren Vorarbeiten zur »Transzendenz des Ego« (1936), sowie zum Wesen des Affektiven (1939) und Imaginären (1936, 1940) vorausgegangen. Als »Versuch einer phänomenologischen Ontologie« bezeichnet, bewegt es sich im Umkreis der von Husserl und Heidegger umschriebenen Problematik, überschreitet aber die phänomenologische Epochè auf eine metaphysisch-dialektische Theorie hin.

Sartre geht von einer Überlegung aus, die eine in charakteristischer Weise privilegierte Erfahrung untermauern soll. Nach dem Intentionalitätsprinzip der Phänomenologie ist Bewußtsein jeweils Bewußtsein von etwas; also ist dasjenige, was bewußt wird, von grundlegend anderer Natur als das Bewußtsein selbst; zugleich bleibt das Bewußtsein auf dies Andere seiner selbst verwiesen, gerade weil es selbst nur reine Durchsichtigkeit, »Nichts«, ist. Das Bewußtsein läßt Gegenstände in perspektivischer Bestimmtheit und in Begreifbarkeit überhaupt erst entstehen; das dergestalt erscheinende Reale ist also schon in seinem Eigensten überholt. Eine ursprünglichere Weise, das Sein zu erleben, in der es nicht schon durch die lichte Negativität des Bewußtseins durchwirkt ist, ist z. B. die nicht-intentionale Erfahrung des Ekels; in ihr kommt die bloße Faktizität, das nackte und schamlos jeder Rechtfertigung spottende Daß der materiellen Wirklichkeit – als der Widerspruch zu den Rationalitätsbedürfnissen der Freiheit – zum Erleben. Der

Ausgangspunkt der Philosophie Sartres ist also: die gegenseitige Verwiesenheit und die wesenhafte Unversöhnlichkeit eines in reiner Idealität sich setzenden Freiheits- und Bewußtseinsvollzugs (»Für-sich«) und des trägen, dumpfen, opaken Einfach-Daseins des Materiellen (»An-sich«). Das An-sich bedarf des Bewußtseins nicht, wohl aber dieses des An-sich; die Unbedürftigkeit des Ansichseins ist für das nie »seiende«, immer in Bewegung befindliche Selbstverhältnis ebenso der Repräsentant eines Idealzustands wie der Grund dafür, daß es nicht – wie etwa bei Hegel – eine Versöhnung im An-und-für-sich-Sein geben kann. Denn das An-sich-sein ist kontingent, d. h. bar jeder inneren Notwendigkeit und Vernünftigkeit, und soll doch ein absolutes Sein sein. In diesem Sinne ist Sartres Denken schon im Ansatz atheistisch.

Auf der Grundlage seiner metaphysischen Thesen entwirft Sartre 55 eine Analyse der (aussichtslosen) Wege, auf denen das Ich zu sich zu kommen versucht; d. h. zugleich zur Rechtfertigung seines kontingenten Daseins und zur Sättigung seiner Leere mit Realität. So läßt z. B. die Begegnung mit der anderen Freiheit, die zunächst im fixierenden Blick des Anderen als Depotenzierung meiner souveränen Subjektivität zum bloßen Objekt der Beobachtung und Beherrschung erlebt wird, auch die Hoffnung entstehen, daß durch die Aufarbeitung der Andersheit (indem entweder er mich bedingungslos anerkennt oder ich bei ihm Unterschlupf finde) eine Erlösung von meiner Überflüssigkeit und der ihr folgenden Exponiertheit geschehen könnte. Aber natürlich muß dieses Projekt ebenso scheitern wie der Versuch, sich vor der Eigenverantwortlichkeit des ungesichert Schaffenden dadurch zu befreien, daß man sich dem Glauben an eine objektiv bestehende Welt menschlicher Tatsachen und Werte in die Arme wirft (Problem der »mauvaise foi«). Denn es ist wie mit Hase und Igel: Scheint irgendwo das reine Sein erreicht, ist auch schon das Fürsich dagewesen; scheint dieses zu sich zu kommen, so wird es von der Kontingenz in Empfang genommen. Das Für-sich ist causa sui, Selbstsetzung; im Hinblick auf seinen Seinsbestand ist es – und zwar radikaler als z. B. bei Fichte – ein dauerndes Transzendieren, das an das zu Transzendierende gebunden bleibt. Von daher ist nicht erkennbar, wie die »Moral der Befreiung«, die Sartre als humanistische Perspektive entwirft, unter seinen Voraussetzungen überhaupt denkmöglich sein soll.

In seinen späteren Schriften hat Sartre dieses Problem übergangen. 56 Die wesentlichen Thesen bleiben, werden aber in realistischerer Weise verstanden: der Spielraum der Freiheit wird kleiner gesehen; an die Stelle des auf sich zurückgeworfenen individuellen Fürsichseins tritt das Wir der engagierten Gruppen – Modifikationen, die eigentlich von »Sein und Nichts« aus gesehen gar nicht möglich sind . . .

57 1960 erscheint der erste (und einzige) Band der »Kritik der dialektischen Vernunft«. »Dialektische Vernunft« meint sowohl Sartres eigene Theorie als auch den Marxismus, die sich gegenseitig kritisieren und ergänzen. Sartre stellt sein Individuum in den Rahmen des Historischen Materialismus, kritisiert zugleich mit Hilfe seiner Theorie den Dialektischen Materialismus. Die Grundkategorien der Analyse bleiben die alten: einerseits »das Träge«, jener Wesenszug des Materiellen, der auch allen sozialen Vermittlungen, sobald sie ein institutionelles »Sein« gewonnen haben, anhaftet – und andererseits die Agilität der Praxis. Den wichtigsten Grund für die bedrohliche Existenz von Herrschaftsapparaten sieht Sartre in der Knappheit der zur Verfügung stehenden Lebensgüter; ist dieser Mangel durch die Entwicklung der Produktivkräfte im wesentlichen behoben, wird es möglich, eine an-archische Gesellschaftsform aufzubauen, die nicht vom Prinzip der asymmetrischen Beziehungen (oben/unten, Subjekt/Objekt), sondern von der Symmetrie gegenseitiger Anerkennung von Individuen und Gruppen gekennzeichnet ist. – Daß die Kommunistische Partei dieses Reformangebot nicht annehmen würde, war zu erwarten; schlimmer traf es Sartre, daß sich die Bewegung von Mai 1968 bildete, ohne daß er vorher davon etwas geahnt hätte. Diese Erfahrung hat wohl dazu beigetragen, daß der geplante zweite Band unvollendet blieb (postum veröff. 1985).

58 Im letzten Jahrzehnt seines Schaffens wandte sich Sartre einer Aufgabe zu, die ihn von Anfang an fasziniert hatte: der Durchleuchtung einer Schriftsteller-Existenz. Das ganze brillante Arsenal seiner »existenzialen Psychoanalyse« kommt zur Anwendung in dem (trotz seines enormen Umfangs ebenfalls unvollendet gebliebenen) Werk »Der Idiot der Familie«, über den Autor der »Madame Bovary«, Gustave Flaubert (1821–1880). Was Sartre hier (wie an seinem eigenen und an J. Genets Fall) interessiert, ist die Frage, warum und wie einer ein Schriftsteller, ein Produzent von Imaginärem, wird. Er sieht das Genie als den Versuch, aus einer extremen existenziellen Not etwas zu machen; es entsteht aus der Selbstkonstitution, die einem (defekten) gesellschaftlichen Konstituiertsein antwortet. Die Untersuchung der Genesis eines Schriftstellers gewährt so tiefe Einblicke nicht nur in die Struktur menschlicher Existenz, sondern auch in das Funktionieren der Gesellschaft, deren Produkt und deren Idol der Autor ist. Im Sadismus, mit dem Flaubert seine Personen behandelt, sieht Sartre z. B. einen Spiegel des Selbsthasses der Bourgoisie nach der unterdrückten Revolution von 1848.

Sartre starb 1980. Posthum erschienen seine »Cahiers pour une morale« (1983), ein Teil seiner Tagebücher und seines Briefwechsels mit S. de Beauvoir.

Literatur:

Biemel 1979   König 1988
Schilpp 1981   Hengelbrock 1989
Cohen-Solal 1988   Lapointe 1981 (Bibliogr.)

VII. Albert Camus

Camus, 1913 als Sohn eines Algerienfranzosen geboren, durch Tuberkulose an einer Karriere als Philosophieprofessor gehindert, wirkte bis zu seinem frühen Unfalltod im Jahre 1960 als Schriftsteller, Bühnenautor, Journalist. 59

Sein Ausgangspunkt ist die Erfahrung der Absurdität der menschlichen Grundsituation: daß das leidenschaftliche Verlangen nach einer gerechten und rational durchsichtigen Welt ebenso wie die Sehnsucht nach Glück zum Scheitern verurteilt ist. Seine Frage ist, wie unter dieser Voraussetzung ein menschenwürdiges Leben möglich sei und wie die sich anbietenden Scheinlösungen als solche entlarvt werden können (»Le mythe de Sisyphe« 1942, »L'homme révolté« 1951). Keine Lösung kann der Selbstmord sein – weder der leibliche, weil er die Absurdität nicht überwindet, sondern ihr nur die Basis nimmt; aber auch nicht der geistige, der in der Abdankung des Menschen vor der Übermacht des Irrationalen oder in der Selbstvertröstung auf eine kommende Harmonie liegt. Denn jene Unterwerfung opfert die Ehre des Menschen; diese Vertröstung aber verleitet (in ihrer religiösen Form) zur Passivität gegenüber den Skandalen der herrschenden Zustände oder rechtfertigt (in ihrer marxistischen Form) einstweilen alle Formen der Unterdrükkung. Unterwerfung wie Vertröstung setzen voraus, daß es irgendwie eine vom Menschen zu respektierende legitime Übermacht gäbe. Für Camus jedoch ist der Mensch allein und allein auf sich gestellt. Selbst wenn es Gott gäbe, so kann von ihm, der es nicht verhindert, daß kleine Kinder gequält werden, keine Lösung der Absurdität erwartet werden. Mit Gott verfallen auch alle Formen der Ersatz-Gottheit (die Nation, »die« Geschichte usw.) der Entmachtung.

60 Es bleibt die Natur, in der der Mensch zuhause ist und die dem Menschen gegenüber doch letztlich gleichgültig ist, und es bleibt die Partnerschaft unter Menschen. Es bleibt vor allem die Freiheit selbst, in der der Mensch sein immer gebrochenes, kurzes Dasein als etwas Herrliches sich zu eigen macht, indem er einerseits nicht aufhört, gegen dessen Absurdität zu protestieren, und andererseits sich immer weigert, dem Traum vom Ideal das jetzt mögliche Leben der Freiheit, des Genusses und des Kampfes für mehr Gerechtigkeit zu opfern. – Camus wirkte vor allem durch seine Romane (»Der Fremde«, »Die Pest«, »Der Fall«) und Theaterstücke (»Caligula«, »Der Belagerungszustand« u. a.) bis heute sehr stark. In seinem – nicht immer konsistent durchgeführten, doch erfahrungsnahen – Denken steht er in der Tradition der französischen Moralisten, aber auch in der Nachbarschaft Nietzsches.

Literatur:

Lottmann 1978   Schlette 1980
Lebesque 1960   Pieper 1984

VIII. Emmanuel Levinas

61 Levinas, 1906 in Kaunas (Litauen) geboren, wuchs mit der hebräischen Bibel auf, die ihm wichtig blieb, auch als er 1923 in Straßburg Philosophie studierte. Husserl und Heidegger prägten die Anfänge seines Denkens, gegen die er bald selbst zu reagieren begann. In seiner preisgekrönten Doktorarbeit »Die Theorie der Anschauung in der Phänomenologie Husserls« (1930) kritisierte Levinas (mit Heidegger) Husserls Deutung des Bewußtseins vom theoretischen Bezug her, bemüht sich aber dann in seinen ersten persönlichen Schriften (»De l'évasion« 1935, »De l'existence à l'existant« 1947) im Gegenzug gegen Heideggers Seinsdenken um eine Theorie der Subjektivität. Letztere besteht in der Selbstsetzung, im Gegenzug zur Unausweichlichkeit und Antlitzlosigkeit des Daseins (»il y a«), wie es im Widerstand der Trägheitskräfte für den Tätigen und in der Aufdringlichkeit der Welt für den Schlaflosen erlebt wird.

Die primäre Weise, in der sich die Subjektivität selbst gegeben ist, ist der Genuß: in ihm vollzieht sich die Kreisbewegung der Selbstvermittlung eines Wesens, das sich seine Welt angeeignet hat und darin bei sich ist. Ich bin jemand, weil ich über ein bestimmtes äußeres und inneres Potential verfüge und in dieses, als in eine Art Heimat, beglückend verfügt bin. Die anonyme Neutralität des subjektlos zeitlich verfließenden Seins ist überwunden in die Setzung einer in sich geschlossenen Totalität, die meine, in mir zentrierte Welt ist. Die Welt ist *meine* Welt; sie ist das Reservoir, aus dem die Mittel zur Befriedigung meiner Bedürfnisse kommen; auch die Knappheit dieser Mittel und die Bedrängung durch unbefriedigte Bedürfnisse stellen dieses Verhältnis nicht prinzipiell in Frage, weil das Glück Bedürfnisse voraussetzt. Auch für die theoretische Orientierung gilt grundsätzlich dasselbe Gesetz: die Welt läßt sich begreifen, indem sie, die an sich stumme, unseren Entwürfen und Hypothesen keinen nennenswerten Widerstand entgegensetzt. Das In-der-Welt-sein des Subjekts hat also die Struktur einer Monade; für eine gewisse Stufe der Existenz hat der Solipsismus recht.

Es gibt aber im Menschen ein Verlangen nach dem ganz Anderen, nach der nicht mehr bloß auf mich relativen Wirklichkeit. Dieses Verlangen, das streng von einem Bedürfnis zu unterscheiden ist, findet seine Erfüllung in der Erfahrung des »Antlitzes«, d. h. des Ereignisses, daß mein Blick vom Blick eines Anderen getroffen wird. In dieser Erfahrung ist absolute Wirklichkeit unmittelbar zugänglich – aber nicht als etwas Gegebenes, sondern als Anspruch, und dies in einem zweifachen Sinne: einerseits ist hier lebendige, sich selbst sprechend interpretierende Realität, nicht mehr bloß sinnliches Material für Deutung; zum anderen liegt im Blick des Anderen, der meinen Blick trifft (der immer als überblickend, Herrschaft vorbereitend angesetzt ist), die Botschaft »Du darfst mich nicht töten!« Dieses Angesprochenwerden ist Erfüllung und Begrenzung in einem; ihm Gehorsam leistend, vollendet sich meine Selbstsetzung in freier Individualität und meine Ent-Setzung aus der Position des Weltmittelpunkts. Erst durch die Unterwerfung unter den Anspruch, der aus den schutzlosen Augen des Anderen spricht, öffnet sich mir die Sphäre der Vernunft und der Wahrheit, kraft deren ich zur Selbstkritik und damit zu objektiver Erkenntnis fähig werde.

Deren höchste Gestalt ist die Ontologie, die Theorie des Allgemeinen und des (sowohl strukturell wie geschichtlichen) Ganzen. Diese Ontologie aber kann nicht die Erste Philosophie sein. Denn allem objektiv sagbaren Gehalt liegt das Ereignis des Sprechens zugrunde und diesem wieder die Offenbarung des Antlitzes, die keinen gegenständlich-informativen, sondern einen exklusiv ethischen Sinn hat (so wie bei Kant die sittliche Einsicht auf keiner Seinserkenntnis aufbaut, vielmehr umgekehrt erst die Tür zu den ontologischen Postulaten ist). Das Ethische dem Ontologischen unterzuordnen, bedeutet für Levinas, daß die Ontologie unweigerlich zur Ideologie des monologischen Selbst wird. Praktisch gesehen heißt das, daß die gewaltsame Unterwerfung des Anderen, das die Natur ist, sich im Verhältnis zwischen Menschen fortsetzt, d. h. daß die sich ungehemmt entfaltende subjektive Totalität totalitär wird.

Bei Hegel (samt seinem Epigonen Marx) wie bei Heidegger sieht Levinas diese Tendenz am Werk. Bei beiden findet zwar eine Einbettung des Ichs in eine Sinnganzheit statt; diese bleibt aber im Ich zentriert, weil dem Anderen keine Absolutheit zugestanden wird. Aufs engste hängt damit zusammen, daß diese Ganzheit als etwas Übermenschliches, irgendwie Göttliches gesehen wird. Um die Transzendenz des anderen Menschen zu retten, muß also scharf die Transzendenz Gottes über die Welt und das Ich gewahrt bleiben: »jenseits des Seins« (Platon), »unendlich« seine eigene Idee in unserem Bewußtsein übersteigend (Descartes, III. Meditation). Der Unendliche ist in meiner Erfahrung antreffbar: in der »Spur«, die im schutzlosen, flehenden Blick des Andern liegt – und nur dort.

63 Levinas versucht, die Philosophen aus der Neutralität herauszulocken; auch sie entgehen nicht der Alternative zwischen Gewaltausübung und Dienst. Für ihn, den Juden, dessen Familie zum größten Teil in Vernichtungslagern enden mußte, bemißt sich die Wahrheit einer Philosophie daran, ob sie solches zu verhindern lehrt oder nicht. Die biblische Kritik des Staates und der Theologie, die so weit ging, die Hilfe für den »Fremden, die Witwe und die Waisen« als den wahren Gottesdienst zu deklarieren, motiviert Levinas, die letzten Reste heidnischer Macht-Sakralisierung aus dem Ideal der Rationalität auszutreiben.

Das erste große Werk von Levinas, aufgrund dessen er eine Professur für Philosophie erhielt (zunächst in Poitiers, dann in Paris; 1976 emeritiert), war »Totalité et Infini« (1961). Die dort sehr prinzipiell angesetzte Kritik am Hauptstrom der abendländischen Philosophie, die jedoch noch deren Begrifflichkeit verwendete (Selbst/Anderes; Sein/Seiendes usw.), drängte zu einer neuen Sprache. Im zweiten großen Werk, »Autrement qu'être ou au-delà de l'essence« (1974), artikuliert sich Levinas deshalb in einer Weise, die der Erfahrung des Ethischen adäquater sein soll: sehr metaphorisch, alle Vergegenständlichung gleich wieder zerbrechend, aber auch nicht selten preziös und in einer spürbaren Spannung zur Schlichtheit der angezielten Sache stehend, so daß sich der Verdacht aufdrängt, daß es sich bei der *um-schriebenen*

Andersheit des Anderen vielleicht doch immer noch zu sehr um die Andersheit für ein Ich handeln könnte.

Literatur:

Laruelle 1980
Wiemer 1937

Krewani 1992
Burggraeve 1986 (Bibliogr.)

C. Philosophie des Menschen im Bannkreis der Humanwissenschaften

64 Während die Phänomenologie ein eigenes Ideal philosophischen Wissens verfolgt, das in Methode und Zielsetzung sich scharf vom Vorgehen der analytischen und empirischen Wissenschaften abhebt, und während die Existenz- und Dialogdenker im allgemeinen das wissenschaftliche Erkennen für etwas halten, was für ihre praktische, auf Lebenssinn hin orientierte Frageperspektive weitgehend irrelevant ist, bewegen sich die jetzt zu erwähnenden Entwürfe bewußt in einem engen Wechselbezug von empirischer Forschung und apriorischer Sinndeutung.

Dieser Wechselbezug kann als solcher reflektiert und intendiert sein; er kann aber auch bis zu einer Art von Identität geraten: so, daß im Selbstverständnis des Gelehrten ganz der empirische Aspekt dominiert, gelegentlich noch verstärkt durch eine polemische Haltung gegen alle »Spekulation«, während sich in der Radikalität seines Erkenntnisanspruchs und entsprechend dann auch in der öffentlichen Wirkung das Pathos der Philosophie durchsetzt. Angesichts der großen Fruchtbarkeit und der hohen Wertschätzung der empirischen Forschung einerseits und der wirklichen oder vermeintlichen Abstraktheit und Ungesichertheit »rein« philosophischen Bemühens andererseits üben die Versuche einer wissenschaftlichen Beantwortung »weltanschaulicher« Fragen immer wieder eine große Anziehungskraft aus. So fragwürdig die damit sich ergebende Vermischung der Methoden auch ist – der Wechselbezug von Empirie und Spekulation bleibt allemal eine Aufgabe. (Vgl. GK 9, §§ 218–234.)

I. »Philosophische Anthropologie«

65 In Absetzung von der abstrakten, durch den erkenntnistheoretischen Ansatz verengte Subjektstheorie des Kantianismus forderte schon W. Dilthey (vgl. GK 9, §§ 261–264; 10, § 82) eine neue »philosophische Anthropologie«, die den Menschen in der Einheit der Grundfunktionen seiner Seele – Erkennen, Fühlen, Wollen – zu begreifen hätte. Damit sollte seiner verstehenden Deutung der vielfältigen Ausprägungen des Menschlichen in der Geschichte, die al-

lein lehren kann, was der Mensch sei, eine Art von vereinheitlichender Meta-Theorie zugrundegelegt werden. Konsequenterweise war das Ergebnis des so angesetzten Durchganges durch eine Vielzahl von Biographien eine typologische Anthropologie, vor allem im Hinblick auf die möglichen Weltanschauungen. Die Zentralidee, auf die Dilthey all diese Manifestationen bezog, war die des »Lebens«. Freilich blieb diese Idee, die als Repräsentant des Irrationalen gegen Hegels Geistbegriff entworfen war, recht vage.

Die »Philosophische Anthropologie«, die durch Namen wie Sche- 66 ler, Plessner und Gehlen gekennzeichnet ist, versucht, der philosophischen Wesensbestimmung des Menschen dadurch einen soliden Boden zu verschaffen, daß sie einen positiven und umfassenden Begriff des Lebens entwirft. Dessen naturphilosophische Ausarbeitung, die im steten Hinblick auf die (damals) moderne Biologie (Embryologie, Verhaltenspsychologie; Gestaltgedanke) geschieht, soll dem Mangel der lebensphilosophischen Vagheit abhelfen. Scheler bestimmt dabei, im Sinne seines metaphysischen Gegensatzes von Dasein und Sosein, das Leben grundsätzlich als blinden Drang, dem im Menschen das Prinzip des Geistes entgegentritt (vgl. §§ 25–27). Plessner und Gehlen versuchen hingegen, eine von metaphysischen Voraussetzungen freie Beschreibung der Grundstruktur menschlichen Seins zu geben.

1. *Helmuth Plessner* (1892–1985, Professor in Göttingen und 67 Groningen) brachte sein wichtigstes Werk gleichzeitig mit Schelers Programm-Entwurf heraus: »Die Stufen des Organischen und der Mensch« (1928). Der Titel deutet die Umrisse des Ansatzes an.

Es geht Plessner darum, im Stufenbau des Lebendigen eine sich steigernde Tendenz zur Verinnerlichung und Selbstverdoppelung aufzuweisen, als deren radikalisierte Form dann die Grundgestalt des menschlichen Seins interpretiert wird. Am – nicht zeitlich-evolutiv, sondern nur strukturell-komparativ zu verstehenden – Anfang der Reihe steht die Zellwand, d. h. die aktive Setzung eines Unterschiedes zwischen Innen und Außen, zwischen dem Organismus selbst und seinem Anderen, der Umwelt. Am anderen Ende der Reihe steht die Reflexivität des Menschen, der zugleich in einer bestimmten Weise naiv lebt und sich von seiner Rolle distanziert – der seinen Leib von seinem Zentrum her auf die Welt hin durchlebt und zugleich wissen kann, daß er nur ein Körper unter vielen anderen ist. Plessner versucht m. a. W., den cartesischen Dualismus zwischen Körper und Bewußtsein, zwischen Außen- und Innenperspektive dadurch zu relativieren, daß er diese Dualität als Grundstruktur eines in sich dialektisch verfaßten Wesens, des menschlich Lebendigen, ansetzt. Das Schlüsselwort lautet: exzentrische Positionalität. Dabei verweist »Positionalität« auf das schon bei Pflanzen klar erkennbare Prinzip des Selbstbezugs in Absetzung von einer Umwelt, auf die das Lebendige doch voll bezogen ist. Diese Zentriertheit in sich steigert sich beim Tier durch die Ausbildung innerer Organe, die größere Beweglichkeit, die Trennung des motorischen vom sensorischen System, welche Momente sich begründen in der Funktion eines die Zentrierung repräsentierenden Zentralorgans, des Gehirns. Im Unterschied zum Menschen ist die Positionalität der Tiere »zentrisch«; d.h. die Tiere können sich nicht selbst vergegenständlichen, während der Mensch sein Lebenszentrum verlassen und von einem nicht mehr objektivierbaren Standpunkt aus ein Verhältnis zu seinen Möglichkeiten und Seinsbeständen entwickeln kann. Das Tier lebt einfach in seiner Weise; der Mensch hat erst etwas aus sich zu machen. Auch wenn er »natürlich« ist, folgt er den geschichtlich gewordenen Spielregeln einer bestimmten Kultur; seine Identität ist nicht trennbar von den Rollen, die er spielen kann. Seine Sinnlichkeit ist geistig vermittelt, so wie seine Geistigkeit die eines sinnlichen Wesens ist. Von diesem Entwurf der menschlichen Bauform her kann Plessner viele Eigenarten deuten, die seit jeher als typisch für den Menschen galten: das Lachen und Weinen, die Schauspielerei, die Religion. Letztere hat ihre Notwendigkeit aus der Tatsache, daß ein exzentrisches Wesen nach einem Halt im Transzendenten sucht, weil es ihn in seiner Umwelt nie finden kann. Da jedoch jede konkrete Form der Religion an der Kontingenz der menschlichen Kulturschöpfungen teilhat, legt sich für Plessner letzten Endes eine metaphysische Skepsis nahe.

Literatur:

Delfgaauw 1986   Pietrowicz 1992

68   2. Der Tier-Mensch-Vergleich steht auch im Zentrum der Theorien von *Arnold Gehlen* (1904–1976, Professor in Aachen), freilich zugespitzter als bei Plessner. Gehlens Frage ist: Wie schafft es dieses unspezialisierte und damit so unangepaßte Tier, das wir sind, überhaupt zu überleben? (»Der Mensch. Seine Natur und seine Stellung in der Welt«, 1940). Gehlen will damit höhere Sinngebungen nicht ausschließen, beschränkt sich aber weitgehend auf eine Deutung menschlichen Verhaltens unter dem Vorzeichen des Mini-

mal-Ziels: des Überlebens. Den gefährlichsten Mangel in der Ausstattung des Menschen sieht er in der Reduktion der Instinktorganisation, wodurch der Mensch unter einer dauernden Reizüberflutung steht, deren Kanalisierung ins Handeln anderswoher kommen muß, soll der Mensch nicht vom sinnlosen Reagieren ermatten und zugrundegehen. Diese – der Instinktsicherheit bei den anderen Säugetieren analoge – Handlungs-Vorbestimmung wird von der Einbindung in die Denk-, Fühl- und Verhaltensmuster einer Kultur geleistet. In diesen Strukturen erhält der Mensch nicht nur staunenswerte Überlebenschancen, sondern auch eine gewisse Stabilisierung seines chaotischen Innern. Jeden Appell zur Auflösung der gesellschaftlichen Zwänge durch den Verweis auf die Unschuld der Natur oder auf die Freiheit des reflektierenden Individuums hält Gehlen von daher zunächst einmal für gefährlich. Ohne den Halt an den Institutionen, die keineswegs primär auf zweckrationalen Überlegungen beruhen und von daher auch nicht einfach in ihrem Funktionieren durchschaut und durch irgendetwas Ausgedachtes ersetzt werden können, bricht der Mensch, individuell wie als Kollektiv, zusammen. Gewiß will Gehlen nicht zulassen, daß man daraus ein Argument für den Anspruch jeder beliebigen, auch tyrannischen Staatsautorität gegenüber dem kritisch nach Legitimation fragenden Individuum macht. Das gesellschaftliche, staatlich verfaßte Ganze soll schon so sein, daß sein Unterwerfungsanspruch an den Einzelnen nicht unsittlich ist. Aber im Zweifelsfalle besteht Gehlen doch sehr entschieden auf der These, daß eine ungerechte Ordnung immer noch besser als gar keine sei. Angesichts einer Kultur, die sich, wie die unsere, in ihren offiziellen Vertretern primär von technischen und moralischen Ideen leiten läßt, hat Gehlen den Eindruck, daß die produktive Zeit des Menschen, die Geschichte, einer nach-geschichtlichen Epoche Platz gemacht hat (»Urmensch und Spätkultur«, 1956, »Moral und Hypermoral«, 1965). Gehlens Pessimismus ist nicht zuletzt auch die Frucht eines gewissen Biologismus in seinem Ansatz.

Literatur:

Jonas 1966   Fonk 1983

II. Psychologie als Theorie des Menschlichen

69 Wenn im 20. Jahrhundert Kategorien der Psychologie eine immer
größere Bedeutung für das Selbstverständnis gebildeter Menschen
erhalten haben, so gilt dies in erster Linie für gewisse Grundbegriffe der Freudschen Psychoanalyse. Mehr als andere psychologische Schulen beanspruchte die Tiefenpsychologie, einen verstehenden und verändernden Zugang zum Geheimnis der menschlichen
Seele gefunden zu haben. Schon dieser Anspruch war etwas Erre-
gendes. Zwar spaltete sich die von Freud begründete »Schule«
schon bald; die bekanntesten Nonkonformisten waren A. Adler,
der vom Problem des Minderwertigkeitskomplexes ausging, und
C. G. Jung, der in sein Instrumentarium den ganzen Reichtum der
Mythologie, Gnosis und astrologischer Spekulationen miteinbe-
zog. Doch blieb Freuds Einfluß auf die allgemeine Bildungswelt
und auch auf die Philosophie am größten.

70 Freud selbst (1856–1939, meistens in Wien lebend) lehnte die spe-
kulative Philosophie zwar ebenso ab wie die Religion, hatte aber
Medizin aus dem Motiv heraus studiert, die Welträtsel ein Stück
weit zu lösen. Diese theoretische Motivation blieb auch später mindestens ebenso stark wie die therapeutische. Freud versuchte, hinter der irrationalen Willkür neurotischer Symptome eine verborgene, verstehbare Systematik zu finden. Er nahm dazu an, daß es
neben dem uns bewußten oder leicht bewußt zu machenden Teil
unserer Wünsche und Begierden noch einen unbewußten Teil gebe,
der nicht weniger bestimmend für das Verhalten ist als der bewußte
– nicht selten in einer Weise, die das Subjekt selbst und seine Umwelt als schmerzlich oder peinlich erfahren: z. B. als depressive
Stimmung, Waschzwang, krankhafte Angst, Perversion usw. Diese
Phänomene – ebenso wie Träume, das Produkt freier Assoziatio-
nen usw. – sind die Sprache des Unbewußten. Es ist jene Sprache,
die den Triebwünschen geblieben ist, nachdem ihnen das Aufstei-
gen ins Bewußtsein, am Objekt ihrer »Wahl«, versagt geblieben ist.
Diese Versagung ist das Ergebnis einer (ihrerseits unbewußten)
Verdrängung ins Unbewußte, durch die sich das schwache kind-
liche Ich aus einem unerträglichen Konflikt zwischen seinem trieb-
haften Wunsch und dem Willen zur Selbsterhaltung in einen
Scheinfrieden rettet. Gelingt diese Verdrängung nicht recht, z. B.
im Zusammenhang mit dem Oedipus-Komplex, so ist eine Neu-
rose die Folge. Der Konflikt zwischen der Tendenz des Triebes –
Freud konzentriert sein Interesse auf den Trieb, der am tiefsten die
Persönlichkeit prägt: die Sexualität – und den harten Bedingungen,

die die äußere Realität einerseits, das Normbewußtsein andererseits setzen, ist nicht definitiv lösbar. Dies nüchtern zu erkennen und bescheiden anzuerkennen, macht die Reife eines Menschen zu einem guten Stück aus. Die Absicht der Psychoanalyse ist es, das Kleben des Willens an frühkindlichen Verletzungen der Seele dadurch zu heilen, daß die damaligen Erlebnisse erneut erlebbar werden, freilich nun mit dem erwachsenen Bewußtsein. »Wo Es war, soll Ich werden«: wo (zu große) Entfremdung durch vor-personale Triebschicksale herrschte, soll das Ich in seine (relativ größere) Selbstverfügung eingesetzt werden.

Der Gedanke des dynamischen Unbewußten enthält eine skepti- 71 sche Anfrage an alle menschliche Selbstdeutung: nicht nur an die Gewißheit, mit der einer zu wissen meint, was er will und warum er so und nicht anders gehandelt habe – sondern auch an die Überzeugung, der menschliche Wille sei in dem Sinne frei, daß er Herr im eigenen Hause sei. Insofern ist Freuds Anthropologie, wie er selbst es sah, eine der großen Demütigungen des Stolzes der Menschengattung (nach der Widerlegung der Geozentrik durch Kopernikus und der Abstammungslehre Darwins). Freuds Absicht war es freilich, durch die Unterhöhlung eines naiv-illusionären Autonomieglaubens den Spielraum der echten, beschränkten Autonomie zu erweitern. Doch scheint die Spitze seiner Theorie nicht nur den Stolz eines cartesianischen Ichs zu treffen, das sich in einer letzten Selbstdurchsichtigkeit und Unabhängigkeit vom tragenden Naturgrund glaubt. Wenn alles Geistige im Grunde doch nichts anderes ist als eine hochsublimierte Form sexueller Energie, dann ist es nicht das, wofür es von Platon bis Kant (und darüber hinaus) gehalten worden ist. Freud sieht den Menschen nicht nur unter fremden Mächten stehen, sondern läßt ihn aus diesen bestehen. Zunächst beschrieb er das Spiel dieser Mächte unter mechanistischen Metaphern; später, beim Versuch, die sich »mythisch« ausdrückende Seele zu verstehen, sprach er selbst von seiner »Mythologie« der Triebe. Die verschiedenen, einander immer wieder abwechselnden Fassungen seiner Trieblehre können hier übergangen werden. Wichtig ist Freuds eigener »Mythos«. Es ist der des »Erwachsenen«, der auf seine kindlichen Reaktionsweisen (wozu auch das Vertrauen auf einen Vater im Himmel gehört) zu verzichten und seine Arbeits- und Genußmöglichkeiten zu ergreifen gelernt hat, im Wissen darum, daß die Realität, die ihn hervorgebracht hat, ihn wieder verschlingen wird – wobei seine eigenen Triebe auf der Seite des Todes stehen, sei es unmittelbar, sei es mittelbar.

Freuds Wirkungen auf die Philosophie sind zu spüren nicht nur bei 72 Scheler, Merleau-Ponty und (reaktiv) bei Sartre. Es gab auch den

Versuch, eine Verbindung von so verschiedenen Ansätzen wie dem Freuds und demjenigen von Marx herzustellen (H. Marcuse, Th. W. Adorno u. a.). Freud war einer der großen Anreger. Grenzen seines Entwurfes liegen in der Schwierigkeit, die Effizienz (und damit die Zuverlässigkeit) seiner therapeutischen Ideen zu prüfen –, in der weitgehenden Ausklammerung des Weiblichen aus seiner Anthropologie –, in der Unterbelichtung des Geistigen und der Verkennung des Religiösen.

73 Andere Grundströmungen der Psychologie, deren Auswirkung nicht auf den fachimmanenten Bereich beschränkt blieb, entstanden z. T. aus dem Ungenügen an der Psychoanalyse. Aus der prekären methodologischen Situation der Psychoanalyse möchte eine Tendenz retten, die auf die Konstruktion nicht unmittelbar beobachtbarer Ursachen des Verhaltens (wie »Trieb«, »Über-Ich« usw.) verzichtet und stattdessen allein direkt beobachtbare Korrelationen von Reiz und Reaktion gelten lassen will. Zunächst in einer sehr radikalen Form angesetzt, bei der alle Ausdrücke für das Innere, Erlebte für sinnlos erklärt (»Behaviorismus«) und jedes Handeln als notwendige Folge einer Reizkonstellation begriffen wurde (z. B. bei B. F. Skinner, »Jenseits von Freiheit und Würde«, 1973), hat sich langsam die Einsicht wieder durchgesetzt, daß bei allem Pathos der objektiven Beobachtbarkeit doch auch die Perspektive des erkennenden und fühlenden Subjekts des Verhaltens für dessen Verständnis berücksichtigt werden muß. Entsprechend wird inzwischen wohl deutlicher gesehen, daß die Übertragung von Verhaltensmustern, die an gefangenen und künstlich stimulierten Tieren gefunden worden sind, auf den Menschen eine problematische Sache ist.

74 Sowohl der Freudschen Psychoanalyse wie der Verhaltenstherapie kritisch gegenüber steht die Gruppe der sog. humanistischen Psychologen. Ihnen kommt es in erster Linie darauf an, dasjenige in Theorie und Therapie einzubringen, was in den beiden anderen Schulen unterrepräsentiert ist: das Personal-Geistige im Menschen, seine Wertorientierung und sein Bedürfnis nach schöpferischer Selbstverwirklichung. Kein Wunder, daß sich diese Psychologen (z. B. A. Maslow, E. Fromm, C. Rogers, V. Frankl) nicht selten von personalistischen oder existenzialistischen Philosophen inspirieren lassen.

Insgesamt kann man vielleicht sagen, daß die Psychologie, zunächst manchmal als neue Form der Philosophie aufgetreten, mehr ihrer Stärken und Grenzen bewußt geworden ist. Doch findet das Gespräch zwischen den einzelnen psychologischen Schulen ebenso wie zwischen diesen und den Philosophen noch viel zu wenig statt.

Literatur:

Bühler/Allen 1974   Wyss 1977
Die Psychologie . . . 1976   Vetter 1988

III. Zwischen Struktur und Geschichte

Um die Jahrhundertwende hatte der Neukantianer W. Windelband 75
eine einflußreiche Unterscheidung zwischen zwei Arten von Realwissenschaften vorgeschlagen: auf der einen Seite standen die Naturwissenschaften, die auf die Findung von Gesetzen aus sind, auf
der anderen die Geschichtswissenschaften, in denen es um die Darstellung des je Einzelnen geht. So sehr der Mensch auch ein Gegenstand der Naturwissenschaft ist, so ist er doch in der Geschichts-
wissenschaft eher zu Hause. Der Mensch, das wurde durch den
Einfluß Diltheys und Heideggers noch deutlicher, ist subjektiv und
objektiv ein geschichtliches Wesen.
Der bloße Begriff einer Humanwissenschaft aber beinhaltet den
Versuch, den Menschen nach dem Modell der Naturwissenschaft
zu begreifen, und zwar gerade auch in jenen Dimensionen seines
Seins, die nicht physikalisch oder biologisch erfaßbar sind: sein So-
zialverhalten, seine Psyche, sein Denken. In dem Maße, als dieses
Projekt einer Humanwissenschaft den Anspruch erhebt, die höchste Form des menschlichen Selbstbewußtseins zu sein, entsteht ein
Konflikt mit der Philosophie. In den letzten dreißig Jahren war einer der wichtigsten Austragungsorte dieses Konflikts die Auseinandersetzung um den sog. Strukturalismus in Frankreich. Ausgehend von einer enormen Wirkung der strukturalen Linguistik F. de
Saussures und É. Benvenistes, vom intellektuellen und sprachlichen
Glanz des Werkes von C. Lévi-Strauss, nicht zuletzt aber von den
literarischen Analysen eines R. Barthes und der Neufassung des
Marxismus durch L. Althusser bildete sich eine Bewegung, teils
auch eine Mode, die innerlich keineswegs einheitlich, nach außen
aber durch die gemeinsame Absetzung vom existenzialistisch-phä-
nomenologischen Denkstil, wie ihn insbesondere Sartre repräsen-
tierte, gekennzeichnet war und ist. Die strukturalistische Mode ist
inzwischen vergangen. Die Probleme einer Deutung des Mensch-
seins – zwischen Mathematisierbarkeit und Narrativität – sind geblieben.
1. Der Hauptvertreter des »Strukturalismus« ist sicher *Claude Lé-* 76
vi-Strauss (geb. 1908, Professor am Collège de France). Lévi-

Strauss ist Ethnologe (Feldforschungen in Südamerika), der dieser Wissenschaft ein neues Fundament geben will durch die Übernahme von Paradigmen, die sich in der Linguistik – insbesondere in der Phonetik R. Jakobsons – bewährt haben (»Anthropologie structurale«, 1958; Bd. 2 1973). Insofern er damit den Anspruch erhebt, die Humanwissenschaften als Ganze neu zu begründen und die Voraussetzungen der Bewußtseinsphilosophie zu zerstören, muß Levi-Strauss auch als Philosoph betrachtet werden.

Gegenstände seiner Forschungen waren in erster Linie die Gesellschaftsstruktur, die Kunst, die Mythen und die Klassifikationssysteme schriftloser Völker. Hinter der (für den europäischen Betrachter) zunächst verwirrenden Vielfalt und Fremdheit dieser Produktionen versuchte er, eine rationale Struktur zu finden. Die überaus komplizierten Systeme der Benennungen und Regelungen für die Verwandtschaftsbeziehungen der Ureinwohner von Australien konnte er auf wenige »Atome« (eigentlich: Moleküle) von möglichen Beziehungen und deren Kombinationsregeln zurückführen. Ähnlich entpuppte sich unter seinen analytischen Augen der sog. Totemismus als eine Ineinanderspiegelung von Klassifikationssystemen natürlicher und sozialer Phänomene auf der Basis weniger logischer Operationen, die aber aus ihrem Eingebettetsein in eine bestimmte, der konkreten Um- und Sozialwelt des jeweiligen Volkes entnommene Vorstellungsbuntheit nie herausgelöst und nie in die Abstraktheit einer Wissenschaft namens »Logik« versetzt worden sind (»La Pensée sauvage«, 1962). Am ausführlichsten wendete Lévi-Strauss seine strukturale Analyse auf das Corpus der Mythen der süd- und nordamerikanischen Indianer an (»Mythologiques«, 4 Bde., 1964–1971). Die Freiheit der Mythenerzählung erweist sich gebunden einerseits an die bekannten Tiere, Pflanzen, Gebräuche usw., die das Vokabular der Mythen liefern, und andererseits an gewisse logische Regeln der Opposition von Qualitäten und Relationen sowie der Transformation solcher oppositiver Strukturen in andere. Jeder einzelne Mythos ist ein solches Bündel von Relationen und Oppositionen; er hat seinen Sinn aber nur als diskretes Element eines gewaltigen, in sich geschlossenen Ensembles der miteinander verwandten Mythen – ganz ähnlich, wie ein Wort ein Lautgebilde ist, das nur im Hinblick auf andere mögliche Kombinationen derselben Laute (oder der mit ihnen durch ein phonetisches System verknüpften anderen Laute) eine bestimmte Identität hat.

77 Entscheidend ist nun, daß die Hervorbringung der tragenden Systeme einer Kultur – der Sprache, der Gesellschaftsstruktur usw., selbst noch der Mythen – weder eine bewußt vollzogene Leistung

von erfinderischen Menschen noch einfachhin das Ergebnis genetisch gesteuerter Entfaltung sein kann. Denn das bewußt planende Ich ist ein sehr spätes Produkt der Geschichte der Menschheit, und die biologische Einheit des Menschen erklärt nicht die Vielheit von Kulturen, in die man nicht durch Veranlagung, sondern erst durch Nachahmung hineinwächst. Von daher versteht man die doppelte Frontstellung von Lévi-Strauss. Auf der einen Seite wendet er sich gegen biologistische und mechanistische Reduktionismen, wie z. B. gegen den Funktionalismus Malinowskis. Auf der anderen Seite kämpft er gegen eine Auffassung (für ihn »die Philosophie«), die der bewußten, sich selbst setzenden Tätigkeit des menschlichen Subjekts die zentrale Rolle in der menschlichen Wirklichkeit zuweisen will (also gegen alle Formen des Cartesianismus, nicht zuletzt gegen den sartreschen); darüber hinaus neigt Lévi-Strauss zu einer prinzipiellen Skepsis gegenüber allen lebenspraktischen Sinnaffirmationen: die Eigenart des Bewußtseins bestehe darin, sich selbst hinters Licht zu führen. In der Linie dieses Kampfes liegt es, daß er die ihm zunächst so wichtige Unterscheidung zwischen der Ordnung der Natur und der der Kultur später relativiert: nur methodologisch behalte sie ein (vorläufiges) Recht; sachlich wird sich wohl eines Tages eine Kontinuität vom genetischen zum sprachlichen und allgemein kulturellen »Code« herausstellen. Damit wäre dann die Sonderstellung des Kulturwesens Mensch zurückgenommen, die Natur als der schweigende Ursprung aller vielfältig differenten und ineinander übergehenden Strukturen, bis in die Ordnungen des »objektiven Geistes« hinauf, offenbar. Die Geschichte der Menschheit erweist sich, wie des Lebendigen überhaupt, als ein Umweg zurück zur Undifferenziertheit; pointiert sagt Lévi-Strauss, er wolle die Anthropologie auf ihre Wahrheit, die Entropologie, reduzieren. Hierin liegt eine gewisse Verwandtschaft mit Freuds Thanatologie; als metaphysische Grundgestalt scheint hinter beiden (Spinoza und) Schopenhauer auf.

Literatur:

Parain-Vial 1969
Marc-Lipiansky 1973

Wahl 1973
Ruijter 1991

2. Ebenfalls dem Strukturalismus zugerechnet wird manchmal *Michel Foucault* (1926–1984, zuletzt in Paris tätig). Besser wäre er als Vertreter einer historischen Meta-Anthropologie zu bezeichnen. Er selbst versteht sich als »Archäologe« der Fundamente unserer

humanistisch geprägten Kultur (»Les mots et les choses«, 1966; »L'archéologie du savoir«, 1969). Sein Thema ist, wie sich im Lauf unserer abendländischen Geschichte gewisse Weisen des Wissens vom Menschen etabliert haben und welcher Preis dafür gezahlt werden mußte. Zunächst ist sich der Mensch ja nicht ein Objekt organisierten Wissens. Foucault verfolgt seine Frage nicht so sehr dadurch, daß er die humanwissenschaftlichen Theorien der Vergangenheit und Gegenwart analysiert. Vielmehr untersucht er die Entstehung von Institutionen des Ausschließens, die die Transformation mancher Mitmenschen (und darin indirekt des Menschlichen überhaupt) zum Objekt ermöglichten und vollendeten: des Irrenhauses, der Klinik und des Gefängnisses (»Folie et déraison«, 1961; »Naissance de la clinique«, 1963; »Surveiller et punir«, 1975). Denn die theoretische Bewältigung des so fest-gesetzten Menschen, der vom Normalen abweicht, enthält natürlich eine Festlegung des Menschlichen auf das Normale; umgekehrt scheint es für die moderne Vernunft-Kultur nicht unwesentlich, daß sie solche Institutionen des Ausschlusses braucht. Die Unterdrückung, die, als sie im Lauf der Zeit feinere Formen angenommen hatte, nicht weniger effizient wurde, richtet sich unmittelbar gegen die abweichenden Formen des Verhaltens, indirekt, durch die ausschließlichere Form der Definition des Normalen, gegen alle. Wissenschaft hat also, nach Foucaults Auffassung, viel mit Macht zu tun. In seinem letzten Werk, »Histoire de la sexualité« (1976–1984), will er zeigen, wie die Weise des Redens und Bewußtmachens gewisser Empfindungen und Verhaltensweisen im Lauf der Geschichte erst jenes Gebilde hat entstehen lassen, das wir heute »die Sexualität« nennen, und welche Tendenz zur Beherrschung darin jeweils zum Zuge kommt (nicht zuletzt in der angeblich liberalen Einstellung heute). – Foucaults Arbeiten sind von einer Tendenz zum Anarchismus getragen. Seine Reserven gegenüber dem humanistischen Autonomie-Pathos sind ebenso bedenkenswert wie Hinweise auf epochale Umbrüche im menschlichen Selbstverständnis, auch wenn er hier wohl das Kind mit dem Bade ausgeschüttet hat, indem er sich, wie schon sein großer Inspirator Nietzsche, in die Widersprüche verwickelte, die sich aus der Relativierung der Wahrheitsidee ergeben.

Literatur:

Fink-Eitel 1989   Clark 1983 (Bibliogr.)
Ewald 1991

79 3. Lévi-Strauss will, wie seinerzeit É. Durkheim, eine Theorie der sozialen Gesamttatsache – nicht nur einzelner Sektoren des gesell-

schaftlichen Lebens – vorlegen. Er privilegiert dabei die struktural-gleichzeitige Ebene der Analyse gegenüber der historisch-geneti-schen. Dabei spielt ohnehin die Geschichte einzelner Vorkomm-nisse eine nachgeordnete Rolle im Vergleich mit der geschicht-lichen Transformation der strukturellen Ganzheiten. Korrelativ dazu richtete Foucault das Augenmerk auf die Umbrüche im konti-nuierlichen Bestand bestimmter Subjekt-Objekt-Konstellationen im menschlichen Selbstverständnis und -verhältnis. Dagegen ver-sucht *René Girard* (geb. 1923, ursprünglich Literaturhistoriker, in Paris und den USA lebend) eine Theorie der Gesellschaft zu geben, die – in gewisser Analogie zu Freuds Konstruktionen des Ur-sprungs der Religion – auf bestimmte fundierende Ereignisse Bezug nimmt (»La violence et le sacré«, 1972). Er geht dabei von einem Trieb zur Nachahmung aus, der alles Wünschen bestimme. Unser Begehren habe von sich her noch kein eindeutiges Objekt; wir be-gehren, was unser Vorbild begehrt. Daraus ergibt sich unmittelbar ein Konflikt: denn einer will den anderen übertreffen und was der eine hat, kann meistens der andere nicht auch haben. Der Konflikt steigert sich bis zum Blutvergießen, das seinerseits zur Nachah-mung reizt, so daß in primitiven Gesellschaften, die kein Rechtssy-stem zur Beilegung der Blutrache haben, die gegenseitige Ausrot-tung ganzer Gruppen droht. Gegenkraft gegen die entfesselten Aggressionen kann nicht die Verstandesidee eines Gesellschaftsver-trages im allseitigen Interesse sein. Als Gegenkraft bewährt sich aber die gemeinsame Entladung der Aggressionen auf einen Dritten (Sündenbockmechanismus). Der gemeinsam Ermordete aber er-scheint nun unter Zügen, deren Ambivalenz typisch für das Sacrum ist: er inkarniert das Böse wie das Gute. Das Böse, weil mit ihm der Konflikt getötet wurde und weil seine Tötung sonst nicht gerecht-fertigt werden könnte, – das Gute, weil sein Tod der Ursprung des Friedens ist. Die Institutionalisierung solcher befriedender Gewalt-tat ist das Opfer. Mitsamt den Riten und den Vorstellungen von heiligen Mächten, die es begleiten, ist es die Urtatsache der Religion und der Gesellschaft. Entscheidend für das Funktionieren des Sün-denbockmechanismus ist, daß seine wahre Natur (die des Mordes an einem unschuldigen Wesen) aus dem Bewußtsein verdrängt bleibt. Dieser Verdrängung dienen Ideen wie die von der zu ver-söhnenden, zutiefst ambivalent gestimmten Gottheit.
Überall findet Girard Symptome für solche Gewalttaten an den Fundamenten der Ordnungen, die uns »heilig« sind. Überall auch findet er die Macht der Verdrängung – ausgenommen in den Evan-gelien, genauer: in der Passionsgeschichte Jesu (»Les choses ca-chées depuis la fondation du monde«, 1978). Ungeachtet der teil-

weisen Übermalung durch das alte Opfermotiv tritt dort zum ersten Mal hinreichend klar hervor: jede Opferung ist Mord; die ambivalente Natur des Seinsgrundes ist Produkt einer interessierten Projektion. Girards Aufnahme der evangelischen Entsakralisierung der Gewalt mündet in ein Plädoyer für die Gewaltlosigkeit der Beziehungen, im kleinen und im globalen Maßstab. Er hofft, daß die Aufdeckung des von sich her unbewußten Sündenbock-Mechanismus die zur Nachahmung reizende Faszination der Gewalt mindert oder gar auflöst. Es bleibt die Frage, ob diese Hoffnung hinreichend realistisch ist. Es bleibt auch die Frage, ob eine faktisch nur unzureichend zu verifizierende globale Hypothese dem Anspruch auf strenge Erkenntnis genügen kann. Die Frage bezieht sich auf die spezielle Theorie, die Girard vorgelegt hat, aber auch auf seinen prinzipiellen methodischen Ansatz, der einen Ersatz der auf Evidenz ausgehenden Philosophie durch empirisch-hypothetische Entwürfe vorschlägt.

Literatur:

Dumouchel 1985   Orsini 1986

D. Geschichte und Verstehen

I. Hintergrund

Das Problem der Geschichte und des Verstehens tritt im 20. Jahr- 80
hundert auf neue Weise in den Vordergrund philosophischen Denkens. Zwar gab es seit altersher philosophische und theologische
Reflexionen auf den objektiven Geschichtsverlauf, Versuche, ihn in
Perioden zu gliedern usw.; dabei stellt sich das Subjekt dem Objekt
seiner Betrachtung gegenüber. Wie sehr aber auch subjektives Bewußtsein, auch philosophisches Denken geschichtlich bedingt ist,
kommt erst in neuerer Zeit in den Blick: einerseits bei Hamann,
Herder (vgl. GK 8, §§ 178f.), Humboldt, Schleiermacher und
Schlegel (GK 9, §§ 207−213), also mehr von der Romantik her, andererseits im deutschen Idealismus, spekulativ-systematisch besonders bei Hegel (vgl. GK 9, bes. §§ 141−171) und beim späteren
Schelling (GK 9, bes. §§ 73−82).

1. Für das Problem des »Verstehens«, vor allem geschichtlicher 81
Texte und Zeugnisse, wird *Fr. Schleiermacher* grundlegend, der
eine »Hermeneutik« als Kunstlehre des Verstehens und der Auslegung entwickelt (GK 9, §§ 210ff.). Es kommt zur Ausbildung der
»Historischen Schule« (in Geschichts-, Rechts- und Sprachwissenschaft) und zum Bemühen, die Eigenart geschichtlicher Wissenschaften herauszustellen, so besonders bei *K. J. Droysen* (Grundriß
der Historik, 1868), der den Unterschied zwischen der naturwissenschaftlichen und der historischen Methode durch das Begriffs-
paar »Erklären« und »Verstehen« kennzeichnet. Erklären bedeutet
die kausale Rückführung der Einzelerscheinung auf allgemeine und
notwendige Gesetze, Verstehen dagegen die Erfassung des Einzelnen in seinem eigenen Sinn, seiner Bedeutung. Schon hier tritt,
deutlicher als bei Schleiermacher, die Einsicht hervor, daß »das
Einzelne in dem Ganzen, und das Ganze aus dem Einzelnen« verstanden wird, also eine Zirkelstruktur des Verstehens besteht, die
sich in ihrer grundlegenden Bedeutung für das hermeneutische
Problem bis zur Gegenwart durchhält.

Dies steht in Zusammenhang mit dem, was man philosophisch
»Historismus« nennt. In seinem Bemühen, alle menschlichen Ver-
hältnisse aus der Geschichte zu verstehen, zeigt er die Tendenz,
auch alles, wie Wahrheit, Werte, Normen, historisch (aus geschichtlicher Bedingtheit) zu relativieren. Ein Historismus dieser

Art ist schon bei S. Kierkegaard angelegt und tritt noch schärfer bei Fr. Nietzsche, G. Simmel, R. Eucken und in der Existenzphilosophie hervor – dagegen wenden sich vor allem E. Troeltsch, H. Rickert und E. Husserl.

82 2. Dem Historismus angehörig oder wenigstens nahestehend ist auch *W. Dilthey* (vgl. GK 9, §§ 261–264), der das Problem aufnimmt und auf die gesamte geisteswissenschaftliche Methodenfrage ausweitet. Dies geschieht vor allem in der »Einleitung in die Geisteswissenschaften« (1883) und später im »Aufbau der geschichtlichen Welt« (1910). Dilthey geht ausdrücklich auf Schleiermacher zurück; von ihm stammt die bis heute kaum übertroffene Biographie Schleiermachers, worin er ausdrücklich auf dessen »hermeneutisches« Anliegen eingeht und es von neuem in die philosophische Diskussion einführt. Dilthey formuliert als erster die Zweiheit von Natur- und Geisteswissenschaften, die sich durch eine zergliedernd erklärende Methode und ein verstehend beschreibendes Verfahren unterscheiden. »Wir erklären durch rein intellektuelle Prozesse, aber wir verstehen durch das Zusammenwirken aller Gemütskräfte in der Auffassung« (Ideen über eine beschreibende und zergliedernde Psychologie, Schriften Bd. 5, S. 172).

Als Grundlage geisteswissenschaftlichen Verstehens setzt Dilthey eine »verstehende Psychologie« an, die in ausdrücklichem Gegensatz zu der, damals im Vordergrund stehenden, naturwissenschaftlichen, kausal erklärenden Psychologie steht. »Die Natur erklären wir, das Seelenleben verstehen wir« (ebd. S. 144). Dazu ist verlangt, das Einzelne im Zusammenhang des Ganzen zu erfassen, das Dilthey als die Lebenseinheit versteht, der die einzelne Lebensäußerung entspringt. »Und wir gehen im Verstehen vom Zusammenhang des Ganzen, der uns lebendig gegeben ist, aus, um aus diesem das einzelne uns faßbar zu machen« (Schriften Bd. 5, S. 172).

Während dieser Ansatz in der Psychologie zu breiter Auswirkung kam, hat Dilthey selbst – unter dem Eindruck der Kritik am Psychologismus durch Rickert und Husserl – später die psychologische Grundlegung der Geisteswissenschaften revidiert; sie erfährt eine objektive Wendung. Das Verstehen bezieht sich auf objektive Sinngebilde, Werke und Werte der Geschichte und der geschichtlichen Kulturen, deren Strukturen und Gesetzmäßigkeiten erfaßt werden sollen. Sie sind »Objektivationen des Lebens«, mit Hegels Worten »objektiver Geist«. Diese Objektivationen sind Gegenstand der Geisteswissenschaft; sie gilt es zu verstehen. Weil sie aber dem Leben entspringen und das Lebensgeschehen objektivieren, bildet das »Erleben« den Zugang zum »Verstehen«. Im Erleben erschließt sich die Lebenseinheit, aus der die einzelne Äußerung des

Lebens zu verstehen ist: »Das Verstehen setzt ein Erleben voraus« (Schriften Bd. 7, S. 143).
Gerade dieser, noch zu eng psychologistischen Auffassung tritt *H.* 83 *Rickert* (vgl. GK 8, §§ 290 u. 298) entgegen: Das Verstehen idealer Sinn- und Wertgehalte hat mit »einfühlendem Miterleben« nichts zu tun. Rickert lehnt auch den (heute umstrittenen) Begriff der »Geisteswissenschaft« ab und spricht im Gegensatz zur Naturwissenschaft von Geschichte und geschichtlichen Kulturen. Den Unterschied der Wissenschaftstypen kennzeichnet Rickert aber ähnlich – zugleich in Anlehnung an Windelbands »nomothetische« und »ideographische« Wissenschaften (GK 8, §§ 289 f.) – dadurch, daß die Natur durch Gesetze »erklärt«, geschichtliche Kulturen und ihre Ausdrucksformen aber aus Werten »verstanden« werden.

Literatur:

Wach 1966   Henrichs 1968
Bollnow 1967   Kimmerle 1978

3. Einen weiteren Schritt, der zwar sowohl durch das geschicht- 84 lich-hermeneutische Denken, bes. von Schleiermacher bis Dilthey, als auch durch die Phänomenologie E. Husserls vorbereitet war, aber tiefer dringend darüber hinausführt, macht *Martin Heidegger* (1889–1976). Sein fundamental- und existenzial-ontologisches Denken wurde schon dargestellt (vgl. §§ 15–23). Hier sind nur die geschichtlich-hermeneutischen Aspekte hervorzuheben.
Schon in »Sein und Zeit« (1927) nimmt Heidegger das »Verstehen« in die Existenz des Daseins zurück; es ist ein »Existenzial«, d. h. ein konstitutives Element der Seinsverfassung menschlichen Daseins. Es geht nicht nur um psychologisches Verstehen anderer Menschen, auch nicht nur um geisteswissenschaftliches Verstehen geschichtlicher Erscheinungen. Es geht vielmehr um ein ursprünglicheres Verstehen, das der Zweiheit von »Erklären« und »Verstehen« vorausliegt und mit dem »Sein des Daseins« gegeben ist, weil das Dasein durch Seinsverständnis ausgezeichnet ist. Geleitet von der Frage nach dem »Sinn von Sein« unternimmt Heidegger eine Analyse des menschlichen Daseins, um die ursprüngliche Konstitution des Seinsverständnisses im Grunde des Daseins freilegen und auslegen zu können; dies wird ihm zu einer »Hermeneutik des Daseins«, d. h. einer Auslegung dessen, was Dasein ist und als was es sich selbst versteht. Viel später gesteht er, daß ihm das Wort »Hermeneutik« aus seinem Studium der Theologie vertraut war und sich

ihm schon damals die Frage nach dem Verhältnis zwischen dem Wort der Hl. Schrift und dessen Auslegung im Denken, zugleich darin verhüllt nach dem Verhältnis zwischen Sein und Sprache aufgegangen sei. »Ohne diese theologische Herkunft wäre ich nie auf den Weg des Denkens gelangt. Herkunft aber bleibt stets Zukunft« (Unterwegs zur Sprache, Pfullingen ²1960, 96). Später habe er den Titel »Hermeneutik« bei Dilthey, aber aus derselben theologischen Quelle, bes. von Schleiermacher her, wiedergefunden.

85 Doch gebraucht Heidegger das Wort »Hermeneutik« in einem weiteren Sinn »aus jener Weite, die aus dem anfänglichen Wesen entspringt. Hermeneutik meint in »Sein und Zeit« weder die Lehre von der Auslegungskunst noch das Auslegen selbst, vielmehr den Versuch, das Wesen der Auslegung allererst aus dem Hermeneutischen zu bestimmen« (ebd. 97f.), d. h. aus dem hermeneutischen Wesen des Daseins, das ursprünglich verstehend sich in seiner Welt und der Geschichte auslegt. Hermeneutik wird so zur Auslegung des ursprünglichen Selbst- und Seinsverständnisses menschlichen Daseins.

86 In der Analyse des Verstehens weist Heidegger den »hermeneutischen Zirkel« auf (Sein u. Zeit, S. 152f.), der der Sache nach schon Schleiermacher, Droysen und Dilthey bekannt war, aber erst von Heidegger ausdrücklich formuliert wird und von daher in die gesamte Diskussion um das hermeneutische Problem eingeht. Alles Verstehen zeigt eine »Zirkelstruktur«, da sich nur in einer vorausentworfenen Sinnganzheit »etwas als etwas« erschließt und alle Auslegung sich im Feld vorgängigen Verstehens vollzieht, dieses daher als Bedingung ihrer Möglichkeit voraussetzt. »Alle Auslegung, die Verständnis beistellen soll, muß schon das Auszulegende verstanden haben« (ebd.).

87 Damit ist zugleich die »Horizontstruktur« des Verstehens und Auslegens gegeben. Dasein als »In-der-Welt-Sein« entwirft die Welt als den Horizont seines Selbst- und Seinsverständnisses. Jedes Verstehen eines Dinges, eines Geschehens oder Sachverhalts in seinem »Sinn« fordert als Bedingung seiner Möglichkeit die Ganzheit eines Sinnzusammenhangs – einer »Bewandtnisganzheit«, wie Heidegger sagt – der voraus-entworfenen und voraus-verstandenen »Welt«. Der frühe Heidegger, in »Sein und Zeit« und den folgenden Schriften, versteht die Welt als den Weltentwurf des Daseins, das sich sein »Seinkönnen«, d. h. seine Seinsmöglichkeiten, vorausentwirft als die Sinnganzheit des eigenen Selbstvollzugs. Später versteht Heidegger die Welt ausdrücklicher vom Sein her, das sich uns geschichtlich offenbart und zugleich verbirgt. Die Welt wird zur »Lichtung des Seins, in die der Mensch aus seinem geworfenen We-

sen her heraussteht« (Humanismusbrief, Gesamtausg. I Bd. 9, S. 350). Die Welt wird so zu dem vom Sein her uns seinsgeschichtlich zugewiesenen Horizont des Verstehens. Man darf Heideggers »Sein« nicht von einem metaphysischen Seinsbegriff her verstehen, schon gar nicht vom »ipsum esse« (Thomas von Aquin), sondern es bleibt der anonyme Seinsgrund, der in der Zeit oder als die Zeit seine Wahrheit (Unverborgenheit) zeigt oder entzieht, über unser zeitgeschichtliches »Seinsgeschick« verfügt, dem wir uns schicklich zu fügen haben. Dies schlägt sich nieder im Sprachdenken des späten Heidegger, wo die Sprache zur »Stimme des Seins« wird – Sein aber, Sprache und Verstehen aus radikaler Geschichtlichkeit gedacht, die jeden Historismus überbietet und ontologisch zu fundieren sucht.

Literatur:

Gethmann 1974   Gadamer 1983
Pöggeler 1983

II. Neuere Hermeneutik

1. Aus der Tradition seit Schleiermacher wirkt sich das hermeneutische Problem besonders in der Schriftauslegung und dem Glaubensverständnis der evangelischen Theologie aus. Gegen die Vorherrschaft der »historisch-kritischen Schule«, die einen ihrer letzten großen Vertreter in *Adolf von Harnack* (1851−1930, Professor in Berlin) hatte, nimmt vor allem *Karl Barth* (1886−1968, Professor in Basel) aus hermeneutischem Anliegen entschieden Stellung. Sein »Römerbrief« (1919, mit dem wichtigen Vorwort zur 2. Aufl. 1921) bildet einen Durchbruch; es folgte die »Kirchliche Dogmatik« (1930−1967 in 13 Bänden) und eine Reihe weiterer Schriften. Barth will die historisch-kritische Methode nicht völlig verwerfen, doch leistet sie nur die Vorarbeit für die eigentliche Aufgabe des Verstehens, und darum geht es K. Barth: Wir haben in den biblischen Schriften das Wort Gottes als seine Offenbarung und Heilsbotschaft verstehen zu lernen.

Das hermeneutische Problem verschärft sich, jetzt ausdrücklich von Heidegger her, bei *Rudolf Bultmann* (1884−1976, Professor in Marburg) und seiner Schule. Er ist der Meinung, die biblischen Berichte und Aussagen entstammen einer weitgehend »mythologischen« Vorstellungswelt, und fordert daher radikale »Entmythologisierung«. Um das eigentlich Gemeinte und bleibend Gültige dem modernen Menschen verständlich zu machen, müsse man es in den Horizont heutigen Selbst- und Weltverständnisses übersetzen. Als diesen nimmt er die Existenzialphilosophie Heideggers auf und unternimmt eine »existenziale Interpretation«. Dieses, schon in seinen Voraussetzungen ebenso radikale wie problematische Programm, erst recht seine Folgen für das christliche Glaubensverständnis, haben sowohl in protestantischer als auch in katholischer Theologie heftige Diskussionen hervorgerufen, auf die einzugehen hier nicht der Ort ist. Doch haben sie dazu beigetragen, daß »Hermeneutik« zu einem Problem unserer Zeit wurde, das einer grundsätzlicheren, nämlich philosophischen Klärung bedarf.

89 2. Das Problem aufgegriffen und eine philosophische Hermeneutik erstellt zu haben, ist vor allem das Verdienst *Hans Georg Gadamers*. Er wurde 1900 in Marburg geboren, 1939 Professor in Leipzig, 1947 in Frankfurt, seit 1949 in Heidelberg, wo er, schon lange emeritiert, noch lebt und wirkt. Neben philosophiegeschichtlichen Studien, bes. über Platon und Hegel, ist sein vielbeachtetes Hauptwerk »Wahrheit und Methode. Grundzüge einer philosophischen Hermeneutik« (1960, ³1972); dazu kommen »Kleine Schriften« (Bd. 1 u. 2 1967, Bd. 3 1972, Bd. 4 1977), die vor allem das hermeneutische Problem weiterführen.

Auch für Gadamer gilt – wie seit Schleiermacher über Droysen und Dilthey bis zu Heidegger – der Grundsatz, man müsse das Einzelne im Ganzen, das Ganze aber aus Einzelnem verstehen. Gadamer greift auf den »hermeneutischen Zirkel« im Sinne Heideggers zurück und will von daher die positive Bedeutung des »*Vorurteils*« aufzeigen. Dieses Wort, das erst durch das Bestreben der Aufklärung nach voraussetzungsloser, daher vorurteilsfreier Wissenschaft einen abwertenden Sinn erhielt, sucht Gadamer aufzuwerten als geschichtlich überkommenes, noch nicht wissenschaftlich reflektiertes »Vorverständnis«; unabhängig davon, ob und wieweit es der Sache gerecht wird, eröffnet es doch schon einen ersten Zugang des Verstehens, der in allem weiteren, auch durch methodische Auslegung zu gewinnenden Verständnis vorausgesetzt bleibt. Wie aber kann es im Verstehen des »anderen«, auch des Fernen und Fremden, berichtigt und bereichert werden?

90 Seit Schleiermacher galt die Norm, man müsse, um den anderen zu verstehen, sich in ihn »hineinversetzen«, sich ihm »gleichsetzen«, um seine Sicht und Auffassung zu teilen. Sicher ist das nie vollkommen möglich. Dahinter steht aber das Prinzip: Je größer die Identität, umso besser das Verstehen; je größer die Differenz, desto geringer das Verstehen. Dem widerspricht Gadamer, indem er auf die hermeneutische Funktion des Zeitenabstands hinweist. Gerade aus

der *Distanz* zeigt eine Aussage, ein schriftlicher Text oder ein geschichtliches Ereignis, erst in einem weiteren Horizont, in dem sie sich ausgewirkt und darin ausgelegt haben, ihren volleren Sinn; wir verstehen sie besser in ihrer Bedeutung, als man sie damals unmittelbar verstehen konnte. Erst dadurch wird es möglich, einer Forderung Schleiermachers entsprechend, einen Autor der Vergangenheit »besser zu verstehen, als er selbst sich verstanden hat«.

An die Stelle des »Sich-Hineinversetzens« und »Sich-Gleichset- 91 zens«, das weder möglich noch notwendig ist – nicht möglich, weil ich mich selbst und meine Verständniswelt nicht verlassen oder überspringen kann, nicht notwendig, weil ich aus meiner Welt das andere als anderes verstehen will – setzt Gadamer dasjenige, was er »*Horizontverschmelzung*« nennt. Die verschiedenen Welten im Sinne geschichtlich und kulturell ferner, einander fremder Erfahrungs- und Verständnishorizonte müssen einander begegnen, in Beziehung und Verbindung, schließlich zur Einheit gebracht werden. Dies verlangt, daß ich, um anderes zu verstehen, ohne mich und meine Verständniswelt aufzugeben, den anderen, vielleicht fernen und fremden Horizont in mein Verständnis aufnehmen, die Horizonte so »verschmelzen« muß, daß dadurch mein eigener Verstehenshorizont erweitert und bereichert wird. Sicher hat auch diese Auffassung ihre Probleme, die kaum geringer sind als die des »Sich-Hineinversetzens«, weil eine völlige Horizontverschmelzung auch weder möglich noch notwendig ist: nicht möglich, weil ich niemals alle konkreten Erfahrungs- und Verständnisgehalte, die den fremden Horizont bilden, adäquat übernehmen oder rekonstruieren kann; auch nicht notwendig, weil nicht für jedes Verstehen einer bestimmten Frage oder Aussage usw. der Gesamthorizont der fremden Lebenswelt, sondern nur das Wissen um die dafür relevanten Worte oder Sinngehalte erfordert ist. Die Frage: Wieviel Uhr ist es? kann ich verstehen und beantworten, auch ohne die Lebenssituation zu verstehen, aus der diese Frage des anderen entspringt; ähnlich im Verständnis geschichtlicher Texte oder Ereignisse. Je komplexer allerdings der zu verstehende Inhalt ist, um so mehr Einzelelemente werden dafür relevant, um so breiter und reicher muß mein »Horizont« des Verstehens sein. Insofern kann man, aber in sehr bedingtem und begrenztem Sinn, von einer gewissen Horizontverschmelzung sprechen.

Die hermeneutische Funktion des Abstandes und – diesen über- 92 windend – der Horizontverschmelzung setzt nach Gadamer *Wirkungsgeschichte* voraus, d. h. daß sich ein gesprochenes, schriftlich überliefertes Wort oder ein sachliches Zeugnis, eine entscheidende Tat oder ein Ereignis ferner Vergangenheit in der folgenden Geschichte auswirkt und, indem es sich auswirkt, sich auslegt oder ausgelegt wird – und in der Auslegung sich auswirkt. Erst in der Wirkungsgeschichte entfaltet sich der vollere Sinn des Gesagten oder Geschehenen. Darin sind zwei Aspekte bemerkenswert, in denen sich Gadamer von seinem Lehrer Heidegger unterscheidet. Der erste: An die Stelle der »Seinsgeschichte« bei Heidegger tritt die »Wirkungsgeschichte«. Gadamer verzichtet auf eine mysteriös ontologische Fundierung in einem geschichtlich sich entbergenden oder verbergenden »Sein«, das uns das geschichtliche Geschick zuweist; damit verzichtet Gadamer allerdings auf jegliche ontologisch-metaphysische Grundlegung (was sich sehr problematisch auf die Wahrheitsfrage auswirkt; wir kommen darauf zurück). Der zweite Aspekt, in dem sich Gadamer von Heidegger unterscheidet: Bei Heidegger steht der Entwurf der Zukunft als meiner Seinsmöglichkeiten, wenn auch von der »Gewesenheit« her, im Vordergrund; dagegen betont Gadamer mehr die Vergangenheit als geschichtliche Tradition, die uns in einen wirkungsgeschichtlichen Zusammenhang versetzt. Doch ist dies kein letzter Gegensatz, sondern eine Verschiedenheit der Akzentsetzung: Beides ist ebenso bedeutsam, prägende Überlieferung aus Wirkungsgeschichte *und* von daher der Vorentwurf künftigen Seinskönnens und Seinwollens, die Gegenwart als Schnittpunkt von Vergangenheit und Zukunft.

93 Der eigentliche kritische Punkt ist die *Wahrheitsfrage*. Bei Gadamer scheint Wahrheit in Wirkungsgeschichte unterzugehen. Ist etwas deshalb wahr, weil es geschichtliche Wirkung und Überzeugungskraft hatte, oder einfach deshalb, weil es so »ist« und deshalb unaufhebbar »gilt«? Auch wenn ich selbst Sinngebungen vollziehe, wenn mir Erfahrungen oder Einsichten bedeutsam werden, so ist es wahr, weil es so »ist«, daß ich ihnen diesen Sinn gebe und sie mir bedeutsam werden. Einem ontologischen Wahrheitsverständnis ist nicht zu entgehen, weder durch Heideggers »Seinsgeschichte« noch durch Gadamers »Wirkungsgeschichte«. Ein gewisser Historismus als geschichtliche Relativierung der Wahrheit bleibt unverkennbar, wenn auch Gadamers Verdienst für die Förderung und Auseinandersetzung um philosophische Hermeneutik unbestreitbar ist.

Literatur:

Coreth 1969
Bollnow 1983

Ineichen 1990
Grondin 1991

3. Ähnlich repräsentativ für die Hermeneutik der Gegenwart 94 wurde – aus dem italienischen Sprachraum – *Emilio Betti* mit seiner »Allgemeinen Auslegungslehre« (1955). Er kommt als Jurist von der rechtshistorischen Hermeneutik her, greift aber auf das gesamte Methodenproblem der Geisteswissenschaften aus und geht auf dessen philosophische Voraussetzungen zurück. Dabei zeigt er sich der hermeneutischen Tradition von Schleiermacher bis Dilthey verbunden, ohne so sehr (wie Gadamer) die Ansätze der Phänomenologie Husserls und der Existenzialphilosophie Heideggers aufzunehmen. Betti setzt sich mit der älteren Verstehenslehre von der Romantik bis zum Historismus weithin sehr kritisch auseinander. So bleibt er einerseits hinter Gadamers Problemansatz zurück, andererseits geht er darüber hinaus. Denn Gadamer will nur phänomenologisch beschreiben, was im geschichtlichen Verstehen »wirklich geschieht«, ohne eine normative Hermeneutik erstellen zu wollen, welche Regeln es dafür gibt, was in der Auslegung »zu geschehen hat«. Dagegen ist Bettis Auslegungslehre durchaus normative Hermeneutik, d. h. Methodenlehre, die sich auf alle Bereiche geisteswissenschaftlichen Verstehens und Auslegens, also auf philologische, juristische, literarische und theologische Hermeneutik erstreckt und insofern – als differenzierte Methodologie – weit über die philosophische Grundlagenfrage Gadamers hinausgeht.

Paul Ricœur (geb. 1913), einer der bedeutendsten Philosophen der 95 Gegenwart in Frankreich, Professor in Paris (und in den USA), nimmt eine eigene Stellung ein. Er kommt von der Phänomenologie in Husserls Schule her, steht aber auch in der Diskussion mit der Tiefenpsychologie Freuds (bes. in »De l'interprétation«, 1965) und dem französischen Strukturalismus. Von diesen Ansätzen her kommt er zu seiner Fassung des hermeneutischen Problems (»Le conflit des interprétations. Essais d'herméneutique«, 1969), wobei nicht nur die Sprache und geschichtliches Verstehen, sondern mehr die verstehende Auslegung von symbolischen Ausdruckweisen in den Vordergrund tritt (»La symbolique du mal«, 1960; »La métaphore vive«, 1970). Damit verweist Ricœur auf weitere und wichtige, seit Cassirer wenig beachtete Dimensionen des Verstehens und der Auslegung (vgl. §§ 32–34).

E. Christliche Philosophie und Neuscholastik

I. Hintergrund

96 Christliche Philosophie hat eine alte und reiche Tradition aus patristischem und scholastischem Erbe, das platonische, später aristotelische Erkenntnisse aufnahm und zur christlichen Synthese zu bringen suchte. Von daher war auch die neuzeitliche Philosophie von einem beständigen Strom christlichen Denkens begleitet. Noch weit in die Neuzeit hinein war die Scholastik einfachhin die »Schulphilosophie«, die allgemein, nicht nur an katholischen, sondern auch an protestantischen Universitäten gelehrt wurde. Sie war besonders geprägt durch die spanische Spätscholastik, vor allem durch *Franz Suárez*, dessen »Disputationes metaphysicae« (1597) allein in Deutschland von 1600 bis 1630 fünfmal neu aufgelegt wurden. Die neueren Philosophen, sowohl des Rationalismus (Descartes, Spinoza, Leibniz) als auch des Empirismus (Locke und Hume), waren Privatgelehrte, deren Denkansätze sich an den Hohen Schulen nicht leicht durchsetzen konnten. Noch *Leibniz* hat in seiner Jugend suarezianische Scholastik studiert, sie hochgeschätzt und ihr in seinem eigenen Denken (begrifflich und sachlich) viel entnommen; so auch *Chr. Wolff,* der – als akademischer Lehrer – auf rationalistischer Grundlage, aber scholastische Lehrgehalte verwertend, ein umfassendes Lehrsystem der Philosophie erstellt, das bald, seit der Mitte des 18. Jahrhunderts, die Scholastik verdrängt (vgl. GK 8, §§ 148 ff.). Gerade diese Philosophie, zur »Schulmetaphysik« der Zeit geworden (M. Wundt 1936; 1945), verfällt aber der scharfen Kritik *Kants* und wird vom nachfolgenden Idealismus fast weggefegt.

97 So bildet die Zeit um 1800 eine tiefe Zäsur: Die bisherige Tradition christlichen Denkens ist abgebrochen, man muß von neuem beginnen. Erst nach den Stürmen der Französischen Revolution und der Napoleonischen Kriege kommt es, zumeist schon in Auseinandersetzung mit Kant und dem Idealismus samt seinen Folgen, zu einem Wiedererwachen bewußt christlichen Denkens, bevor die eigentliche »Neuscholastik« einsetzt, die mehr als ein Jahrhundert im katholischen Raum vorherrschend bleibt, bis sie sich immer mehr neuerem Denken öffnet, seine Probleme und Methoden übernimmt und sich dadurch selbst wandelt und weitet. Hier kann nur ein knapper Überblick gegeben werden, der nicht alle Namen, Daten

und Werke nennt. Eine umfassende Darstellung bietet das Sammelwerk »Christliche Philosophie im katholischen Denken des 19. und
20. Jahrhunderts« (hg. von E. Coreth, W. Neidl, G. Pfligerdorffer,
3 Bde. 1987–1990).

Literatur:

Coreth u. a. (Hg.) 1987–90

II. Neuansätze

Die neuen Ansätze christlichen Denkens zu Beginn des 19. Jahr- 98
hunderts gehen zumeist von (katholischen) Theologen aus. Be-
zeichnend für den Geist ihrer Zeit ist es, daß sie einerseits Anschluß
an das moderne Geistesleben suchen, daher in Auseinandersetzung
mit Kant und den deutschen Idealisten, besonders Schelling und
Hegel, stehen, um deren Denken auszuwerten, andererseits aber
zur Zeit der Restauration, besonders von Frankreich her, konserva-
tiv fideistische und traditionalistische Bestrebungen hervorbringen.
1. Zur ersten Richtung gehören *Georg Hermes* (1775–1831, Bonn) 99
und *Anton Günther* (1783–1863, Wien), die sich mit Kant (Hermes) und Hegel samt den Linkshegelianern der Zeit (Günther)
befassen, zwar kritisch Stellung nehmend, aber doch vieles über-
nehmend, daher die Tendenz zeigen, den Glauben der Vernunft
unterzuordnen; sie wurden deshalb als »Semirationalisten« bezeichnet und ihre Werke kirchlich indiziert. Ähnlich später *Jakob
Frohschammer* (1821–1893, Professor in München); auch seine
Werke wurden kritisiert und von der Kirche verurteilt. Es war eine
wirre Zeit, in der man erst neue Orientierung finden mußte.

Literatur:

Reikersdorfer 1987   Simonis 1987
Schwedt 1987

Eine eigene Stellung nimmt *Martin Deutinger* ein (1815–1864,
Professor in Freising und München), der in gewisser Anlehnung an
Schelling »Grundlinien einer positiven Philosophie« (7 Bde.,
1843–1849) herausgab und sich ebenso kenntnisreich wie kritisch
mit der ganzen neueren Philosophie auseinandersetzt: »Das Prinzip der neueren Philosophie und die christliche Wissenschaft«
(1857), ein Werk, das nur wenige Jahre nach Schellings Tod (1854)
veröffentlicht, für die Diskussion jener Zeit als repräsentativ gelten

kann. Der Verfasser beruft sich zwar auf die scholastische Tradition »christlicher Wissenschaft«, ohne schon eigentlich der Neuscholastik anzugehören, die erst später einsetzt.

100 Große Bedeutung gewinnt die Katholische *Tübinger Schule*. Ihre Vertreter sind durchweg Theologen, die aber durch offene Diskussion mit der Philosophie ihrer Zeit, mit Romantik und Idealismus (Schelling und Hegel), geprägt sind. Als Begründer dieser Schule gilt *Johann Sebastian Drey* (1777—1853, Professor in Tübingen), der von der Romantik herkommt und vor allem Schelling auszuwerten sucht. *Franz Anton Staudenmaier* (1800—1856) ist der bedeutendste Dogmatiker aus der Tübinger Schule (Professor in Freiburg und Gießen), während *Johannes Kuhn* (1806—1887, Professor in Tübingen) sich aus platonisch-idealistischer Gesinnung gegen das Aufkommen der Neuscholastik einsetzt. Immerhin ist dort ein Aufbruch mehr theologischer als philosophischer Öffnung zu neuerer Philosophie geschehen; was ihm fehlte, war die Rückbesinnung auf die eigene Tradition, die erst durch die Neubelebung scholastischen Denkens kam.

Literatur:

Braun 1987   Scheffczyk 1987
Franz 1987

101 2. Auf der anderen Seite stehen restaurative Bestrebungen derselben Zeit, die sich, besonders von Frankreich aus, gegen den ganzen Rationalismus neuerer Philosophie richten. So vor allem der *Fideismus*, der bes. an der Reformierten Theologischen Fakultät in Paris durch *A. Sabatier* (1839—1901) vertreten wird und die Erkenntnis allein aus dem Glauben begründen will. Ähnlich im katholischen Raum der *Traditionalismus*, der, ebenso irrational, allein der Überlieferung des Glaubens Wahrheitswert zuspricht. Hierher gehören *L. G. A. Bonald* (1754—1840), *H. F. M. Lamennais* (1782—1854), *L. E. M. Bautain* (1796—1867), *A. Bonetty* (1798—1879) u. a.

102 Ihnen nahestehend, aber nicht gleichzusetzen, ist der sog. *Ontologismus*, den *G. C. Ubaghs* (1800—1875, Professor in Löwen) und *V. Gioberti* (1801—1852, in Turin und Paris) vertreten, in etwa auf Malebranche zurückgreifen, die Denkordnung mit der Seinsordnung gleichsetzen, daher ewige Ideen, von Gott uns eingegeben, voraussetzen. Nicht dem Ontologismus angehörig, aber ihm nahe und dessen bezichtigt, war *Anton Rosmini-Serbati* (1797—1855), der aus Rovereto stammende Priester, politisch um die Einheit Ita-

liens bemüht zugleich Ordensgründer, Philosoph und Theologe, der (unter gewissem Einfluß Kants) eine apriorische, uns eingeborene Idee des Seins annahm, die sich aber differenziert in ideales Sein, insofern es Objekt des Denkens und Erkennens zu sein vermag, reales Sein, das individuell existierendes Subjekt und Kraftzentrum ist, und moralisches Sein, worin das Subjekt sich mit dem Objekt verbindet und sich darin selbst zu verwirklichen, auf das letzte Ziel in Gott hin zu vollenden hat. Diese Dreiheit der Seinsformen bildet die Mitte der Philosophie Rosminis und hat auf vielfache Weise nachgewirkt.

Literatur:
Evain 1987   Neufeld 1987
Le Guillou 1987

3. Es gab auch andere Neuansätze christlichen Denkens, die der 103
Neuscholastik vorausliegen. Kurz hingewiesen sei auf *Bernhard Bolzano* (1781–1848, Professor in Prag), kath. Priester, entschiedener Gegner Kants und des Idealismus; er ist Logiker, Mathematiker und Wissenschaftstheoretiker, der logische Einsicht von psychologischem Geschehen scharf abhebt und den später E. Husserl (Phänomenologie) neu entdeckt und als einen der bedeutendsten Logiker schätzt. Bolzano formte einen reformkatholisch gesinnten Kreis, der besonders in Böhmen starken Einfluß gewann.
Ähnlich und doch ganz anders der große Philosoph und Theologe 104
Englands, *John Henry Newman* (1801–1890), 1845 zur katholischen Kirche übergetreten, 1879 zum Kardinal erhoben (Apologia pro vita sua, 1865; Development of Doctrine, 1870; Grammar of Assent, 1870/1871). Er vertritt den unbedingten Anspruch des persönlichen Gewissens, woraus er einen ethischen Gottesbeweis zieht, zugleich aber die Meinung, daß theoretische Einsicht (der Vernunft) nie absolute Gewißheit, sondern nur mehr oder weniger hohe Wahrscheinlichkeit vermitteln könne. Newman hat als Denker und Prediger in England nachhaltige Wirkung ausgelöst, die bis heute fortdauert.

Literatur:
Berg u. a. 1987   Rombold 1987

Hier sind auch Denker des russisch-orthodoxen Christentums an- 105
zuführen. *Wladimir Solowjew* (1853–1900) entfaltet in seinen

Werken eine bedeutsame Religionsphilosophie der All-Einheit, die auf östliche und westliche Quellen zurückgeht, auf Platon und den Neuplatonismus (Plotin), auf die Kirchenväter (Origenes und Augustinus), auf deutsche Mystik (J. Böhme), auch auf Anregungen des deutschen Idealismus (bes. Schelling).

106 Später *Nikolai A. Berdjajew* (1874—1948), der nach der Sowjetrevolution aus Rußland ausgewiesen wurde (1922), erst in Berlin, später in Paris lebt und, von Kant, Marx, Nietzsche u. a. angeregt, eine Existenzphilosophie unter dem Primat des Geistes und der Freiheit entwickelt: »Vom Sinn des Schaffens« (1916), »Der Sinn der Geschichte« (1923), »Wahrheit und Lüge des Kommunismus« (1934), »Geist und Wirklichkeit« (1937), »Existentielle Dialektik des Göttlichen und Menschlichen« (1951), und andere Werke, die (zumeist französisch und deutsch herausgegeben) bedeutenden Einfluß gewannen.

Literatur:
Stepun 1964   Goerdt 1984

III. Anfänge der Neuscholastik

107 1. Im katholischen Raum setzt sich etwa seit der Mitte des 19. Jahrhunderts das Bestreben durch, die eigene Tradition philosophisch-theologischen Denkens neu zu erwecken und lebendig zu machen, was man heute – oft, aber weithin zu Unrecht, verächtlich – »Neuscholastik« nennt. Sie war (und ist) eine sehr bedeutsame Geistesbewegung seit mehr als einem Jahrhundert.

Sie nahm ihren Ausgang besonders von Italien, Spanien und Deutschland. *Matteo Liberatore* (1810—1892, Jesuit und Professor in Neapel) verfaßte »Institutiones logicae et metaphysicae« (1840—1842), worin er entschieden auf Thomas von Aquin zurückgeht; ähnlich *Gaetano Sanseverino* (1811—1865, Professor und Kanoniker, auch in Neapel) in seinen fünf Bänden einer »Philosophia christiana« (1862—1867).

Literatur:
Schmidinger 1988

Um dieselbe Zeit wirkt in Spanien der Priester und Philosoph *Jaime Luciano Balmes* (1810—1848, in Barcelona und Madrid), dessen Denken im wesentlichen an Thomas von Aquin und der Scholastik orientiert ist, sich aber mit der neueren Philosophie (Descartes, Malebranche, Leibniz u. a.) eigenständig auseinandersetzt.

In Deutschland tritt schon früh der Mainzer Dogmatiker *Bruno F. L. Liebermann* (1759—1844) für eine Erneuerung der Scholastik ein. Viel stärker wird der Einfluß des deutschen Jesuiten *Joseph Kleutgen* (1811—1883, seit 1843 in Rom) vor allem durch seine großen, auf scholastische Tradition zurückgehenden Werke »Theologie der Vorzeit« (3 Bde. 1853—1870) und »Philosophie der Vorzeit« (2 Bde. 1860—1862).

Literatur:
Walter 1988

2. Auf dem Hintergrund dieser Bestrebungen wird die Enzyklika 108 »Aeterni Patris«, die Papst *Leo XIII.* am 4. August 1879 herausgab, richtungweisend. Darin wird, auch in der dringlichen Auseinandersetzung mit den Irrtümern der Zeit (Positivismus, Materialismus, Atheismus) auf den hohen Wert der geistigen Tradition scholastischer Philosophie und Theologie verwiesen, zu ihrem Studium, ihrer Erforschung und Neubelebung aufgefordert und besonders die einmalige Bedeutung des hl. Thomas von Aquin als des Lehrmeisters wahrer Weisheit und Wissenschaft hervorgehoben. Diese Enzyklika wurde zum Grunddokument der Neuscholastik. Ihrem 100jährigen Gedächtnis war der VIII. Internationale Thomistenkongreß (1980) gewidmet, dessen Akten in acht umfangreichen Bänden (Rom 1981—1983) herauskamen, ihre Entstehung, Bedeutung und weltweite Auswirkung auf allen Gebieten der Philosophie und der Theologie belegen.

Literatur:
Aubert 1988

3. In der Folgezeit wird im Auftrag des Papstes eine kritische Ge- 109 samtausgabe der Werke des hl. Thomas in Angriff genommen, die sog. »Leonina« (seit 1882 in großen Quartbänden erscheinend, bis heute unvollendet). Es entstehen Zentren scholastischer Philosophie in Rom, Löwen, Innsbruck, Freiburg/Schw. u. a. Es kommt die Zeit der historischen Erforschung der Scholastik des Mittelalters, der großen, zumeist lateinisch verfaßten, daher international wirksamen Lehrbücher scholastischer Philosophie, aber auch wieder das Aufleben verschiedener innerscholastischer Schulsysteme

und Kontroversen, der strengen Thomisten (bes. Dominikaner), der Suarezianer (bes. Jesuiten) und Skotisten (Franziskaner), dann aber – etwa seit Beginn des 20. Jahrhunderts, noch mehr seit den 20er und 30er Jahren die zunehmende Öffnung scholastischen Denkens, seine nicht nur kritisch abwehrende Haltung gegenüber »Irrtümern« der Zeit, sondern auch positiv aufnehmende und verarbeitende Einstellung gegenüber Ansätzen und Einsichten neuerer Philosophie.

Literatur:
Coreth 1988

IV. Historische Forschung

110 Die Wiederbelebung der Scholastik erweckt die Erforschung ihrer *historischen* Quellen. Das Geistesleben des Mittelalters, bisher weithin vergessen oder verachtet, kommt in seiner Vielfalt differenzierter ans Licht. In mühevoller Kleinarbeit werden Handschriften gesammelt, studiert, identifiziert, text- und literarkritisch ediert. Man erkennt immer mehr die Vielgestaltigkeit geistiger Bewegungen und Auseinandersetzungen des Mittelalters, ihre Gemeinsamkeit im Bemühen um christliche Philosophie, aber auch ihre verschiedenen philosophisch-theologischen Schulrichtungen und Lehrmeinungen.

Zu den bedeutendsten Vertretern dieser historischen Forschung gehören im deutschen Sprachraun *Georg von Hertling* (1843–1919), Professor in München, später bayerischer Ministerpräsident und deutscher Reichskanzler vor Kriegsende 1918); ferner *Clemens Baeumker* (1853–1924, Professor in München), auf den die sog. »Baeumker-Beiträge« zurückgehen (Beiträge zur Phil. und Theol. des Mittelalters) und sein Nachfolger in München *Martin Grabmann* (1875–1949), der in der Thomasforschung führend wurde (Die Geschichte der scholastischen Methode, 2 Bde., 1909–1911; Mittelalterliches Geistesleben, 2 Bde., 1926–1956; u.a.). Hier wäre eine Reihe weiterer Forscher zu nennen, wie Kardinal *F. Ehrle* (1845–1934, Direktor der Vatikanischen Bibliothek in Rom), *B. Geyer* (1880–1974, Professor in Bonn), dem wir die hervorragende Neubearbeitung der Philosophiegeschichte Fr. Ueberwegs (2. Teil), »Patristik und Scholastik« (1928), verdanken.

111 Im französischen Sprachraum tritt bes. *Désiré Mercier* (1851–1926, Professor in Löwen) hervor als Gründer und erster Präsident des »Institut Supérieur de Philosophie« (1893) in Löwen und der »Re-

vue néo-scholastique« (1894); 1906 wird er Erzbischof von Me-
cheln, 1907 Kardinal. Auf ihn geht die Bedeutung Löwens als Zentrum neuscholastischer Philosophie zurück. Ebenso in Löwen (und
Harvard) lehrt und arbeitet *Maurice De Wulf* (1867–1947,
»Histoire de la philosophie médiévale«, 3 Bde. 1900). In Fribourg,
später in Paris und Saulchoir (dem Studienhaus der französischen
Dominikaner) ist *Pierre Mandonnet* (1858–1936) tätig. Zu den Er-
forschern der Scholastik des Mittelalters gehören noch E. Gilson
(§ 115), F. Pelster, L. Landgraf, F. van Steenbergen und viele andere, eine fast unermeßlich angewachsene Literatur, die vor allem
Thomas von Aquin, aber auch andere Denker und Geistesbewe-
gungen des zuvor kaum bekannten »dunklen« Mittelalters neu ans
Licht bringt. Doch ist diese Forschung noch lange nicht abgeschlossen, sondern weiterhin in vollem Gang. Die Aufgabe bleibt,
sowohl kritische Textausgaben, die z. T. noch fehlen, zu erarbeiten,
als auch ihren Inhalt und ihre problemgeschichtliche Bedeutung
philosophisch zu erforschen, aber auch mit Problemen der Gegenwart zu konfrontieren und dafür fruchtbar zu machen.

Literatur:
Kluxen 1988

V. Modernismusstreit

1. Eine gewisse Hemmung oder Verengung christlichen Denkens 112
(im katholischen Raum) bringt der unselige Modernismusstreit um
die Jahrhundertwende. Zwar betrifft er mehr die Theologie als die
Philosophie, aber auch philosophische Grundlagen der Theologie.
In verständlicher und berechtigter Reaktion auf verengt konserva-
tive (fideistische und traditionalistische Tendenzen), besonders in
Frankreich, treten manche für streng rationale Wissenschaft im
Geist ihrer Zeit ein und verschreiben sich allzusehr der historisch-
kritischen, auch psychologistischen, historistischen oder subjekti-
vistischen Denkweise, stellen dadurch aber Grundlagen des christlichen Glaubens in Frage, so in Frankreich besonders *Alfred Loisy*
(1857–1940), in England *George Tyrell* (1861–1909) u. a., von anderen heftig bekämpft. Das kirchliche Lehramt schritt scharf dagegen ein und veruteilte die Irrtümer der »Modernisten« im Dekret
des Sacrum Officium »Lamentabili«, bald darauf in der großen Enzyklika des Papstes *Pius X.* »Pascendi dominici gregis« (1907),
worin der »Modernismus« überhaupt erst systematisch zusammen-
gefaßt wird. Viele katholische Forscher, Philosophen und Theolo-

gen (bes. Bibelwissenschaftler), die um positive Auseinandersetzung mit neueren Wissenschaften bemüht waren, gerieten – zu Recht oder zu Unrecht – in Modernismusverdacht.

Literatur:

Böhm 1988   Padinger 1988

113 2. In diesem Zusammenhang steht auch der große französische Philosoph *Maurice Blondel* (1861–1949), dessen Frühwerk »L'action« (1893) Aufsehen erregt und ihn in den Streit um den Modernismus hineinzieht, obwohl er diesem durchaus nicht angehört, sondern selbst in kritischer Auseinandersetzung mit A. Loisy steht. Er ist darum bemüht, in einer breit angelegten Metaphysik aus einer Analyse des menschlichen Handelns dessen transzendente Implikationen und Voraussetzungen aufzuweisen, um zum christlichen Glauben hinzuführen. Auch seine weiteren Werke »La pensée« (2 Bde. 1934), »L'être et les êtres« (1935), »La philosophie et l'esprit chrétien« (2 Bde. 1944/1950) machen Blondel zu einem der bedeutendsten christlichen Philosophen des 20. Jahrhunderts und wirken bis zur Gegenwart nachhaltig fort.

Literatur:

Henrici 1958, 1987   Favraux 1990

VI. Systematische Philosophie

114 Die neuere Scholastik hatte sich, besonders an kirchlichen Hochschulen und Lehranstalten, so sehr gefestigt, daß eine Reihe großer, die ganze Philosophie umfassender Lehrbücher herauskam. Genannt sei hier nur *Konstantin Gutberlet* (1837–1928, Professor in Fulda), der ein »Lehrbuch der Philosophie« in 6 Bänden (1878–1884) herausgab, also schon vor der Enzyklika »Aeterni Patris« begonnen; bald darauf die »Philosophia Lacensis« (1880–1900, der Jesuiten, die damals in Maria Laach, später in Valkenburg, Holland, ihr Studienhaus hatten), fast gleichzeitig die »Philosophia Lovaniensis« (der katholischen Universität Löwen, 1885–1900, später fortgesetzt), die umfangreichen und gründlichen Lehrbücher des spanischen Jesuiten *Juan José Urráburu*

(1844−1904, er lehrt in Spanien, Frankreich und Rom), »Institutiones philosophicae« (8 Bde. 1890−1900), sein »Compendium philosophiae scholasticae« (5 Bde. 1902−1904), und das nicht minder verbreitete Lehrbuch des in Innsbruck lehrenden *Joseph Donat* (1868−1949) »Summa philosophiae christianae« (8 Bde. 1910−1921, in zahlreichen weiteren Auflagen erschienen und weltweit als Lehrbuch verwendet). Diese philosophischen Lehrbücher, bes. der Jesuiten (Phil. Lacensius, Urráburu, Donat oder die große »Theologia naturalis« des Franzosen *Descoqs* u. a.) stehen noch ganz in der Tradition suarezianischen Denkens, während zugleich der »Thomismus« vordringt, von Rom besonders gefördert und in Rom (Gregoriana), Löwen, Freiburg/Schw. und an anderen Zentren gepflegt und entfaltet wird.

1. Neuthomismus

1. Aber nicht nur lehrbuchhaft, sondern auch in wissenschaftlicher 115 Forschung wird scholastische, vor allem thomistische Metaphysik neu belebt. Hier treten vor allem zwei Franzosen hervor: E. Gilson und J. Maritain. *Etienne Gilson* (1884−1978) war Professor an der Sorbonne in Paris, gründete 1929 an der Universität Toronto (Canada) das »Institut Pontifical d'Etudes Médiévales«, wo er weiterhin wirkte und wodurch er, einer der bedeutendsten Vertreter des neueren Thomismus, auch in Amerika maßgeblichen Einfluß gewann. Er schrieb eine Reihe philosophiegeschichtlicher Werke über Augustinus, Bonaventura, Thomas, Duns Scotus und Dante, auch eine zusammenfassende Darstellung »L'esprit de la philosophie médiévale« (2 Bde. 1932; dt. 1950) und systematisch vor allem »L'être et l'essence« (1948). Gegenüber jeder transzendentalen Vermittlung (wie Maréchal und seine Schule, s. u.) geht er von unmittelbarer Seinserkenntnis aus und entwickelt von daher eine Metaphysik im Sinne Thomas von Aquins.

Literatur:

Maurer 1983

2. Ähnlich *Jacques Maritain* (1882−1973). Er war Professor am 116 »Institut catholique de Paris« (1914−1940), wirkte an dem von Gilson gegründeten »Institut Pontifical d'Etudes Médiévales« in Toronto (ab 1933), wird an die Princeton University (USA) berufen

(1941, nochmals 1948) und französischer Botschafter beim Vatikan; in seine französische Heimat zurückgekehrt, stirbt er in Toulouse 1973. Sehr kritisch gegen die »moderne« Philosophie seit Beginn der Neuzeit (Antimoderne, 1922) will er zu Thomas hinführen (Le Docteur Angelique, 1930; Distinguer pour unir, ou les degrés du savoir, 1932; Humanisme integral, 1936; Man and the state, 1951; u.a.). Er wurde ähnlich bedeutsam und einflußreich wie Gilson, nicht nur in Frankreich, auch in Amerika, aber nicht nur in theoretischer, auch in praktischer Hinsicht: durch seine Philosophie der Gesellschaft und der Erziehung, jedoch auch darin durchaus von Thomas herkommend.

Literatur:

Rigobello 1988

2. Öffnung und Diskussion

117 1. Während diese Denker streng im Rahmen des Thomismus bleiben und hohe Verdienste um dessen Wiederbelebung haben, bahnt sich zugleich (und schon zuvor) etwas anderes an: die zunehmende Öffnung scholastischer Philosophie für die Probleme, Methoden und Denkansätze neuerer Philosophie. Bis etwa um die Jahrhundertwende herrscht eine defensiv-apologetische, die Irrtümer der Zeit aus dem Eigenbesitz der Wahrheit abwehrende Haltung vor. Seither, noch mehr seit den 20er und 30er Jahren setzt sich eine positiver aufgeschlossene Einstellung durch, die aus der Tradition christlichen Denkens die Erkenntnisse und Fragestellungen neuerer Philosophie bis zur Gegenwart aufzuarbeiten und auszuwerten bestrebt ist.

118 Dafür steht im deutschen Raum besonders *Erich Przywara* (1889–1972, als Schriftsteller in München tätig), der sich mit Kant, Kierkegaard, Nietzsche, mit neuerer Religionsphilosophie u. a. auseinandersetzt. In seinem spekulativen Hauptwerk »Analogia entis« (1932) nimmt er das Problem der Analogie auf und bringt es neu in die Diskussion ein. In seinem großen Spätwerk »Humanitas« (1952) entwickelt er eine breite philosophisch-theologische Anthropologie, worin er fast die gesamte neuere Philosophie verwertet.

Groß war auch der Einfluß von Romano Guardini (geb. in Verona 1885, gest. in München 1968). Guardini hatte in Berlin (1923–39) und München (1948–62) Lehrstühle für »Religionsphilosophie und kath. (bzw. christliche) Weltanschauung« inne, die für ihn geschaffen worden waren. Es ging ihm um die Überwindung der inneren Aporien des Autonomie-Konzepts der europäischen Neuzeit, deren Ende er gekommen sah. Das Denken in Gegensatz-Einheiten schien ihm der Weg zu einer neu zu gewinnenden Sicht auf die Eigenart personalen Seins.

Literatur:
Gertz 1988   Gerl 1985

2. Weil aber in der Philosophie der Neuzeit Kant eine zentrale Stellung zukommt, gewinnt auch die Auseinandersetzung mit Kant besondere Bedeutung. Einen entscheidenden Durchbruch in dieser Hinsicht vollzieht der belgische Jesuit *Joseph Maréchal* (1878–1944, Professor in Löwen). Bisher galt im Raum christlichen Denkens Kant zumeist als der große Gegner und Vernichter aller Metaphysik, seine transzendentale Methode als Begründung eines völligen Subjektivismus und Relativismus der Erkenntnis. Maréchal nimmt dagegen in seinem großen Werk »Le point de départ de la métaphysique« (6 Bde. 1923–1926) die transzendentale Methode, d. h. die Rückfrage nach den Bedingungen der Möglichkeit objektiver Erkenntnis auf, um »Kant durch Kant zu überwinden« und eine Metaphysik im Sinne Thomas von Aquins zu begründen. Er geht dabei von der Urbejahung (affirmation absolue) des Seins aus, die in jedem Urteil gesetzt wird, in ursprünglicher Dynamik des Geistes auf das absolute Sein hingeordnet ist, dieses in jedem Urteil implizit mitbejaht, so daß wir nur von daher – unter dieser apriorischen Bedingung – endliches Seiendes in unbedingter Seinsgeltung erkennen und bejahen.
Dieser Ansatz wirkt so stark nach, daß man von einer »Maréchal-Schule« sprechen kann. Ihr gehören im französischen Raum besonders *André Marc* (Dialectique de l'affirmation, 1952) und *J. de Finance* (Etre et agir, 1960) an, im deutschen Sprachraum *Joh. B. Lotz* (Sein und Wert, 1938; Metaphysica operationis humanae, 1958; u. a.), *Karl Rahner* (Geist in Welt, 1939; Hörer des Wortes, 1941; später zahlreiche theologische Werke, gesammelt in 16 Bänden Schriften zur Theologie), auch *Walter Brugger* (Hauptwerk: Summe einer philosophischen Gotteslehre, 1979), *Emerich Coreth* (Metaphysik, 1961; Was ist der Mensch?, 1973).
Davon mitbeeinflußt, aber auch unter dem Eindruck des Seinsdenkens M. Heideggers, das stark zur Wiederbelebung der Metaphysik

120

beitrug, z. T. auch in Auseinandersetzung mit dem deutschen Idealismus, bes. Hegel, stehen *G. Siewerth* (Der Thomismus als Identitätssystem, 1939; Das Schicksal der Metaphysik von Thomas zu Heidegger, 1959), *M. Müller* (Sein und Geist, 1940; Existenzphilosophie im geistigen Leben der Gegenwart, 1949), *B. Welte* (Der philosophische Glaube bei K. Jaspers, 1949; Religionsphilosophie, 1978), *J. Möller* (Der Geist und das Absolute, 1951; Menschsein: ein Prozeß, 1979) und viele andere.

121 Eine bemerkenswerte Stellung nimmt der kanadische Jesuit *Bernhard Lonergan* (1904–1984, Professor in Montreal, Toronto und an der Gregoriana in Rom) ein, der in seinem philosophischen Hauptwerk »Insight« (1957) insofern Maréchal nahesteht, als auch er eine transzendentalphilosophisch, durch ein retorsives Verfahren begründete, scharfsinnig differenzierte Theorie der Erkenntnis erarbeitet, die Transzendenz des Menschen erweist und eine Metaphysik erstellt, durch die er gegenüber einem allzu unkritischen Thomismus (Gilson) besonders im nordamerikanischen Raum als einer der bedeutendsten Philosophen und Theologen starken Einfluß gewinnt.

Literatur:

Muck 1964, 1988   Lotz 1988
Schmidinger 1987

3. Evangelische Philosophie

122 Im evangelischen Bereich kommt der Philosophie geringere Bedeutung zu, weil schon aus Grundentscheidungen der Reformation »christliche Philosophie« als solche abgelehnt wird und im Studium der Theologie kaum einen Platz hat. Dennoch gehen in die Theologie selbst philosophische Voraussetzungen mitbestimmend ein. Nachdem die liberale Theologie des 19. Jahrhunderts noch weitgehend vom Denken des Rationalismus und der Aufklärung geprägt war, geht die »Dialektische Theologie« von *Karl Barth* (1886–1968), *Emil Brunner* (1889–1966) u. a. auf Kierkegaard zurück, *Rudolf Bultmann* (1884–1976) steht mit seiner Entmythologisierung und existentialen Interpretation der Hl. Schrift unter entscheidendem Einfluß Heideggers.
Eine gewisse Sonderstellung nimmt hier *Paul Tillich* ein (1886–1965, Professor in Marburg, Frankfurt, New York, seit

1954 an der Harvard-University, Boston), der als evangelischer Theologe philosophische Grundlagen zu erstellen sucht, darin vom deutschen Idealismus und von der Existenzphilosophie beeinflußt, und eine »Korrelations-Theorie« in dem Sinn entwickelt, daß der Mensch aus eigenem Denken (philosophisch) Fragen stellt, auf die nur der Glaube (theologisch) Antwort zu geben vermag.

Ähnliche Bedeutung als christlich inspirierter Philosoph hat *Erich Heintel* (geb. 1912, Prof. in Wien). Auf dem Hintergrund der ganzen Tradition (bes. Leibniz, Kant, Hegel) geht es ihm um eine »philosophia perennis«, die er in mehreren Werken (»Die beiden Labyrinthe der Philosopie 1968, Grundriß der Dialektik«, 2 Bde. 1984 u. a.) spekulativ zu systematischer Entfaltung bringt.

Auch der evangelische Theologe *Wolfhart Pannenberg* (geb. 1928, Prof. in München) ist in Auseinandersetzung mit der gesamten neueren Philosophie und Wissenschaftstheorie um rationale Begründung der Theologie bemüht. Dies mag bezeugen, daß Theologie, ob sie will oder nicht, ohne Philosophie nicht auskommt, sondern philosophische Voraussetzungen macht, die es zu refklektieren gilt.

»Christliche Philosophie« mag in ihrem Wesen und ihrer Möglichkeit umstritten sein – und bleiben. Doch ist sie eine geschichtliche Gegebenheit, nicht nur in ferner Vergangenheit, sondern auch in unserer Zeit. Sie hat ein reiches Erbe, ist aber nie am Ende. Sie hat aus ihrer Tradition immer neu offen zu sein für den Geist der Zeit, um ihre Probleme aufzunehmen, zu verarbeiten und zu bewältigen.

F. Neue Realphilosophie

I. Von Phänomenologie zu Ontologie

123 Die Phänomenologie des frühen *Husserl* (Logische Untersuchungen, 1900 f.), der sich mit Subjektivismus, Psychologismus und Historismus sehr kritisch auseinandersetzt, bildet den Anstoß und gibt die Parole »Zu den Sachen selbst«, d. h. von neuem zu einem objektiven und realistischen Denken. Viele der frühen und bedeutendsten Schüler Husserls machen seine spätere Wende zum »transzendentalen Idealismus« nicht mit, sondern entfalten gegenüber dem Positivismus und Neukantianismus der Zeit eine ontologische, sogar metaphysische Philosophie – so sehr, daß *Peter Wust* (1884–1940, Professor in Münster) von einer »Auferstehung der Metaphysik« (1920) sprach und selbst dafür eintrat (Die Dialektik des Geistes, 1928; Ungewißheit und Wagnis, 1937; u.a.).

124 Unter jenen, die von der Phänomenologie Husserls kommend zur Ontologie und Metaphysik vordringen, sind – neben *Max Scheler* (zu seiner Wertphilosophie und Anthropologie vgl. §§ 24–27) – vor allem zwei Frauen zu nennen, die übrigens eng befreundet waren. Die eine ist *Hedwig Conrad-Martius* (1888–1966, seit 1955 Professor in München), die eine »Realontologie« (1923) vertritt und in weiteren Werken entfaltet (Ursprung und Aufbau des lebendigen Kosmos, 1938. Bios und Psyche, 1949. Die Zeit, 1954. Das Sein, 1957. Der Raum, 1958; u.a.). Auch die zweite, durch ihr tragisches Geschick berühmt geworden, *Edith Stein* (1891–1942) war Schülerin und Assistentin von E. Husserl. Aus jüdischer Herkunft konvertiert sie 1922 zum katholischen Glauben. Nach reger Tätigkeit in Lehre, Forschung und Vorträgen (1932–33 als Dozentin in Münster) tritt sie 1933 in den Karmel in Köln ein (mit dem Ordensnamen: Theresia Benedicta a Cruce), muß vor der Judenverfolgung Hitlers 1938 nach Holland fliehen, wird aber 1942 in das Konzentrationslager Auschwitz verschleppt und dort umgebracht. Sie setzt sich von der Phänomenologie her besonders mit Thomas von Aquin auseinander (Husserls Phänomenologie und die Philosophie des hl. Thomas von Aquin, 1929; Des hl. Thomas von Aquins Untersuchungen über die Wahrheit, 2. Bde. 1931/34). Ihr philosophisches Hauptwerk, worin sie eine Synthese von Phänomenologie und Thomismus anstrebt, »Endliches und Ewiges Sein«, kommt

erst lange nach ihrem Tod heraus (1950) und findet wie die gesamte Edith-Stein-Forschung der Gegenwart beachtenswertes Interesse.

Literatur:

Herbstrith 1983
Huning 1969
Posselt 1963

II. Induktive Metaphysik

Eine Gruppe von Denkern, die zumeist von Naturwissenschaften 125 herkommen, wollen den Positivismus und Materialismus des mechanistischen Weltbildes überwinden und zu einer Metaphysik im Sinne christlicher Weltanschauung vordringen. Sie meinen, die induktive Methode der Naturwissenschaft ausweiten und dadurch metaphysische Erkenntnis der Gesamtwirklichkeit gewinnen zu können. Wie die Naturwissenschaft von der Beobachtung der Einzelerscheinungen und ihrer Regelmäßigkeit auf allgemeine Naturgesetze schließt, so könne man durch weitere Abstraktion und Generalisation auf allgemeine und notwendige Seinsgesetze schließen. Heute würden wir sagen: so gut gemeint, ein höchst problematisches Unternehmen. Selbst in empirischen Wissenschaften ist die induktive Erstellung allgemeiner Gesetze zum Problem geworden; metaphysische Einsicht muß anders vermittelt werden. Doch ist dieser Versuch Ausdruck einer Zeit, die noch unter der Idealnorm exakter Naturwissenschaft stand.

Hierher gehört *Oswald Külpe* (1862–1915, 1894 Professor in 126 Würzburg, seit 1912 in München), Philosoph und Psychologe, wie sein noch bedeutenderer Schüler und Nachfolger *Erich Becher* (1882–1929, Professor in München), der einen kritischen Realismus und Vitalismus vertritt. Er meint, daß sich im Leben des Menschen und seiner Geschichte von den primitivsten Anfängen bis zu den höchsten Kulturleistungen eine überindividuelle Seelenkraft auswirke (Psychovitalismus). Er unterscheidet Ideal- und Realwissenschaften, unter diesen wieder Natur- und Geisteswissenschaften; die letzten gliedern sich in Psychologie und Kulturwissenschaften. Damit greift auch Becher in die wissenschaftstheoretische Diskussion der Zeit um Natur- und Geistes- (oder Kultur-)wissenschaften (Dilthey, Rickert u. a.) ein.

Wieder Schüler und Nachfolger Bechers in München wird *Aloys Wenzl* (1887–1967, 1933–38 und wieder seit 1946 Professor in München), der das Anliegen fortführt, die Erkenntnisse der Physik, Biologie und Psychologie in einer induktiven Metaphysik zusammenzufassen, in allen Schichten der Wirklichkeit eine ursprüngliche, wenn auch spezifisch differenzierte Freiheit aufzuweisen sucht und besonders die Leib-Geist-Natur des Menschen und die Unsterblichkeit der Seele herausstellt. Damit nimmt er durchaus Themen der klassischen und christlichen Philosophie auf und ist um deren empirisch-wissenschaftliche Begründung bemüht. So wird ihm die Philosophie zum »Weg von den Grenzen der Wissenschaften an die Grenzen der Religion«.

127 Nicht in unmittelbarer Verbindung mit dieser Münchener Schule, ihr aber geistig nahestehend ist *Hans Driesch* (1867–1941, Professor in Leipzig). Er kommt noch von E. Haeckel her (vgl. GK 9, §§ 235 f.), überwindet aber den Materialismus eines mechanistischen Evolutionismus und wird zum Begründer des »Neovitalismus« (Philosophie des Organischen, 2. Bde., 1909). Von Logik als »Ordnungslehre« unterscheidet er Metaphysik als »Wirklichkeitslehre« und führt zur Erklärung organischen Lebens den aristotelischen Begriff einer teleologischen »Entelechie« wieder in die Diskussion ein. Dies im Prinzip sicher zu Recht; doch wurde an seiner Lehre vielfach Kritik geübt, weil die Entelechie zu sehr als »Lückenbüßer« für alle naturwissenschaftlich, kausal und funktional nicht (oder noch nicht) völlig erklärbaren Phänomene des Lebendigen einzutreten scheint. Darum gilt seine Position zwar weithin als überholt, aber die Diskussion darum hat Bedeutung bis in die Gegenwart.

Literatur:

Wenzl 1951

III. Neurealismus: N. Hartmann

128 Eine eigene, in seiner Zeit bedeutsame Stellung nimmt *Nicolai Hartmann* ein (vgl. im Zusammenhang des Wertproblems GK 8, §§ 286, 302). Er wurde 1882 in Riga geboren, wurde 1931 Professor in Berlin, seit 1945 in Göttingen, wo er 1950 starb. Er kommt von der Marburger Schule des Neukantianismus (Cohen, Natorp) her,

löst sich bald vom Subjektivismus und logischen Idealismus und dringt zu einem erkenntnistheoretischen Realismus vor (Grundzüge einer Metaphysik der Erkenntnis, 1921), setzt sich mit dem Idealismus, besonders Hegel, auseinander (Die Philosophie des deutschen Idealismus, 2 Bde., 1923/1929), entwickelt eine »Ethik« (1926), worin er das Wertproblem aufnimmt, und untersucht »Das Problem des geistigen Seins« (1933), den Hegelschen Begriff des »objektiven Geistes«, aber in realistischem Sinn, verarbeitend. Wichtig werden vor allem die ontologischen und naturphilosophischen Werke, in denen er eine Schichtenlehre der Wirklichkeit vertritt und seine »Kategorialanalyse« durchführt (Zur Grundlegung der Ontologie, 1935. Möglichkeit und Wirklichkeit, 1938. Der Aufbau der realen Welt, 1959[2]. Neue Wege der Ontologie, 1942 u. a.). Hartmann unternimmt eine sorgfältig differenzierende Analyse der Wirklichkeit, aber ohne eigentlich metaphysische Dimensionen zu erreichen, weil er nicht die Frage nach einem absoluten Seinsgrund stellt; die Gottesfrage bleibt ausgespart. Noch mehr: Sowohl im Naturgeschehen als auch in der Ethik legt sich ein teleologisches (zielgerichtetes) Verständnis nahe. Dieses würde Gott als ordnende, sinngebende Vernunft voraussetzen; eine solche Voraussetzung ist aber unwissenschaftlich, daher auszuschließen. Und in der Ethik: Wenn es einen Gott gibt, der uns Gebote gibt und dem wir verantwortlich sind, ist der Mensch nicht wirklich frei. Volle Freiheit ist aber die Bedingung sittlicher Entscheidung und Verantwortung. Also kann – und darf – es keinen Gott geben. Es ist nicht militant oder revolutionär (wie bei Marx, Nietzsche und Sartre), aber der Sache nach ein ähnlich postulatorischer Atheismus. Bemerkenswert, wie rasch die Zeiten sich ändern: Zu seinen Lebzeiten galt N. Hartmann (neben Jaspers und Heidegger) als einer der größten Philosophen im deutschen Sprachraum. Seit seinem Tod (1950) ist es um ihn still geworden. Heute spricht man, außer in engen Kreisen seiner einstigen Schüler, kaum noch von ihm; sein Nachwirken ist gering.

Literatur:

Kanthack 1962
Wirth 1965

IV. Prozeßphilosophie: A. N. Whitehead

129 Der englische Philosoph und Mathematiker *Alfred North White-head* (1861–1947, seit 1924 Professor an der Harvard University, USA) entwickelt einen eigenen, bes. im englischen Sprachraum heute noch vieldiskutierten Neurealismus. Anfangs erarbeitet er gemeinsam mit B. Russell die »Principia Mathematica« (3 Bde 1910–13) und wird dadurch zu einem der Begründer mathematischer Logik (Logistik). Doch verfällt er nicht (wie Russell) einem Positivismus, sondern entwickelt eine eigenständige Naturphilosophie und Metaphysik (Hauptwerk: Process and Reality, 1929). Er sieht in aller Wirklichkeit beständiges Werden. Schon die materiellen Atome sind Elemente organischen Wachsens, einer Fortentwicklung des Universums, worin Gott selbst sich verwirklicht und entfaltet, also – in gewisser Anlehnung an Hegel – pantheistisch oder »pan-en-theistisch«: ein werdender Gott. Die spekulativ schwierige und terminologisch eigenwillige »Prozeß-Philosophie« Whiteheads hat sein Schüler *C. Hartshorne* (The Divine Relativity, 1964) bekannter und verständlicher gemacht. Erst dadurch ging diese Auffassung in eine breitere Diskussion philosophischen Denkens ein, im wesentlichen beschränkt auf den anglo-amerikanischen Bereich, weit weniger wirksam etwa im Raum deutschsprachiger (oder anderer) Philosophie. Immerhin: eine metaphysische Auslegung der Gesamtwirklichkeit, die – nicht ohne Kritik – Beachtung verdient.

Literatur:

Clarke 1979
Hartshorne 1964
Schilpp 1951

G. Marxistische und gesellschaftskritische Denker

I. Vladimir I. Lenin

Die politisch wirksamste Weiterentwicklung des Marxismus ge- 130
schah durch Vladimir I. Lenin, 1870–1924. Beobachtungen in
Mittel- und Westeuropa hatten ihn davon überzeugt, daß das Proletariat nicht mehr an einer universalen kommunistischen Radikal-
revolution interessiert sei, sondern sich damit begnüge, eine ge-
werkschaftliche Reformpolitik zu verfolgen. Sein ungebärdiger
Haß gegen das Zarentum und dessen Verbündete – der nicht erst
das Ergebnis seiner Beschäftigung mit dem Marxismus war – ließ
ihn nach einem neuen Träger der Revolution suchen und führte ihn
zur Konzeption einer »Partei neuen Typs«, die mit revolutionärem
Bewußtsein erfüllt stellvertretend für das Proletariat und die »Mas-
sen« handelt. Lenin hat hiermit eine äußerst folgenreiche Revision
des Marxismus vorgenommen: Das Proletariat ist, weil bewußt-
seinsmäßig zurückgeblieben und unmündig, prinzipiell unfähig,
seine Interessen selbst voll zu erkennen und die Partei bei der
Wahrnehmung seiner Interessen zu kritisieren; der Staat oder vergleichbare Instrumente zur Durchsetzung des Parteiwillens und
zur Erziehung des Proletariats finden eine neue Bewertung. Die reale Unterscheidung von Avantgarde und Masse, von Führern und
Geführten, die Marx als Merkmal der Entfremdung angesehen
hatte, wird zum bleibenden Kennzeichen der neuen Gesellschaft.
Lenins ausdrückliche Beiträge zu philosophischen Themen (zu 131
Fragen der Erkenntnislehre in »Materialismus und Empiriokritizis-
mus«, 1909; Ausführungen zur Dialektik, 1914 und 1915) sind dem
politischen Interesse zugeordnet; es hieße sie in ihrer Eigenart
gründlich mißverstehen, wollte man diesen Zusammenhang außer
acht lassen und sich mit ihnen allein auf der Ebene einer abstrakt-
erkenntnistheoretischen Fragestellung auseinandersetzen. Die un-
eingeschränkte Unterordnung der gesamten menschlich-gesell-
schaftlichen Wirklichkeit unter den Führungswillen der Partei auf
eine kommunistische Gesellschaft hin bildet das zentrale Prinzip in
Lenins philosophischem Denken. »Für uns ist Sittlichkeit den Interessen des proletarischen Klassenkampfes untergeordnet«, er-
klärte er 1920 vor dem kommunistischen Jugendverband.
Lenin betont die Unterordnung des Subjekts unter die »Objektivität« der Wirklichkeit und ihrer Gesetze, verurteilt »Subjektivis-

mus«, »Opportunismus« und »Spontaneität«, behauptet die Möglichkeit »objektiver Wahrheit« (»Widerspiegelungstheorie«), zugleich aber fordert er nachdrücklich eine aktive weltverändernde Praxis. Dieser »dialektische« Widerspruch findet sein Vorbild in Lenins Überzeugung, daß jedes politische Handeln, das der »objektiven« Wirklichkeit nicht entspricht, zum Scheitern verurteilt ist, daß aber die Erkenntnis des »objektiv« Richtigen nicht aus der Diskussion vielfältiger Meinungen »spontan« hervorgehen kann. Keine Erkenntnis ist abgeschlossen, »starr«, sondern muß sich »dialektisch« auf die stets wandelnde Wirklichkeit beziehen.

132 Lenin begreift sich als den einzig rechtmäßigen Sprecher der Partei und des Proletariats (was G. Lukács vom Proletariat sagt, trifft in besonderem Maß Lenins Selbsteinschätzung: in seinem Bewußtsein gelangt die gesellschaftliche Wirklichkeit selbst zur Erscheinung); ihm allein kommt es deshalb zu, über Wirklichkeit »objektiv« zu befinden und sie »objektiv« begründet zu verändern. Seine philosophischen Aussagen sind für ihn deshalb nicht nur Mittel, um mit ihrer Hilfe von der Philosophie unabhängige politische Ziele durchzusetzen. Sein politisches Interesse selbst, als die einzig objektive Widerspiegelung der sich verändernden Wirklichkeit, erscheint ihm vielmehr »philosophisch« begründet.

II. Georg Lukács

133 Georg Lukács, 1885–1971, war beeinflußt von Weber, Bloch, Simmel und Dilthey, vom Deutschen Idealismus und besonders von Marx. Ende 1918 trat er der soeben in Ungarn gegründeten KP bei und war während der Räterepublik Volkskommissar für das Unterrichtswesen. 1933–1945 lebte er in Moskau. 1956 wurde er Kultusminister der Regierung Nagy, verließ diese aber schon vor der Niederschlagung des ungarischen Aufstandes. Außer mit der Philosophie und ihrer Geschichte befaßte Lukács sich mit der Literatur und Kultur des 19. Jahrhunderts und mit Fragen der Ästhetik. Wichtigste philosophische Schriften: Aufsätze zu Taktik und Ethik, 1918–20; Geschichte und Klassenbewußtsein, 1923; Der junge Hegel, 1948; Zur Ontologie des gesellschaftlichen Seins, 1971.

Literatur:

Kammler 1974   Dannemann 1987
Kolakowski 1979   Lukács 1991

Angestoßen durch die »Diktatur des Proletariats«, mit der in Un- 134
garn eine kommunistische Gesellschaft in greifbare Nähe zu rücken
schien, fragt Lukács, wie der vom Proletariat ausgeübte »Terror«
ethisch gerechtfertigt werden könne. Die Rechtfertigung und den
»entscheidenden Maßstab der sozialistischen Taktik« findet Lukács
in der »Geschichtsphilosophie«. Sie enthüllt dem Sozialisten, daß
die kapitalistische Ordnung unweigerlich zu immer neuen Kriegen
führt, ihre revolutionäre Beseitigung aber die »Wendung des
Schicksals der Welt« bedeutet. »Die weltgeschichtliche Berufung
des Proletariats offenbart sich eben darin, daß die Erfüllung seiner
Klasseninteressen die gesellschaftliche Erlösung der Menschheit
mit sich bringt.« Die »welterlösende Rolle des Sozialismus« läßt
auch die »Vernichtung kultureller und zivilisatorischer Werte« kein
»entscheidendes Gegenargument in den Augen derer werden, die
sich einmal aus moralischen oder geschichtsphilosophischen Gründen« für den Sozialismus entschieden haben. Lukács ist sich zwar
bewußt, daß der »nackte, erbarmungslose Klassenkampf« einen
»Umweg« auf dem Weg zur »Gesellschaft der gegenseitigen Liebe
und des Verständnisses« darstellt und die »Verwirklichung des
Endziels gefährden« kann, doch läßt er es bei diesem – eine gewisse
Skepsis andeutenden – Hinweis bewenden. Als »Mittel zur Befreiung der Menschheit« bleiben Terror und Zwang jenen gegenüber,
die sich dem Sozialismus widersetzen, gerechtfertigt.
Lukács gesteht zu, daß es zu »tragischen Situationen« kommen
könne, wenn individuelle sittliche Überzeugungen der »geschichtsphilosophisch« gebotenen Aktion widersprechen, doch gebührt in
einem derartigen Konfliktfall dem »taktisch richtigen kollektiven
Handeln« der Vorrang. Das Gefühl der »Schuld«, das der Revolutionär dann unvermeidlich auf sich lädt, muß er im Wissen um
seine »geschichtsphilosophische Berufung« in der Gesinnung des
»Opfers« tragen (TuE S. 27, 85–88; Werke Bd. 2, S. 47–53,
90–95).
Mit dem Begriff des »Klassenbewußtseins«, der mit den Begriffen 135
der »Totalität« und der »Verdinglichung« zum Zentralbegriff der
1923 unter dem Titel »Geschichte und Klassenbewußtsein« veröffentlichten Aufsätze wird, versucht Lukács näher zu bestimmen,
was unter der »Logik« der Geschichte zu verstehen sei. Klar wird,

daß diese geschichtsphilosophisch erkannte Logik keine den »Fundamentalsätzen der Geometrie« vergleichbare, den revolutionären Aktionen vorgegebene Entität ist, die vom Proletariat nur vollstreckt würde.

Die Methode des Marxismus erlaubt es, die scheinbar zusammenhanglosen Einzelgeschehnisse »als die dialektisch-dynamischen Momente eines – ebenfalls dialektisch-dynamischen – Ganzen« zu erkennen (Werke Bd. 2, S.171–198). Diese Methode, die das »Wesen« des Marxismus ausmacht, ist darum nicht wie die Methoden wissenschaftlicher Einzeldisziplinen von außen auf einen Sachverhalt anzuwenden, sondern ist die Weise, in der die Sache sich entfaltet, selbst. Sie ist der im Proletariat, dem Subjekt der gegenwärtigen gesellschaftlichen Veränderung und zugleich Repräsentanten der »Totalität« Menschheit, als »Klassenbewußtsein« bewußt gewordene Geschichtsprozeß; sie ist, vom Proletariat angeeignet, die »Selbsterkenntnis der Wirklichkeit«. Das seine »welthistorische Berufung« erkennende Proletariat ist deshalb, wie Lukács Hegel aufgreifend postuliert, »das identische Subjekt-Objekt« dieses Prozesses (Werke Bd. 2, S.257–397).

Weil in der Praxis des klassenbewußten Proletariats die geschichtliche Totalität auf ihren Begriff gekommen ist, stellen auch die »Gesetze« der Geschichte keine seinem Handeln vorgegebenen Normen dar, sondern sind mit seiner eigenen Dialektik identisch: Die Zweiteilung von Sein und Sollen ist in seiner Praxis aufgehoben, es ist sich sein eigenes Gesetz. Das Klassenbewußtsein, in dem das geschichtsphilosophisch Notwendige bewußt wird, ist jedoch nicht mit dem empirisch feststellbaren Bewußtsein des konkreten Proletariats identisch, noch gar mit der Summe der persönlichen Interessen der zur Klasse gehörenden Individuen. Das konkrete Proletariat ist ja weithin gar nicht imstande, seine Berufung zu begreifen; denn wie es selbst in der kapitalistischen Gesellschaft zu einem »Element der Warenbewegung verdinglicht« ist, so ist auch sein Bewußtsein zum »Selbstbewußtsein der Ware« herabgesunken. Für Lukács ist es deshalb nur folgerichtig, die kommunistische Partei zur »bewußten Führerin der Revolution« auszurufen, der es gegeben ist, stellvertretend für das Proletariat die »Logik der Geschichte« und das »Wesen der Gesellschaft« zu erkennen. Das Proletariat findet in der Partei »das Gewissen seiner geschichtlichen Sendung« (Werke Bd. 2, S.105–198, 214).

136 Lukács' Beitrag zum marxistischen Philosophieren liegt darin, daß er Fragen einer revolutionären Ethik aufgegriffen hat, und daß er dem dialektischen Identitätsdenken wieder Geltung verschaffte, das aus der marxistischen Diskussion in Deutschland und Öster-

reich, die sich weitgehend am materialistischen Evolutionismus und auch am Neukantianismus orientierte, verschwunden war. Lukács hat ferner eine von Marx zwar nicht ausdrücklich gezogene aber doch in seinem Denken angelegte Konsequenz sichtbar gemacht und so Lenins »schöpferische Weiterentwicklung« des Marxismus philosophisch gerechtfertigt. So wie Marx sich selbst als den einzig legitimen Sprecher des noch unmündigen Proletariats ausgegeben und damit das Modell für die Unterscheidung zwischen Wesen und empirischer Erscheinung des proletarischen Bewußtseins geliefert hatte, so wird für Lukács die Partei, weil allein im Besitz der Totalitätserkenntnis, der unkritisierbare Repräsentant menschheitlicher Interessen.

Einzelfakten, welcher Art sie auch seien, können als solche folglich nie zur kritischen Instanz gegen die Wahrheit des Marxismus werden: Ihre wahre Bedeutung offenbart sich stets erst in der »Totalität« des gesellschaftlichen Seins; diese aber wird allein mittels der marxistisch-dialektischen Methode richtig gedeutet.

Eine Würde jedes einzelnen Menschen, die der Verfügung der Partei, der Sachverwalterin der konkreten geschichtlichen »Totalität«, grundsätzlich entzogen wäre, kennt Lukács ebensowenig wie unaufgebbare Menschenrechte.

III. Ernst Bloch

Leben und Werke

Ernst Bloch, 1885–1977, jüdischer Abstammung, mußte 1933 Deutschland verlassen; die Kriegsjahre verbrachte er in den USA; 1949 übernahm er eine Professur in Leipzig. Seit 1961 lehrte er in Tübingen Philosophie. Bereits die Titel seiner frühen Werke »Der Geist der Utopie«, 1918, und »Thomas Münzer als Theologe der Revolution«, 1921, verweisen auf ein bleibendes Anliegen: Chiliastisches Sehnen nach einer besseren Welt für die Gegenwart zu wecken, das nicht davor zurückscheut, zu seiner Durchsetzung notfalls auch Gewalt anzuwenden. Weitere wichtige philosophische Werke sind: »Subjekt-Objekt, Erläuterungen zu Hegel«, 1952; »Avicenna und die Aristotelische Linke«, 1952; »Das Prinzip Hoffnung«, 1954–59; »Naturrecht und menschliche Würde«, 1961; »Zur Ontologie des Noch-Nicht-Sein«, 1961; »Tübinger

Einleitung in die Philosophie«, 1963−64; »Atheismus im Christentum«, 1968; »Experimentum Mundi«, 1975.

Dank seiner reichen Kenntnis der europäischen Geistes- und Kulturgeschichte konnte Bloch von den verschiedensten philosophischen Positionen her Anregungen entgegennehmen: hervorzuheben sind Aristoteles, die Neuplatoniker, mittelalterliche muslimische Denker, der Einfluß eines von jüdischer Mystik ausgehenden chiliastischen Gedankenguts, Spinoza, Kierkegaard, Bergsons Lebensphilosophie und, in besonderer Weise, neben Marx Hegels enzyklopädischer alles Seiende in sein Prozeß- und Identitätsdenken einbeziehender Entwurf.

Bloch will die »Hoffnungsfackel«, die mit dem Beginn menschlichen Bewußtseins aufleuchtete, aufgreifen und – mit tieferer Einsicht in den Grund der Hoffnung – weiterreichen. Die Kerngedanken seines Philosophierens hat Bloch in seinen zahlreichen Werken immer wieder variiert; mit besonderem philosophischen Anspruch aber im »Prinzip Hoffnung« und in seiner »Tübinger Einleitung in die Philosophie« herausgehoben.

Literatur:

Holz 1975
Kolakowski 1979
Weninger 1982

Deuser/Steinacker 1983
Zudeick 1985

1. Das Dunkel des gelebten Augenblicks

138 Blochs Denken geht phänomenologisch von menschlicher Selbsterfahrung aus und gelangt über die Betrachtung der Zeugnisse menschlichen Schöpferwillens zu allgemeinen Einsichten in die Strukturen des Seienden. Die im Erleben des eigenen zeitlich gestreckten und begrenzten Daseins beschlossene Kontingenzerfahrung bleibt dabei der bevorzugte Ausgangspunkt seiner Philosophie: Wie eindringlich ein Augenblick, zumal ein glücklich erfüllter, auch erlebt werden kann, – »es entgleitet immer wieder das Fließende, das Dunkle des Jeweils, wie dieses, das es meint«. »Ich bin. Aber ich habe mich nicht« (13, S.13); mein eigenes Sein entzieht sich meinem Zugriff. Die leitmotivische Frage seines Denkens ist damit gestellt: »Wann lebt man eigentlich?« (3, S.237). Doch Bloch bleibt nicht bei der resignierend klingenden Feststellung: »Ich bin. Aber ich habe mich nicht.« Es folgt die überraschende Wendung: »Darum werden wir erst« (13, S.13). Die schmerzliche

Erfahrung der eigenen räumlichen und zeitlichen Begrenzung, die gerade den glücklich erfüllten Augenblick durchdringt, läßt in eben jenem Schmerz auch die *Möglichkeit* grenzenloser Erfüllung aufscheinen. Im »Dunkel des gelebten Augenblicks« zeigt sich zugleich der Vorschein immer währenden Lichts. Wäre das Glück des erfüllten Beisich-und-dabeiseins nicht als möglich erkennbar, so könnte auch sein Fehlen im Dunkel nicht zum Problem werden. Den Mangel aber als solchen zu erfahren, bedeutet schon, sich mit ihm nicht abzufinden, sondern zu versuchen, ihn zu überwinden und ihn auszufüllen.

2. Tagträume

In der Sehnsucht nach ungebrochener und uneingeschränkter Menschlichkeit und zugleich in deren träumerischer, utopischer Vorwegnahme sieht Bloch den eigentlichen Gehalt des menschlichen Kulturschaffens: zahlreicher Märchen, der großen Sozialutopien, der »Gotthypothese« der Religionen, der Reichsutopie des Christentums. Deutlicher noch schimmert der sehnsüchtige Traum möglicher Vollendung in den großen Werken der Kunst, der Literatur, der Musik hindurch. Am »sinnfälligsten« aber kommt im »Hunger« zum Ausdruck, daß ein Gegebenes zu seiner eigenen »Selbsterhaltung« über sein bloßes Daß hinaustreibt.

3. Die Ontologie des Noch-Nicht-Seins

Die schmerzliche Unwirklichkeit voll gelungenen Beisichseins charakterisiert nicht nur das menschliche Erleben. »Das Dunkel des gerade gelebten Augenblicks ist nicht allein in uns, subjektiv, sondern gleicherart draußen, unter allem ziehend« (15, S. 50). Es ist »abbildlich« für das jedem Seienden innewohnende »Dunkel des objektiven« (5, S. 341).
Damit ist die metaphysische Grundaussage getroffen: Das faktische Daß des Seienden sprengt seine eigene Grenze und treibt über sich selbst hinaus. »Diesem leeren Daß worin wir sind, ist nichts beruhigt . . . Dergestalt, daß es das Nicht des unausgesuchten Bin oder Ist nicht bei sich aushält, darum ins Noch-Nicht sich entwikkelt, das es vor sich hat« (13, S. 213). Dieses »Noch-Nicht« gleicht einem Mangel, der sich selbst überwinden muß – horror vacui –, aus ihm erwächst ein Streben auf erfüllte Wirklichkeit hin. Der

»Hunger« ist ein Grundtrieb alles Seienden und somit eine ontologisch begriffene Kategorie.

In der Hoffnung wird das, was noch nicht ist, als Möglichkeit des Seins »begriffen«. Aber wie das menschliche Subjekt sein eigenes Unerfülltsein als ein zum Weiterschreiten nötigendes Noch-Nicht erfährt und so Vor-bild des auch die Natur vorwärtstreibenden »Natursubjekts« ist, so ist für Bloch auch die Hoffnung nicht nur als docta spes der grundlegende menschliche Affekt, sondern auch die Grundeigenschaft des Seins schlechthin.

4. Materie

140 Die wichtigste philosophische Kategorie der »Ontologie des Noch-Nicht-Seins« ist die der »Möglichkeit«. Zu ihrer näheren Bestimmung als Möglichkeit von »etwas«, das sein soll, greift Bloch auf die beiden Aspekte des Materiebegriffs des Aristoteles zurück: Die Materie ist nicht nur als das »Nach-Möglichkeit-Seiende« (kata to dynaton), als der Urstoff, der die konkrete Erscheinungsform ermöglicht, zu verstehen, sondern vor allem auch als das »In-Möglichkeit-Seiende (Sein)« (dynamei on), als das metaphysische Prinzip des Möglichsein selbst. Bloch behauptet nun (ohne sich hierbei noch auf Aristoteles berufen zu können), allein kraft ihrer Potenzialität bringe die Materie alle Formen ihres Daseins bis hin zum geistigen Leben aus sich selbst hervor: »Es gärt, wie gesagt wurde, im Nicht, gebärt sich aus im Noch-Nicht, trägt, fühlt und umgreift alles, also sich selber. Die Materie ist bewegt, indem sie in ihrem zu sich offen Möglichen ein ebenso unausgetragenes Sein ist, und sie ist nicht passiv wie Wachs, sondern bewegt sich selber formend, ausformend ... Auch die anorganische Natur hat ihre Utopie« (13, S. 233, 236).

5. Das Reich der Fülle

141 Der Ausgang des Prozesses ist offen: er kann scheiternd auf das »Nichts« hinführen oder gelingend auf das »Alles«. Gelingt er, so ist jede Art von Entfremdung aufgehoben; die in allem Werden sehnsüchtig erhoffte »Identität« des Seienden und des Seins ist endgültig verwirklicht. Mit immer neuen Namen beschwört Bloch diese Vollendung: Novum, Ultimum, Totum, ens perfectissimum, Licht, höchstes Gut, Reich, schließlich Heimat.

Die Vollendung der Welt-Materie führt aber nicht am Menschen vorbei; von seinem Einsatz hängt die »Fülle« des Seins ab. Verweigert er sich der in ihm zu Bewußtsein gelangten Utopie, kann die Welt ebenso ins »Nichts« stürzen. Die Welt ist sein »laboratorium possibilis salutis«. Zwischen dem menschlichen Subjekt und dem werdenden »Natursubjekt« besteht eine innere Beziehung, so daß die Aktivität des menschlichen Subjekts, das seinen utopischen Träumen folgt, erst das in der Welt »latent« angelegte werdende Wesen zur Erscheinung bringt.

Heftig polemisiert Bloch gegen jene Philosophien, denen zufolge in der Identitätsfindung ein *vorgegebenes* Wesen oder eine Norm erfüllt wird. Eine derartige Annahme würde das Werden eines wirklich Neuen ausschließen, vielmehr Rückwärtswendung (anamnesis) bedeuten. Der subjekthafte Kern der Wirklichkeit ist zwar Möglichkeitsbedingung künftiger gelingender Identität, doch ist er selbst »notgedrungen immer noch hypothetisch« und ist deshalb nicht vergleichbar dem Hegelschen Weltgeist oder den Ideen Platons. Erst recht weist Bloch jeden göttlichen Schöpfungsakt zurück, denn »Gott« als das ens perfectissimum kann nur am Ende der aus der puren Möglichkeit hervorgehenden Weiterentwicklung stehen.

6. Gegenutopie

Der Tod, das räumt Bloch ein, stellt seinen Hoffnungsentwurf radikal in Frage. Aber auch hier sei das letzte Wort noch nicht gesprochen. Vertritt er im »Geist der Utopie« noch einen Reifungsprozeß durch verschiedene Ichgestalten, der schließlich in einen »kosmischen Selbsterkennungsprozeß« einmündet (3, S.327), so versucht Bloch im »Prinzip Hoffnung« die tödliche »Gegen-Utopie« aufzulösen, indem er seine Zuflucht zum sozialistischen Klassenbewußtsein nimmt, in welchem der »rote Held«, der endlich gewordene Mensch, weiterlebt. Daneben aber macht Bloch dunkle Andeutungen zur Möglichkeit eines auch vom Tod nicht bedrohten Gelungenseins, das »keine – mit dem bloßen Werden stets verflochtene – Vergänglichkeit« mehr kennt. »Der Tod, welcher als individueller wie als ferne Möglichkeit kosmischer Entropie dem zukunftsgerichteten Denken als absolute Zwecknegation begegnet, der gleiche Tod geht nun, mit seinem möglichen Zukunftsinhalt, in die Endzuständlichkeit, Kernzuständlichkeit ein, welche von noch ungedeckter Freude und den Latenzlichtern des Eigentlichen beleuchtet wird. Der Tod wird dann nicht mehr Verneinung der Utopie und ihrer Zweckreihen, sondern umgekehrt Verneinung dessen,

142

was in der Welt nicht zur Utopie gehört . . . im Todesinhalt selber ist dann kein Tod mehr, sondern Freilegung von gewonnenem Lebensinhalt, Kern-Inhalt. Das ist eine erstaunliche Wendung« (5, S.139).

7. Würdigung

143 Der Glaube, die antizipierende utopische Phantasie könne einen jetzt schon aufleuchtenden Vorschein unbegrenzter menschlicher Selbstfindung ausmachen, hat Bloch zu einer fruchtbaren Interpretation der Großwerke abendländischer Kulturgeschichte beflügelt, die zu kontemplativem Nachdenken anregen kann. Blochs Wirklichkeitsanalyse hat wenig gemeinsam mit der Marxschen Kritik an den kapitalistischen Produktionsverhältnissen; sein Verständnis von Produktion und von Praxis ist sehr viel reicher als das Marxsche. Seine Zielvorstellung unterscheidet sich so sehr von der Marxschen, daß marxistische Autoren die Berechtigung von Blochs immer wieder geäußerter Selbsteinschätzung, er sei Marxist, in Zweifel gezogen haben. Seine häufige Parteinahme zugunsten der marxistisch-leninistischen Politik (»Ubi Lenin, ibi Jerusalem«, 5, S.711) sei nur die Verkleidung einer im Grunde unpolitisch gebliebenen philosophischen Mystik.

144 Über die für seine Ontologie zentrale Problematik, wie die Potenzialität der Materie sich zu immer neuen Formen aktualisieren könne, ohne daß eine Kraft vorausgesetzt wird, die der zu erreichenden Wirklichkeit adäquat wäre, geht Bloch mit einigen blumigen Redensarten hinweg. Die Übertragung der subjektiven Hoffnungserfahrung auf die Geschichte als Ganzes oder sogar ontologisch auf die Welt des Seienden entbehrt jeder einsehbaren Begründung. Bloch nimmt weder die Macht des Bösen in der Geschichte noch auch die destruktiven Kräfte der Natur ernst. Die christliche Hoffnung auf eine neue Welt beruht demgegenüber nicht auf einer entelechialen Triebkraft in der Natur oder im Menschen, sondern darauf, daß das Böse und der Tod überwunden sind, weil Gottes Sohn sich der Gewalt des Bösen bis zum eigenen Tod unterwarf. Trotz Blochs Beteuerungen, er sei Materialist, ist seine Philosophie eher ein Monismus, der einem Pantheismus zum Verwechseln ähnelt. Die einzige Eigenschaft der Materie, auf deren Behauptung Bloch sich festlegt, ist die zu allem fähige schöpferische Potenz. Die Begriffe »seiend« und »materiell« werden damit gleichbedeutend und tautologisch nichtssagend.

145 Die Kritik richtet sich auch auf Blochs Denkstil: »So verzichtet er

auf die Strenge von Konstruktion und Deduktion, verläßt sich auf die illuminative Kraft des Einleuchtens, stützt die eine These durch eine zweite, diese durch eine dritte usw. – jede für sich eine ungeprüfte Setzung, alle zusammen im Kontext ein plausibles Netz von Indizien. Diese netzartige Argumentationsstruktur gemahnt eher an rhetorische als an genuin-philosophische Verfahren. Sie hat den Gestus des Überredens, nicht des Beweises« (H. H. Holz).

IV. Theodor W. Adorno

Leben und Werke

Theodor Wiesengrund Adorno, 1903–1969, war neben M. Hork- 146 heimer der bedeutendste philosophische Kopf eines Kreises von meist jüdischen Philosophen, Ökonomen, Psychologen und Literaturkritikern, die von der Marxschen Gesellschaftskritik beeinflußt waren und über das »Institut für Sozialforschung« in Frankfurt (seit 1922) untereinander in Verbindung standen (»Frankfurter Schule«). Die zur Macht gelangten Nationalsozialisten lösten das Institut auf. Adorno folgte ihm nach einem mehrjährigen Aufenthalt in Oxford in die Emigration nach New York. Nachhaltig haben die hier gemachten Erfahrungen sein Denken geprägt. Horkheimer, mit Adorno freundschaftlich verbunden, formulierte in seinem Aufsatz »Traditionelle und kritische Theorie«, 1937, die Grundsätze ihres Denkens; seither wurde auch der Begriff »Kritische Theorie« zum Kennwort ihrer Philosophie. Nach dem Kriege lehrte Adorno in Frankfurt. Außer durch seine philosophischen Schriften ist er auch mit soziologischen, musiktheoretischen und literaturkritischen Untersuchungen hervorgetreten.
Philosophische Werke: Dialektik der Aufklärung (mit Horkheimer), 1947; Minima Moralia, 1951; Zur Metakritik der Erkenntnistheorie, 1956; Drei Studien zu Hegel, 1963; Jargon der Eigentlichkeit, 1964; Negative Dialektik, 1966.
Obwohl Adornos facettenreiches nicht-systematisches Werk viele Themen anspricht, ist es insgesamt doch durch einige geschichtsphilosophische und darin eingeschlossen gesellschaftstheoretische und erkenntniskritische Grundannahmen charakterisiert.

Literatur:

Heinz 1975   Reijen 1987
Mörchen 1980   Wiggershaus ²1989
Rath 1982   Brunkhorst 1990
Naeher 1984

1. Geschichte als Leiden

147 Eine von Adorno referierte Bemerkung G. Simmels, es sei doch erstaunlich, wie wenig man der Geschichte der Philosophie die Leiden der Menschen anmerke (6, S. 156), läßt ein Leitmotiv seines Denkens hervortreten: Dem in der Geschichte, zumal der gegenwärtigen, allenthalben zu beobachtenden Zerbrochenwerden des Individuums durch brutale, oft anonyme Mächte Ausdruck zu geben, es dabei aber nicht nur zu bereden, sondern im eigenen Denken selbst anwesend sein zu lassen. Die ins eigene Dasein sich bohrende Frage, »ob nach Auschwitz noch sich leben lasse, vollends es dürfe, wer zufällig entrann und rechtens hätte umgebracht werden müssen« (6, S. 355), bildet den Hintergrund dieser Betroffenheit.
Der »Zerfall« abendländischer Geschichte, von dem Adorno philosophisch Zeugnis geben will, beginnt nicht erst in der Gegenwart. In der faschistischen Barbarei ist nur auf die Spitze getrieben, was menschlicher Geschichte überhaupt eigentümlich ist: Grauen und Elend. Die »reale Hölle aus dem menschlichen Bösen«, die in Auschwitz sich auftat, prägt untilgbar auch die Zukunft. »Daß es geschehen konnte, inmitten aller Tradition der Philosophie, der Kunst und der aufklärenden Wissenschaften, sagt mehr als nur, daß diese, der Geist, es nicht vermochte, die Menschen zu ergreifen und zu verändern ... Alle Kultur nach Auschwitz, samt der dringlichen Kritik daran, ist Müll« (6, S. 359). Der »Geist« hat sich demaskiert, seiner Kulturverkleidung entledigt und ist in seiner bodenlosen *Negativität* offenbar geworden.

2. Dialektik von Unterwerfung und Fortschritt

148 Wie konnte Geschichte zu dem werden, was im Faschismus zutage trat? Um dieser Frage nachzugehen, setzen Adorno und Horkheimer in der »Dialektik der Aufklärung« schon in der mythischen Vorgeschichte des Abendlandes an, indem sie sie von der erlebten Gegenwart her interpretieren.
Ähnlich wie für Marx ist Geschichte auch für Adorno und Hork-

heimer die Geschichte menschlicher Herrschaft; doch erklären sie die Herrschaftsgeschichte nicht aus den jeweiligen Produktionsverhältnissen; sie führen auch diese auf einen ursprünglicheren Willen zur Macht zurück. Ihre Kritik richtet sich deshalb über die Eigentumsordnung hinaus auf das Denken, in welchem sie das maßgebliche »Organ der Herrschaft« erkennen (3, S. 138).

Mit Hilfe der Vernunft und deren »ideellen Werkzeugen«, den Begriffen (vgl. 3, S. 56), erhebt das Subjekt sich zur Herrschaft über die Natur und erfährt sich gerade dadurch als Subjekt. Diese Weise der Selbstwerdung des Menschen aber beruht auf der »Anerkennung der Macht als des Prinzips aller Beziehungen«; Horkheimer und Adorno erkennen in diesem Akt zugleich den Ursprung der Dialektik der Geschichte, denn »die Menschen bezahlen die Vermehrung ihrer Macht mit der Entfremdung von dem, worüber sie die Macht ausüben« (3, S. 25).

Der Versuch, die Natur sich zu unterwerfen, beginnt zwar bereits im Mythos (3, S. 16), doch erst die aufklärerische Auflösung des Mythos führt zum Triumph des Subjekts über das Objekt. Aufklärung will, daß »die Materie endlich ohne Illusion . . . verborgener Eigenschaften beherrscht« werde (3, S. 22). Sie erreicht dieses Ziel, indem sie die naturwüchsige Vieldeutigkeit unter ein logisch Allgemeines faßt, begrifflich gliedert und so auch berechenbar und beherrschbar macht.

Aufklärung, die sich alles unterwirft, wird aber selbst zur Herrschaft und »schlägt in Mythologie zurück« (3, S. 16). Der Positivismus, der »Mythos dessen, was der Fall ist« (3, S. 10), ist die jüngste Gestalt der zur Herrschaft gewordenen Aufklärung. Der Vollzug dieser Herrschaft – durch das Einebnen des Einmaligen und Besonderen mittels der Allgemeinbegriffe, schließlich durch System und Ordnung in Wissenschaft, Technik und Verwaltung – hat auch die Entfremdung von der Natur wachsen lassen. Die mit jenen Herrschaftsinstrumenten geformte Zivilisation ist zur blinden Naturmacht gegenüber dem Subjekt geworden. »So führt Zivilisation als auf ihr letztes Ergebnis auf die furchtbare Natur zurück« (3, S. 134).

Paradigma für die Unterwerfung in der Aufklärung ist der »listenreiche« Odysseus, »Urbild« des bürgerlichen Individuums (3, S. 61). Die Rationalität der List, mit der er sich der Gewalt mythischer Naturkräfte entzieht, läßt ihn zwar eigenes Selbstbewußtsein und Freiheit gewinnen. Aber: Indem er (in der Höhle des Zyklopen Polyphem) auf die Frage nach seinem Namen sich »Niemand« (Oudeis) nennt, »verleugnet das Subjekt Odysseus die eigne Identität, die es zum Subjekt macht, und erhält sich am Leben durch Mi-

mikry ans Amorphe« (3, S. 86). In der List, die auch das menschliche Opfer gegenüber der Gottheit kennzeichnet, sieht Adorno (mit Horkheimer) das »Urprinzip« der bürgerlichen Gesellschaft, das des Tausches, vorgebildet, »wo alles mit rechten Dingen zugeht, wo der Vertrag erfüllt wird und dennoch der Partner betrogen« (3, S. 79).

3. Gesellschaft als Totalität

149 Im Tauschhandel werden, so Adorno mit Marx, die Güter nicht an ihrem konkreten Gebrauchswert, sondern an einem abstrakten Marktwert gemessen. Damit ist das Muster für das gesamte gesellschaftliche Verhalten vorgegeben. Alles wird, weil auf eine abstrakte Wertgröße reduziert, untereinander vergleichbar und austauschbar (3, S. 23 f.). Im Tausch »werden nichtidentische Einzelwesen und Leistungen kommensurabel, identisch. Die Ausbreitung des Prinzips verhält die ganze Welt zum Identischen, zur Totalität« (6, S. 149). Jedes Besondere und Individuelle büßt in der von Zahlungen und Gleichungen, vom Tausch- und Äquivalenzdenken beherrschten bürgerlichen Gesellschaft seinen je einmaligen Eigenwert ein. Die so entstehende »falsche Identität von Allgemeinem und Besonderem« (3, S. 141) ist die des »Funktionszusammenhangs der Gesellschaft, eines Ganzen«, das die »Einzelspontaneitäten und -qualitäten ... durchs nivellierende Tauschprinzip begrenzt und virtuell, als ohnmächtig vom Ganzen abhängig, ausschaltet«. »Die universale Herrschaft des Tauschwerts über die Menschen«, heißt es weiter in der »Negativen Dialektik«, »die den Subjekten apriori versagt, Subjekte zu sein, Subjektivität selber zum bloßen Objekt erniedrigt, relegiert jenes Allgemeinprinzip, das behauptet, es stifte die Vorherrschaft des Subjekts, zur Unwahrheit« (6, S. 180).
Diese jede Substanzialität auslöschende Angleichung ans Allgemeine erfaßt selbstverständlich auch das Denken und Urteilen: Das Individuum »hat keinerlei Inhalt, der nicht gesellschaftlich konstituiert« wäre; »nicht bloß ist das Ich in die Gesellschaft verflochten, sondern verdankt ihr sein Dasein im wörtlichsten Sinn. All sein Inhalt kommt aus ihr, oder schlechterdings aus der Beziehung zum Objekt« (4, S. 168 und 173).
So kann Adorno das berühmte Diktum Hegels umkehrend sagen »Das Ganze ist das Unwahre« (4, S. 55), denn anders als für Hegel, für den im Ganzen das Wahre zum Ausdruck gelangt, ist für Adorno das Ganze nur als unversöhnter gesellschaftlicher Herr-

schaftszusammenhang erkennbar. Das Wahre, wenn es denn überhaupt möglich ist, müßte erst noch geschaffen werden.

4. Nichtidentität

Die im gesellschaftlichen Realitätsgrund wirksamen Widersprüche 150
setzen sich fort im Denken. »Was die Gesellschaft antagonistisch
zerreißt, das herrschaftliche Prinzip, ist dasselbe, das vergeistigt,
die Differenz zwischen dem Begriff und dem ihm Unterworfenen
zeitigt« (6, S. 52). Das Denken selbst ist zum Herrschaftsakt geworden.
Begriffliches Denken kann dem Begriffenen nicht gerecht werden.
Indem es den Gegenstand unter einen Allgemeinbegriff subsumiert, vergewaltigt es die Einmaligkeit des Gegenstandes und
tendiert darauf, »idealistisch« ihn sich identisch zu machen.
Gegenüber diesem Versuch des begreifenden Subjekts, das Objekt
im Denken zu vereinnahmen, – ein Versuch, der nur den falschen
Schein gelungener Identität, der der Gesellschaft eigen ist, zurückspiegelt – fordert Adorno, die bleibende Nichtidentität des Objekts
zu wahren. Indem philosophisches Denken hierzu sich anschickt,
wird es dialektisch. »Dialektik ist das konsequente Bewußtsein von
Nichtidentität« (6, S. 17). Doch scheint der Vollzug einer derartigen Dialektik unmöglich: Denn wie könnte das Nichtidentische
anders bestimmt werden als wieder begrifflich? Eine derartige Dialektik müßte versuchen, »über den Begriff mit dem Begriff hinauszugelangen« und »ans Begriffslose heranzureichen«. Wenn überhaupt, antwortet Adorno, so kann dieser Versuch immer nur annähernd gelingen, indem das »Bewußtsein« sich gleichsam »bewußtlos« versenkt »in die Phänomene, zu denen es Stellung bezieht« (6,
S. 21, 27, 38).
Dialektisches Denken zielt also darauf, das Andere als das Verschiedene gelten zu lassen – ein Ziel, zu dem letztlich »nicht allein
das Bewußtsein, sondern eine versöhnte Menschheit zu befreien
wäre«. Versöhnung, in der die Entfremdung aufgehoben ist, bedeutet deshalb nie, die Distanz zu den Dingen und Menschen einzuebnen und sich mit ihnen gemein zu machen. Im Gegenteil: »Der
versöhnte Zustand annektiert nicht mit philosophischem Imperialismus das Fremde, sondern hätte sein Glück daran, daß in der gewährten Nähe das Ferne und Verschiedene bleibt, jenseits des Heterogenen wie des Eigenen« (6, S. 191 f.).
Diesem Ziel negativer Dialektik entsprechen das Postulat vom Vorrang des Objektes und die Zurückweisung des Systemdenkens.

5. Vorrang des Objekts

151 Die Wahrung des Nichtidentischen vor dem identifizierenden Zugriff des Subjekts »schuldet« das Denken dem »Vorrang des Objekts« in der dialektischen Subjekt-Objekt-Vermittlung. Adorno begründet den Objektvorrang mit dem Hinweis, daß das Subjekt stets der Vermittlung durchs Objekt bedarf, um Subjekt zu sein, daß es folglich diesem gegenüber niemals »das radikal Andere« ist. Er räumt selbstverständlich ein, daß das Objekt »nur durchs Subjekt gedacht werden« kann, meint aber, daß es in seiner Andersheit dem Subjekt immer vorgegeben bleibt (6, S. 186, 184).

6. Antisystem und Ideologieverdacht

152 Das »Ganze« besitzen, alles vereinnahmen und unter einen Begriff zwängen wollen, ist die Versuchung, die im philosophischen (wie im gesellschaftlichen) System ihren Triumph feiert. Solange das gesellschaftliche System eine Totalität von Widersprüchen ist, muß nach Wahrheit strebendes Denken diese Widersprüchlichkeit sichtbar machen wollen; es darf nicht eine harmonisierende Synthese anstreben und muß prinzipiell unabgeschlossen bleiben. Ein Denken, das der Versuchung zum System erliegt, würde mit ihm nur den trügerischen Schein einer vernünftig gegliederten Welt reproduzieren. Eine Theorie der Gesellschaft, die, wie die Adornos, zu benennen beansprucht, »was insgeheim das Getriebe zusammenhält« (8, S. 196), kann also nur im Widerstand gegen den gesellschaftlichen Schein gewonnen werden, das heißt, sie muß auf die Merkmale definitorischer Eindeutigkeit und logisch-systematischer Geschlossenheit verzichten.

Negative Dialektik als »Antisystem« befindet sich nicht nur in Gegnerschaft zum idealistischen Systemdenken, sondern auch zu den positivistischen Sozialwissenschaften, denen Adorno vorwirft, sie würden mit ihrem Streben, das Gegebene mit quasi-naturwissenschaftlicher Exaktheit zu erfassen, sich diesem ausliefern und es in seinem Zwangscharakter ideologisch bestätigen. »Der Positivismus verinnerlicht die Zwänge zur geistigen Haltung, welche die total vergesellschaftete Gesellschaft auf das Denken ausübt, damit es in ihr funktioniert« (8, S. 340).

Ideologischen Charakter können nicht nur Denkformen und -inhalte annehmen, sondern bereits die gesellschaftlichen Bedürfnisse, vorab »das dringlichste heute«, das nach »Sekurität«. Wo eine Philosophie etwas »Festes« verspricht, an das man sich angesichts der bestehenden gesellschaftlichen Widersprüche, die »diese Sehnsucht blockieren«, halten könne, bietet sie nur die Sicherheit des gesellschaftlichen Herrschaftszusammenhangs. Die aus Logik und Prinzipien konstruierten »invarianten Gerüste« einer derartigen Philosophie »sind nach dem Ebenbild des allgegenwärtigen Schreckens geschaffen, des Schwindels einer vom totalen Untergang bedrohten Gesellschaft« (6, S. 100).

Doch selbst Adornos dialektisches Denken muß es beim heroischen Gestus des Widerstandes belassen, schon weil es auf Begriffe und Logik angewiesen bleibt und ihm mit ihnen auch deren Begrenztheit eingepflanzt ist. Insofern ist auch die negative Dialektik »falsch, identitätslogisch, selber das, wogegen sie gedacht wird« (6, S. 150, vgl. S. 397). Dem Ideologieverdacht, den Adorno gegen jedes begriffliche, Wahrheit beanspruchende Denken erhebt, kann auch seine eigene Philosophie sich nicht völlig entziehen. Sie müßte, »in eins Abdruck des universalen Verblendungszusammenhangs und dessen Kritik, in einer letzten Bewegung sich noch gegen sich selbst kehren« (6, S. 397). 153

7. Versöhnung und Rettung

»Mit der Kraft des Subjekts den Trug konstitutiver Subjektivität zu durchbrechen«, proklamiert Adorno als die Aufgabe seines Lebenswerkes (6, S. 10). Mit dem Zweifel, ob die »Kraft« ausreiche, das eigene trügerische Schaffen zu überbieten, ist zugleich doch auch die Möglichkeit trugloser Wahrheit signalisiert. »Philosophie, wie sie im Augenblick der Verzweiflung einzig noch zu verantworten ist, wäre der Versuch, alle Dinge so zu betrachten, wie sie vom Standpunkt der Erlösung aus sich darstellten« (4, S. 281). Was rechtfertigt die Hoffnung, daß das faktisch Gegebene doch nicht alles sein könne, daß es sich lohnen könne, auf eine eigentlich unbegreifliche Kraft des Subjekts vertrauend den Durchbruch zu wagen? 154

Die Erfahrungen der Geschichte verbieten, irgendwelche Gedanken an Erlösung zu verschwenden: »Hoffnung auch nur zu denken, frevelt an ihr und arbeitet ihr entgegen«; sie ließe vergessen, was Herrschaft ausmacht, und trüge so zu ihrer Verfestigung bei. Doch selbst in seinen »Brüchen« ist das Seiende noch »durchsetzt von den stets wieder gebrochenen Versprechungen jenes Anderen«. Wenn überhaupt, müßte dieses Andere, sollte es tatsächlich der Ort der Erlösung sein, in der sinnlichen Geschichte wirklich werden – als »Auferstehung des Fleisches« wäre es konsequent gedacht.

Dennoch: Die Aporie ist unauflösbar. Dem Begriff der Erlösung entspricht keine Wirklichkeit, – aber er »könnte nicht gedacht werden, wenn nicht in der Sache etwas zu ihm drängte«. »Untilgbar am Widerstand gegen die fungible Welt des Tausches ist der des Auges, das nicht will, daß die Farben der Welt zunichte werden« (6, S. 396 f.). »Die Möglichkeit, für welche der göttliche Name steht, wird festgehalten, von dem, der nicht glaubt« (6, S. 393 f.); ohne die Perspektive, die dieser Name eröffnet, bliebe, »was immer ist, bleich, farblos, gleichgültig«. Die Farbe, die von ihm her ausgehen kann, bleibt aber die eines »Scheins«.

Ungeachtet des so nachdrücklich betonten universalen Verblendungszusammenhangs nimmt Adorno in einigen Individuen eine Kraft an, die sie befähigt, im »Schein« die Möglichkeit des Anderen wahrzunehmen (vgl. 6. S. 389 f.) und der »Enthauptung« des Gedankens zu widerstehen. Der Gedanke, »der sich nicht enthauptet, mündet in Transzendenz, bis zur Idee einer Verfassung der Welt, in der nicht nur bestehendes Leid abgeschafft, sondern noch das unwiderruflich vergangene widerrufen wäre« (6, S. 391). Ein Unterpfand dafür, daß diese »Idee« nicht trügerisches Blendwerk ist, sieht Adorno – Bloch folgend – im Kunstwerk. Dem, der fähig ist, Kunst zu schaffen und wahrzunehmen, kann in der Begegnung mit dem Kunstwerk, zumal dem der Musik – durch den trügerischen Schein »konstitutiver Subjektivität« hindurch – unzerstörbare Schönheit in einem Vorschein als real möglich aufleuchten. Daß »Kunstwerke da sind, deutet darauf, daß das Nichtseiende sein könnte« (7, S. 200; vgl. 6, S. 385).

Allein wer den Blick in das Nichts nicht durch trügerisch Positives verstellt, kann in negativer Dialektik »gegen alle Hoffnung« Wahrheit und Rettung als möglich (nicht als positiv gegeben) erhoffen. Adorno kann deshalb sagen, er wisse sich mit »Metaphysik«, die der Nichtigkeit nicht das letzte Wort lassen will, »solidarisch im Augenblick ihres Sturzes« (6, S. 400).

8. Würdigung

155 In Adornos Philosophie hat die Lebenserfahrung eines für »Herrschaft« in höchstem Maße sensiblen menschlichen Subjekts gedanklichen Ausdruck gefunden. Seine Philosophie entspringt dem Glauben, daß trotz des allseits begegnenden Widersinns das Dasein dennoch nicht absurd sein könne; sie ruft dazu auf, nicht nachzulassen, kritisch die Vernunft zu gebrauchen in der Hoffnung, schließlich werde infolge der Kritik alles verschwinden, was einer

herrschaftsfreien Welt und autonomer individueller Selbstentfaltung entgegensteht.

Adornos Philosophie ist dennoch zugleich Ausdruck tiefster Verzweiflung, weil der Hoffnung auf Selbstbefreiung jede Erfahrung hohn spricht. Die »Kraft des Subjekts« stößt unaufhörlich an ihre Grenze: Das Subjekt erfährt sich ans Objekt gefesselt, freies Schöpfertum bleibt ihm schmerzlich versagt; Wahrheit und Sein sind ihm stets nur gebrochen zugänglich; vergeblich rennt es gegen das Unvermögen der eigenen Ratio an; auf Transzendenz verwiesen wird es doch nie den Verdacht los, dieser Verweis beschönige ideologisch nur die unvollkommene Weltlichkeit. Die unablässig schmerzliche Erfahrung der eigenen Kontingenz läßt Adorno ungebrochene Lebensfreude bodenlos naiv erscheinen. Vor der metaphysischen Aussage »ens et bonum convertuntur«, die dem Bösen letztlich keine seinsmächtige Wirkkraft zuerkennt, steht Adorno fassungslos; allein was an dieser metaphysischen Zuversicht den »Augenblick ihres Sturzes« überdauern könnte – eine weder geschichtlich noch ontologisch oder religiös begründete Hoffnung – kann Adorno sich zu eigen machen.

Adorno ist es gelungen, die Form seiner Aussagen bis in die Syntax 156 dem anzumessen, was er inhaltlich mitteilen will: Sicherheit und Wahrheit sind nur um den Preis des Selbstbetrugs zu haben. Ihm will er dennoch entgehen und den totalen Trug durchbrechen, indem er versucht, in immer wechselnden Blitzlichtern Wirklichkeit zu erhellen, wie sie ist. Dieses Denken hat infolge der ihm eigenen Widersprüchlichkeit, Inkonsequenzen und Vagheit heftige Ablehnung auf sich gezogen: Singuläre Erfahrungen verallgemeinert es logisch unzulässig; es gibt kein stichhaltiges Kriterium zur Unterscheidung wahrer und falscher Bedürfnisse an; sich selbst nimmt es als dialektisches Denken vom behaupteten totalen Verblendungszusammenhang aus; es ist der Kritik der gesellschaftlichen Übel verpflichtet, aber jede Erkenntnis einer inhaltlich bestimmten Norm weist es als Anmaßung zurück. K. R. Popper behauptet, sich mit Denkern wie Adorno auseinanderzusetzen, bedeute, »ihnen mit gezücktem Schwert in den Sumpf nachzuspringen, um mit ihnen zu versinken« (Rath S. 14).

Adornos Sicht der Geschichte, die in Auschwitz ihren Fluchtpunkt 157 findet, ist nicht frei von einer tiefen Aporie. Nicht nur bleibt es für ihn philosophisch bedeutungslos, daß es selbst in Auschwitz Zeugnisse großer Liebe gab. Vielmehr kann gerade unter seinen Prämissen Auschwitz nicht der Punkt sein, von dem her alles andere relativiert wird, eben weil es für ihn einen absoluten Maßstab, auch den absoluter Negativität, nicht geben kann. Das heißt aber, daß auch

Auschwitz selbst der Relativierung verfällt und damit seine maßgebende Besonderheit verliert. Die »Hölle« könnte nur dann der maßgebende Fixpunkt der Geschichte sein, wenn ihr Ort zugleich Einbruch des Absoluten wäre. Wäre es das absolute Böse, dann wäre von Hoffnung zu reden, nur noch paranoid – oder aber es wäre, indem die absolute Liebe selbst den Tod stirbt und ihn so überwindet, das Ereignis christlicher Erlösung; dann aber hieße der Ort des Grauens nicht mehr Auschwitz, sondern Golgatha.

Wie kaum ein anderer Denker hat Adorno die innere Widersprüchlichkeit und Unmöglichkeit gottloser Erlösung kompromißlos ausgeleuchtet und doch zugleich das unstillbare Verlangen nach einer schuldfreien Welt aufgewiesen. Sein negatives Denken sucht nicht die Vermittlung und den Ausgleich: Unversöhnt bleiben die Positionen im Widerspruch.

158 Adornos Philosophie ist »solidarisch« mit klassischer Metaphysik, sofern sie in gewisser Weise deren Einsicht in die Analogie des Seins teilt. Gerade die Metaphysik des Thomas von Aquin weiß, daß keine Aussage über das schlechthin Positive (Gott) diesem wirklich angemessen ist und insofern trotz aller Wahrheit immer auch negativ bleibt. Ferner ist gerade auch für sie das positiv weltlich Seiende bis in seinen metaphysischen Grund hinein mangelhaft und vom Absturz bedroht. Adornos negative Philosophie schärft diese Einsicht wieder ein, allerdings ohne das transzendente Positiv-Absolute zu kennen, das die Analogie erst ermöglicht und das weltlich Seiende vor dem »Sturz« bewahrend in der »Schwebe« hält (vgl. 6, S. 44f., 115).

Mit dem häufig beschworenen alttestamentlichen »Bilderverbot« unterstreicht Adorno eine zentrale Intention seiner negativen Philosophie: vor der Gefahr zu warnen, die eigene Gebrechlichkeit vergessend zu meinen, letztgültig Positives als geistigen Besitz ungebrochen vorführen zu können.

159 Wie Bloch ist Adorno ein Meister der Sprache. »Kunst ist der Schein dessen, woran der Tod nicht heranreicht«, behauptet er (7, S. 48). Bloch weiß, daß dieser Ausblick ontologisch begründet werden muß, doch erschöpft sich seine Ontologie im Aufweis einer grundlosen und jederzeit enttäuschbaren »Hoffnung«. Adorno verweigert sich der Ontologie. Doch jener an Plato erinnernde »Schein« des Schönen, auf den beide Denker verweisen, müßte ontologisch hinreichend begründet sein, sollte er mehr sein als nur der Zauberschein ihrer Worte.

H. Gottlob Frege und die Anfänge der Analytischen Philosophie in Cambridge

I. Gottlob Frege

1. Frege und die Geschichte der Analytischen Philosophie

Es ist »eine Aufgabe der Philosophie, die Herrschaft des Wortes 160 über den menschlichen Geist zu brechen, indem sie die Täuschungen aufdeckt, die durch den Sprachgebrauch über die Beziehungen der Begriffe oft fast unvermeidlich entstehen, indem sie den Gedanken von demjenigen befreit, womit ihn allein die Beschaffenheit des sprachlichen Ausdrucksmittels behaftet«. Sucht man nach einem Programm, das die verschiedenen Richtungen der Analytischen Philosophie miteinander verbindet, so findet man es in diesem Satz aus Freges erstem Werk, der »Begriffsschrift« (1879, S.XIIf.). »Mißtrauen gegen die Grammatik«, schreibt Wittgenstein in seinen frühesten Aufzeichnungen, »ist die erste Voraussetzung des Philosophierens« (Werkausgabe Bd. 1, S. 206). Freges für die Analytische Philosophie grundlegende Leistungen sind: Er hat die moderne symbolische oder mathematische Logik und die moderne Semantik geschaffen. Gegen die Tradition des Empirismus hat er gezeigt, daß die Logik nicht Teil der Psychologie ist. In der Diskussion über die Grundlegung der Mathematik ist er der Begründer des sog. Logizismus, nach dem die arithmetischen auf logische Gesetze zurückgeführt werden können. Drei zentrale Gestalten der Analytischen Philosophie wissen sich Frege verpflichtet: Russell, Wittgenstein und Carnap. Es war Russell, der die Bedeutung Freges entdeckte. Durch den Anhang »The Logical and Arithmetical Doctrines of Frege« zu seinem Buch »The Principles of Mathematics« (1903) wurden Freges Theorien bekannt. Im Vorwort des ersten Bandes der von Russell zusammen mit A. N. Whitehead verfaßten »Principia Mathematica« heißt es: »In allen Fragen der logischen Analyse sind wir vor allem Frege verpflichtet« (S. VIII). Wittgenstein schreibt im Vorwort des »Tractatus«: »Nur das will ich erwähnen, daß ich den großartigen Werken Freges und den Arbeiten meines Freundes Herrn Bertrand Russell einen großen Teil der Anregungen zu meinen Gedanken schulde.« Frege gehört zu den wenigen Autoren, deren Namen in den »Philosophischen Untersuchungen« genannt wird. Nach Carnaps Autobiographie hat

Frege den stärksten Einfluß auf dessen logische und semantische Theorien ausgeübt (Schilpp 1963, S. 13).

161 Friedrich Ludwig Gottlob Frege (1848–1925) studierte in Jena und Göttingen Mathematik, Physik, Chemie und Philosophie. Es ist möglich, daß R. H. Lotze, den Frege in Göttingen hörte, ihn beeinflußt hat. Gemeinsam ist beiden die Trennung von Logik und Psychologie und die Rückführung der Mathematik auf die Logik. 1874 habilitierte Frege sich in Jena für Mathematik; dort wurde er 1879 außerordentlicher Professor und 1896 ordentlicher Honorarprofessor. 1879 erschien die »Begriffsschrift, eine der arithmetischen nachgebildete Formelsprache des reinen Denkens«, eine der Arbeiten, mit denen die moderne Logik beginnt. Frege ersetzt die traditionelle Analyse von Aussagen in Subjekt und Prädikat durch die in Funktion und Argument. Er entwickelt die erste Aussagenlogik auf der Grundlage der Wahrheitsfunktionen und eine Theorie der Quantifikation. Das System beruht auf vier primitiven Symbolen: dem Implikator (›wenn . . . dann‹), dem Negator, dem Identitätszeichen und dem Allquantor (›für alle x gilt‹). Die »Begriffsschrift« unternimmt erste Schritte, um die Gesetze der Arithmetik aus denen der Logik abzuleiten. Die grundsätzlichen begrifflichen Vorklärungen für diese Aufgabe leisten »Die Grundlagen der Arithmetik. Eine logisch-mathematische Untersuchung über den Begriff der Zahl« (1884). Wichtige Thesen des Buches sind: Die Zahlangabe enthält eine Aussage von einem Begriff. In dem Satz ›Die Venus hat 0 Monde‹ wird vom Begriff Venusmond die Eigenschaft ausgesagt, nichts unter sich zu befassen (§ 46). Die arithmetischen Gesetze sind analytische Urteile und folglich a priori. Jeder arithmetische Satz ist ein abgeleitetes logisches Gesetz. Die arithmetischen Gesetze sind nicht unmittelbar auf die Natur anwendbar, sondern nur auf die Urteile über die Natur, d. h. auf die Naturgesetze (§ 87). Auf die beiden klassischen Aufsätze zur Semantik »Funktion und Begriff« (1891) und »Über Sinn und Bedeutung« (1892) ist unten kurz einzugehen. 1894 veröffentlichte Frege eine vernichtende Rezension über Husserls psychologistische »Philosophie der Arithmetik«. Die »Grundgesetze der Arithmetik«, deren erster Band 1893 erschien, sollten den Ansatz der »Grundlagen« mit Hilfe der Symbolsprache im Detail durchführen. Der zweite Band (1903) war im Druck, als Russell am 16. 6. 1902 an Frege schrieb, daß sich aus dem System der »Grundgesetze« die Antinomie der Klasse aller Klassen, die nicht Glied ihrer selbst sind (§ 179), herleiten lasse. In seinem Nachwort sieht Frege deutlich, daß sein Grundgesetz V für die Antinomien verantwortlich ist und daß Korrekturen dort anzusetzen haben. Seine Schaffenskraft war

für lange Jahre gelähmt. In seinen letzten Lebensjahren erschienen drei Kapitel einer geplanten Gesamtdarstellung der Logik: »Der Gedanke«, »Die Verneinung« (1918) und »Gedankengefüge« (1923). Wichtiges ergänzendes Material enthalten der Nachlaß und die Briefe.

Literatur:

Dummett 1967; 1973; 1981; 1991 a; 1991 b
Schirn 1976   Baker/Hacker 1984
Sluga 1980   Kutschera 1989

2. Funktion und Begriff

Der Aufsatz »Funktion und Begriff« analysiert den elementaren Aussagesatz sowie quantifizierte und wahrheitsfunktionale Aussagesätze mit Hilfe des mathematischen Begriffs der Funktion. Nehmen wir als Beispiel einer Funktion $2 \cdot x^3 + x$. ›x‹ markiert eine Leerstelle, in die eine Zahl, das Argument, eingesetzt werden kann. Da die Funktion Leerstellen enthält, ist sie ergänzungsbedürftig oder ungesättigt. (Wir können eine Funktion durch ›Fx‹ symbolisieren.) Dagegen ist das Argument, eine Zahl, ein abgeschlossenes Ganzes. Setzen wir in eine Funktion ein Argument ein, so erhalten wir einen Wert der Funktion für dieses Argument. So ist z.B. 3 der Wert der Funktion $2 \cdot x^3 + x$ für das Argument 1, denn $2 \cdot 1 + 1 = 3$. Freges entscheidender Schritt für die Verwendung des Funktionsbegriffs in der Logik besteht nun darin, daß er die Funktionswerte nicht auf Zahlen beschränkt. Was ist der Wert der Funktion $x^2 = 1$ für die Argumente -1 und 2? $(-1)^2 = 1$ ist wahr, $2^2 = 1$ dagegen falsch. Wir erhalten als Wert also nicht eine Zahl, sondern einen Wahrheitswert: das Wahre oder das Falsche. Wenn nun für ein bestimmtes Argument, z.B. -1, der Funktionswert das Wahre ist, so können wir das so ausdrücken: ›Die Zahl -1 ist eine Quadratwurzel aus 1‹, oder: ›-1 fällt unter den Begriff der Quadratwurzel aus 1‹. Ist der Funktionswert das Falsche, so können wir sagen: ›2 ist nicht Quadratwurzel aus 1‹, oder: ›2 fällt nicht unter den Begriff der Quadratwurzel aus 1.‹ Diese Formulierungen zeigen, wie der mathematische Begriff der Funktion und der logische Begriff des Begriffs zusammenhängen. Ein Begriff ist eine Funktion, deren Wert immer ein Wahrheitswert ist. Wie eine Gleichung können wir einen elementaren Aussagesatz, z.B. ›Caesar eroberte Gallien‹, in einen abgeschlossenen und einen ungesättigten Ausdruck zerlegen.

162

›eroberte Gallien‹ ist ungesättigt und bedeutet eine Funktion; ›Caesar‹ ist abgeschlossen und bedeutet einen Gegenstand. Aber nicht nur Wahrheitswerte und Zahlen, sondern Gegenstände aller Art können Funktionswerte sein. So ist z.B. ›der Vater von x‹ ein Funktionsausdruck. Setzen wir Isaak als Argument ein, so erhalten wir als Funktionswert Abraham. Freges nächster Schritt besteht darin, daß er Funktionen untersucht, deren Argument ein Wahrheitswert ist. Eine solche Funktion erhalten wir z.B., wenn wir eine elementare Funktion mit einem Allquantor versehen: Für alle x gilt: Fx. Sie hat als Wert das Wahre, wenn die Funktion Fx als Wert immer das Wahre hat. Andere Beispiele sind die Negation und die Implikation.

3. Sinn, Bedeutung und Vorstellung

163 In seinem Aufsatz über Sinn und Bedeutung geht Frege aus von der Frage, welche Beziehung der Satz ›a ist dasselbe wie b‹ (›a=b‹) ausdrückt. a) Handelt es sich um eine Beziehung der Gegenstände, die die beiden Namen ›a‹ und ›b‹ bedeuten? In diesem Fall wäre a=b, wenn es wahr wäre, nicht von a=a verschieden. Dagegen spricht jedoch, daß ›a=a‹ ein analytischer Aussagesatz ist, während Sätze der Form a=b oft eine neue Erkenntnis ausdrücken. Daß der Morgenstern derselbe Planet ist wie der Abendstern, war eine astronomische Entdeckung. b) Handelt es sich um eine Beziehung zwischen den Namen? Dann würde der Satz ›a=b‹ nur besagen, daß wir für ein und denselben Gegenstand zwei verschiedene Namen haben. Er würde wiederum keine Erkenntnis, sondern nur eine Regelung unseres Sprachgebrauchs ausdrücken. Wenn wir nur zwischen Name und Gegenstand unterscheiden, können wir also die Beziehung der Identität nicht erklären. Wir müssen vielmehr annehmen, daß die beiden Namen denselben Gegenstand auf verschiedene Weise bezeichnen. Dem Unterschied der Zeichen muß ein Unterschied in der Art, wie uns das Bezeichnete gegeben ist, entsprechen. Der Morgenstern erscheint am Morgen und der Abendstern am Abend. Ein Name (Frege versteht darunter jeden Ausdruck, der einen Gegenstand bezeichnet) hat deshalb Sinn und Bedeutung. Die Bedeutung ist der Gegenstand, den er bezeichnet, der Sinn die Art, wie der Gegenstand gegeben ist. »Ein Eigenname (Wort, Zeichen, Zeichenverbindung, Ausdruck) drückt aus seinen Sinn, bedeutet oder bezeichnet seine Bedeutung. Wir drücken mit einem Zeichen dessen Sinn aus und bezeichnen mit ihm dessen Bedeutung« (1967, S. 147). In »Über Sinn und Bedeutung« wendet Frege diese Unter-

scheidung auch auf den Aussagesatz und auf Nebensätze an, insbesondere im Nachlaß und in Briefen auch auf Begriffswörter. Der Sinn eines Aussagesatzes ist der Gedanke (Proposition, Sachverhalt, Aussage), den er ausdrückt, die Bedeutung sein Wahrheitswert.

Vom Sinn und der Bedeutung unterscheidet Frege die Vorstellung. Sie ist ein subjektives inneres Bild, eine subjektive Assoziation. Dagegen ist der Sinn nicht subjektiv. Verschiedene Menschen können nicht dieselbe Vorstellung haben, aber sie können mit einem Namen denselben Sinn verbinden. In der Einleitung zum ersten Band der »Grundgesetze« setzt Frege sich ausführlich mit dem Psychologismus auseinander. Wer behauptet, Denkgesetze seien psychologische Gesetze, übersieht den Unterschied zwischen der Wahrheit und dem Fürwahrhalten. »Es ist kein Widerspruch, daß etwas wahr ist, das von allen für falsch gehalten wird« (XVf.). Das Wahrsein ist unabhängig davon, daß es von jemand anerkannt wird. Der Psychologismus löst Gegenstände und Begriffe in Vorstellungen auf und führt so zum Idealismus und Solipsismus. In »Der Gedanke« entwickelt Frege eine Ontologie, die außer dem Wahrnehmbaren und dem Psychischen einen dritten Bereich annimmt, dem der Gedanke angehört. »Wenn man einen Gedanken faßt oder denkt, so schafft man ihn nicht, sondern tritt nur zu ihm, der schon vorher bestand, in eine gewisse Beziehung, die verschieden ist von der des Sehens eines Dings und von der des Habens einer Vorstellung« (1967, S. 354).

Literatur:

Thiel 1965

II. George Edward Moore

1. Die Ausgangssituation

Fragt man nach Gemeinsamkeiten, die es rechtfertigen, eine Viel- zahl unterschiedlicher philosophischer Richtungen unter dem Begriff der Analytischen Philosophie zusammenzufassen, so ist der Hinweis auf den Gegner, gegen den die Anfänge der Analytischen Philosophie in Cambridge und Oxford am Beginn dieses Jahrhunderts sich richten, eine erste Antwort. Eine der Programmschriften der Analytischen Philosophie trägt den Titel »Die Widerlegung des Idealismus«. Der Idealismus Hegelscher Prägung war um die Jahrhundertwende die in Oxford und Cambridge führende philosophische Richtung. Moore und Russell waren in Cambridge Schüler von *John McTaggart Ellis McTaggart* (1866–1925), und beide berichten von ihrer Bewunderung für *Francis Herbert Bradley* (1846–1924), Fellow des Merton College in Oxford. Bradley und McTaggart bestreiten die Realität der Erfahrungswelt. Bradley versucht zu zeigen, daß der Begriff der Relation in sich widersprüchlich ist. Dieser Widerspruch sei ausreichend, um die Realität vieler Phänomene zu bestreiten bzw. die Widersprüchlichkeit grundlegender Begriffe zur Erfassung der Erfahrungswelt, z. B. Ursache, Raum, Zeit, Ding, Selbst, aufzuzeigen, da diese Relationen implizieren. Eines der am meisten diskutierten Argumente McTaggarts ist sein Beweis für die Widersprüchlichkeit der Zeit. Widerspruchsfrei kann die Realität nach Bradley nicht als Vielheit voneinander unabhängiger Substanzen, sondern nur als das eine allumfassende Absolute gedacht werden. Analogien des Absoluten sind Erfahrung und Empfindung. Das Absolute ist Geist; außer dem Geist kann es keine Realität geben. Im Unterschied zu Bradleys Monismus vertritt McTaggart einen pluralistischen Idealismus. Das Universum ist eine Gemeinschaft vollkommener, ewiger Personen, die durch Liebe miteinander verbunden sind. Jeder menschliche Geist ist mit einer dieser Personen identisch.

Literatur:

Broad 1933/1938   Mace 1966
Wollheim 1959   Horstmann 1984

166 George Edward Moore (1873–1958) studierte nach seiner Aufnahme ins Trinity College in Cambridge (1892) zunächst Klassische Philologie. Am Ende seines ersten Studienjahres lernte er Russell kennen, und er schreibt es vor allem dessen Rat und Ermutigung zu, daß er sich der Philosophie zuwandte. Moore studierte Lotzes Metaphysik, Hegel, Platon und Aristoteles. Von seinen Lehrern übte McTaggart durch sein Bemühen um Klarheit den größten Einfluß auf ihn aus. Nach seinen ersten Studienjahren hat Moore es nicht mehr der Mühe wert erachtet, sich mit Hegel zu befassen, während er Platon und Aristoteles immer wieder studiert hat. Aufgrund einer Abhandlung über Kants Ethik wurde Moore

1898 für sechs Jahre zum Fellow des Trinity College gewählt. Mit
»The Nature of Judgement« (In: Mind 8 [1899]) begann seine Abkehr von Bradley. Moore vertritt dort einen absoluten Realismus:
Die Universalien sind wirklich, und in ihnen erschöpft sich die gesamte Wirklichkeit. 1903 erschienen die »Principia Ethica«, Moores bekanntestes Werk, das die These vertritt, ›gut‹ bezeichne eine
unanalysierbare, nur in einer geistigen Intuition zu erfassende Eigenschaft, und »The Refutation of Idealism« (in: Mind 12 [1903]).
Von 1904 bis 1911 lebte Moore in Edinburgh und London. Seine
Vorlesungen am Morley College in London im Winter 1910/11, die
1953 unter dem Titel »Some Main Problems of Philosophy« veröffentlicht wurden, sind die ausführlichste Darstellung seiner Ontologie und Erkenntnistheorie. In London entstand auch der kleine
Band »Ethics« (1912). Von 1911 bis zu seiner Emeritierung 1939
lehrte Moore in Cambridge, ab 1925 als Professor für Philosophie
des Geistes und Logik. Die in dieser Zeit veröffentlichten Abhandlungen zur Erkenntnistheorie, Ontologie und Ethik hat Moore, zusammen mit früheren Arbeiten, in den »Philosophical Studies«
(1922) und den »Philosophical Papers« (1959) zusammengestellt.
Für das von P. A. Schilpp herausgegebene Sammelwerk »The Philosophie of G. E. Moore« (1942) schrieb er eine Autobiographie
und eine ausführliche Erwiderung an seine Kritiker.

Literatur:

Schilpp 1968 (S. 691–701: Primärbibliographie)
White 1958
Addis/Lewis 1965
Klemke 1969; 1969a   O'Connor 1982
Ambrose/Lazerowitz 1970   Baldwin 1990
Ayer 1971

2. Widerlegung des Idealismus

Am Anfang seiner Vorlesungen von 1910–11 fragt Moore, was
Philosophie sei. Die wichtigste und interessanteste Aufgabe der
Philosophen sei es, eine allgemeine Beschreibung des gesamten
Universums zu geben, indem sie die wichtigsten Arten der Dinge,
von denen wir wissen, daß sie in ihm sind, aufführen und die wichtigsten Beziehungen dieser verschiedenen Arten von Dingen betrachten. Mittelpunkt der Philosophie ist nach Moore also die Dis-
ziplin, die nach dem Seienden in seiner Gesamtheit fragt, die Meta-

physik oder Ontologie. Die anderen Fragen der Philosophie ergeben sich aus der metaphysischen. Wenn der Metaphysiker Aussagen über das Universum macht, so werden wir ihn fragen, woher er das wisse, und ihm damit die drei Fragen nach dem Begriff des Wissens, nach dem Begriff der Wahrheit und nach der Begründung einer als wahr behaupteten Aussage stellen (1953, S. 1; 23—26). Die in den Wandlungen von Moores Metaphysik sich durchhaltende Linie ist sein Realismus. Er verteidigt die Annahme des gesunden Menschenverstandes, daß es eine bewußtseinsunabhängige Wirklichkeit gibt, gegen alle Philosophen, die sie bestreiten.

Mit »The Refutation of Idealism« (1903; in: 1922) hat Moore seine eigene ontologische Position gefunden. Der Aufsatz zeigt, gegen welche philosophischen Richtungen Moore sich wendet. Er verdient auch unter methodischer Rücksicht Beachtung. Den verschiedenen Ausprägungen des Idealismus ist die These ›Das Universum ist geistig‹ gemeinsam. Sie wird nach Moore nicht nur von Bradley und McTaggart vertreten, sondern ebenso von Berkeley, den Empiristen, Kant und dem Psychologismus. Es ist für Moores Methode kennzeichnend, daß er, auf alle historische Gelehrsamkeit verzichtend, nach dem notwendigen und wesentlichen Schritt aller idealistischen Argumente fragt, um seinen Angriff ausschließlich gegen ihn zu richten. Alle Beweise für jegliche Form des Idealismus beruhen notwendig auf der Prämisse ›esse est percipi‹ (›Sein ist Wahrgenommenwerden‹; dabei umfaßt ›wahrnehmen‹ die sinnliche Wahrnehmung und das Denken): Alle Wirklichkeit erschöpft sich im Akt des Bewußtseins und dessen Inhalt. (Diese ontologische Aussage läßt sich umformen in eine skeptische erkenntnistheoretische These: ›Akt und Inhalt des Bewußtseins sind die einzige unserer Erkenntnis zugängliche Wirklichkeit‹.) Moores Kritik beginnt mit einer Analyse der Aussage ›esse est percipi‹. Sie klärt die genaue Bedeutung der drei mehrdeutigen Termini und stellt fest, daß es sich nach Ansicht der Idealisten um eine analytische, d. h. eine Aussage handelt, deren Negation einen Widerspruch ergibt. Die Idealisten behaupten, der Begriff des Objekts könne nicht ohne den des Subjekts gedacht werden; das Objekt sei, was es ist, ausschließlich durch seine Beziehung zum Subjekt. Moore entwikkelt seine Gegenposition anhand einer Analyse der Wahrnehmung. Die Wahrnehmung von Blau unterscheidet sich von der von Grün. Dennoch fallen beide unter den Begriff der Wahrnehmung. Folglich sind in jeder Wahrnehmung zwei Elemente zu unterscheiden: 1. das Bewußtsein, in dem alle Wahrnehmungen übereinkommen; 2. das Objekt der Wahrnehmung, durch das die Wahrnehmungen sich unterscheiden (das Blau bzw. Grün). Die umstrittene Frage lautet, ob das Objekt der Wahrnehmung eine vom Bewußtsein unabhängige Existenz hat. Sie wird von Moore gegenüber den Idealisten mit allem Nachdruck bejaht. Die Idealisten begehen den Fehler, daß sie den Gegenstand der Erfahrung mit der Erfahrung des Gegenstandes gleichsetzen. Nach Moore gehört es zum Wesen der Wahrnehmung, daß in ihr der Gegenstand der Wahrnehmung als vom Bewußtsein unabhängig erfahren wird. Die erkenntnistheoretische Frage, wie wir aus dem Kreis unserer eigenen Vorstellungen und Wahrnehmungen herauskommen, ist ein Scheinproblem. Eine Wahrnehmung zu haben bedeutet bereits, außerhalb dieses Kreises zu sein.

3. Philosophie des Common Sense

Mit einer anderen Methode geht Moore das Realismusproblem in »A Defence of Common Sense« (1925; in: 1959) an. Wittgenstein geht in seinem letzten Werk »Über Gewißheit« von diesem Aufsatz aus. N. Malcolm (in: Schilpp 1968) meint, Moore vertrete hier eine Philosophie der Alltagssprache. Moore beginnt mit einer Liste von Aussagen, von denen er behauptet, er wisse mit Sicherheit, daß sie wahr sind. »Es existiert jetzt ein lebender menschlicher Körper, der mein Körper ist. Dieser Körper wurde zu einer bestimmten Zeit in der Vergangenheit geboren und existiert seitdem kontinuierlich, wenn auch nicht ohne Veränderungen . . . Seit er geboren wurde, befindet er sich im Kontakt mit oder nicht weit von der Oberfläche der Erde . . . Unter den Dingen, die . . . einen Teil seiner Umgebung bilden, sind in jedem Augenblick seit seiner Geburt in großer Zahl andere lebende menschliche Körper gewesen . . . Die Erde hat viele Jahre, bevor mein Körper geboren wurde, existiert usw.«. Moore behauptet zweitens zu wissen, daß viele andere Menschen oft bezüglich ihrer eigenen Person und ihres eigenen Körpers das entsprechende Wissen (gehabt) haben. Aufgrund dieses Wissens lehnt Moore die philosophischen Auffassungen, daß die aufgeführten Aussagen zumindest zum Teil falsch seien oder daß ihre Wahrheit nicht mit Gewißheit erkannt werden könne, ab.

Für Moore folgt aus der Tatsache, daß eine Aussage zum Weltbild des gesunden Menschenverstandes gehört, daß sie wahr ist. Wie kann er das begründen? Ist er ein naiver oder dogmatischer Philosoph in dem Sinn, daß er ohne weitere Reflexion die Auffassungen des gesunden Menschenverstandes als nicht mehr hinterfragbare Gewißheiten annimmt? Für einige seiner Aussagen führt Moore als Begründung an, daß ihre Bestreitung zu einem Widerspruch führen würde. Der Philosoph, der die Existenz anderer Menschen bestreitet, will diese These anderen Menschen plausibel machen und setzt insofern deren Existenz voraus. Aber diese Begründung macht Moore nicht für alle von ihm als wahr behaupteten Aussagen geltend. Wir sind daher auf Interpretationen angewiesen. Nach Malcolm ist die letzte Instanz für Moore die Umgangssprache; wer behauptet, er *glaube*, daß er einen Körper habe, kenne eben die Bedeutung von ›glauben‹ und ›wissen‹ nicht. Eine bessere Deutung ist es, den von Moore selbst eingeschlagenen Begründungsweg weiterzugehen. Wir könnten fragen, ob Bradley oder McTaggart jemals bereit gewesen wären, entsprechend ihrer Bestreitung der Alltagswirklichkeit zu handeln. Es wäre dann Moores Anliegen, ihnen nachzuweisen, daß sie die von ihnen philosophisch bestrittenen Aussagen ihrem alltäglichen Verhalten als unerschütterliche Gewißheiten zugrunde legten.

170 Wir verstehen die Bedeutung der Aussagen des Common Sense. Davon ist nach Moore jedoch die Frage zu unterscheiden, wie sie zu analysieren sind. Sie sei bisher noch nicht befriedigend beantwortet worden. Das führt zu der vieldiskutierten Frage, was Moore unter ›Analyse‹ versteht. In der Erwiderung an seine Kritiker betont Moore wiederholt, es sei ihm niemals um die Analyse sprachlicher Ausdrücke, sondern immer um die Analyse von Begriffen und Sachverhalten gegangen (Schilpp 1968, S. 660–667). Er nennt drei Bedingungen einer Analyse: 1. Das analysandum und das analysans müssen beides Begriffe sein; bei einer korrekten Analyse muß es sich um denselben Begriff handeln. 2. Der Ausdruck für das analysandum muß sich von dem für das analysans unterscheiden. 3. Der Ausdruck für das analysans muß ausdrücklich Begriffe erwähnen, die der Ausdruck für das analysandum nicht ausdrücklich erwähnt. In »The Refutation of Idealism« schreibt Moore, seine Analyse der Wahrnehmung verstoße gegen die Sprache, die es nicht erlaube, Rot und Grün als Objekte zu bezeichnen (1922, S. 19). – Teil IV von »A Defence of Common Sense« diskutiert die Analyse der Aussage ›Materielle Dinge existieren‹. Sie ist auf Aussagen über einzelne Wahrnehmungsgegenstände, z. B. eine Hand, zurückzuführen und diese wiederum auf Aussagen über Sinnesdaten. Wie aber verhalten die einzelnen Sinnesdaten sich zum Wahrnehmungsgegenstand als ganzem, der Hand? Moore diskutiert verschiedene Lösungsmöglichkeiten und zeigt deren Schwierigkeiten. Wichtiger ist die Frage, ob Moore mit der Analyse in Sinnesdaten die These von der bewußtseinsunabhängigen Wirklichkeit nicht aufgibt und zum idealistischen ›esse est percipi‹ zurückkehrt. In der Antwort an seine Kritiker vertritt Moore zwei, wie er selbst sieht, miteinander

unvereinbare Auffassungen (Schilpp 1968, S. 658 f.). Er hält einerseits an der realistischen These fest: Im Sinnesdatum wird unmittelbar die Oberfläche eines physikalischen Körpers erfaßt. Er neigt aber zugleich der idealistischen These zu, daß dem Sinnesdatum unabhängig vom Wahrnehmungsakt keine Wirklichkeit zukomme. Wie bei Moores Begriff der Analyse stehen wir auch hier vor einer ungeklärten Frage.

Moore schreibt in seiner Autobiographie, daß es die provozieren- 171 den Äußerungen der Philosophen, wie McTaggarts Bestreitung der Wirklichkeit der Zeit, und nicht Lebensprobleme waren, die ihn zum Philosophieren brachten. Sein Interesse war vor allem kritisch, und als Werkzeug der Kritik diente ihm die Analyse. Er wollte weniger Antworten geben als Fragestellungen und Begriffe klären und Fehlschlüsse aufdecken. Vieles bleibt bei ihm offen, auch in seiner Methode. Auch seinen eigenen Auffassungen und Arbeiten stand Moore immer in kritischer Distanz gegenüber. Durch sein auch die Grenze zur Trivialität nicht scheuendes Ringen um Klarheit und Eindeutigkeit, das sich in der Einfachheit seines Stils spiegelt, hat er, vor allem als Lehrer, einen kaum zu überschätzenden Einfluß auf die englische Philosophie in der ersten Hälfte dieses Jahrhunderts ausgeübt.

III. Bertrand Russell

Leben und Werke

Bertrand Arthur William Russell (1872—1970) berichtet in einem 172 Rückblick auf seine geistige Entwicklung von einem Erlebnis, das für seine Philosophie charakteristisch ist: Mit elf Jahren begann er, Euklid zu lesen. Zunächst war er enttäuscht, daß Euklid mit Axiomen begann, die ohne Beweis angenommen werden mußten. Aber dann begann die Mathematik ihn zu faszinieren: die Kraft des deduktiven Denkens, die Ruhe der mathematischen Gewißheit, vor allem aber die Überzeugung, daß die Natur mathematischen Gesetzen gehorcht und daß die Handlungen der Menschen grundsätzlich wie die Bewegungen der Planeten berechnet werden könnten (Schilpp 1945, S. 7). Am Trinity College in Cambridge, in das er 1890 nach einem Prüfungsgespräch mit Whitehead (§ 129) aufgenommen wurde, studierte er zunächst Mathematik und erst im vierten Jahr Philosophie. McTaggart überzeugte ihn, daß Hegel eine Tiefe habe, die sich bei Locke, Berkeley, Hume und J. St. Mill nicht finde. Von 1894 bis 1901 war Russell Fellow des Trinity College; die Arbeit, mit der er sich bewarb, zeigt den Einfluß von Kant (An Essay on the Foundations of Geometry, Cambridge 1897). Das Studium von Hegels Logik im Jahr 1898 überzeugte Russell, daß alles, was Hegel über Mathematik schreibt, »konfuser Unsinn« sei. In demselben Jahr hielt er, in Vertretung von McTaggart, Vorlesungen über Leibniz. Dabei kam er zu der Auffassung, daß die Metaphysik von Leibniz, ebenso wie die von Spinoza, Hegel und Bradley, ausschließlich auf dessen Logik beruht; die Annahme dieser Denker, jede Aussage bestehe aus einem Subjekt und einem einstelligen Prädikat und die damit gegebene Vernachlässigung der mehrstelligen Prädikate (der Relationen) führe zur Substanzmetaphysik und zum Monismus (A Critical Exposition of the Philosophy of Leibniz, Cambridge 1900). Russells Abkehr von Bradley wurde durch Moores Einfluß beschleunigt. Im Juli 1890 traf Russell auf dem Internationalen Kongreß für Philosophie in Paris den italienischen Mathematiker und Logiker Giuseppe Peano (1858–1932). Er sah in dessen Symbolsprache ein Instrument für die Erforschung der Grundlagen der Mathematik. Zusammen mit Whitehead versuchte er, wie schon Frege, dessen Werk Russell damals noch nicht kannte, die Mathematik auf die Logik zurückzuführen. Ein erster Entwurf war fertig, als Russell im Juni 1901 entdeckte, daß der Ansatz zu einer Antinomie führt, wenn die platonische Ontologie zugrunde gelegt wird. Russell löste die Antinomie durch die Typentheorie. Ihr erster Entwurf findet sich im Appendix B von »The Principles of Mathematics« (1903). Im Hauptteil dieses Buches vertritt Russell noch einen platonischen Realismus, den er in den zusammen mit Whitehead verfaßten »Principia Mathematica« (I 1910, II 1912, III 1913) aufgibt. In sachlichem Zusammenhang mit der Typentheorie steht die Theorie der Beschreibungen, die Russell zum ersten Mal 1905 in dem Aufsatz »On Denoting« (in: Russell 1956) vorlegte. Sie führte ihn zur Unterscheidung zwischen Wissen »durch Bekanntschaft« und »durch Beschreibung« (Knowledge by Acquaintance and Knowledge by Description, 1911, in: Russell 1917). 1912 erschien eine Einführung in seine Philosophie »The Problems of Philosophy«. Sie vertritt noch eine platonische Ontologie: Die Universalien existieren nicht (nur die Dinge in der Zeit existieren), aber sie subsistieren oder haben ein zeitloses Sein (S. 100). Von 1910 bis 1916, als er seine Stelle wegen pazifistischer Aktivitäten verlor, war Russell Lecturer für Philosophie am Trinity College. In dieser Zeit war Wittgenstein sein Schüler. Unter seinem Einfluß entwickelte Russell die ›Philosophie des Logischen Atomismus«. Die Vorlesungen, die er unter diesem Titel 1918 in London hielt (in: Russell 1956), sind die beste Einführung in seine im Anschluß an die »Principia Mathematica« entwickelte Ontologie; eine spätere, gedrängtere Darstellung ist der Aufsatz »Logical Atomism« (1924, in: Russell 1956). Von den späteren Werken Russells seien genannt: »Introduction to Mathematical Philosophy« (1919), das die Grundgedanken der »Principia Mathematica« in allgemeinverständlicher Form darstellt; »The Analysis of Mind« (1921), das einen extrem empiristischen Standpunkt vertritt; die William James Lectures in Harvard 1940, die unter dem Titel »An Inquiry into Meaning and Truth« veröffentlicht wurden; »Human Knowledge« (1948), Russells letztes größeres philosophisches Werk, das sich vor allem mit Sprachphilosophie, Erkenntnistheorie und Wissenschaftstheorie befaßt; »My Philosophical Development« (1959), eine philosophische Autobiographie und eine Auseinandersetzung mit Kritikern. 1950 erhielt Russell den Nobelpreis für Literatur.

Literatur:

Martin 1981 (Primärbibliographie)   Sandvoss 1980
Schilpp 1945   Sainsbury 1985
Ayer 1972   Rheinwald 1988
Pears 1972   Hylton 1990
Roberts 1979   Griffin 1991

1. Wissen durch Bekanntschaft und Wissen durch Beschreibung

»Gibt es ein Wissen in der Welt, das so sicher ist, daß kein vernünf- 173
tiger Mensch es bezweifeln kann?« Dieser erste Satz aus »The Problems of Philosophy« drückt ein Motiv aus, das sich in den vielfachen Wandlungen von Russells Philosophie durchgehalten hat. Seine Liebe zur Mathematik beruht darauf, daß sie dieses Wissen verspricht. Die Methode der Philosophie ist der Cartesianische Zweifel, der alles in Frage stellt, um ein unbezweifelbares Wissen zu finden. Russell (1912, Kap. 5) unterscheidet zwischen dem Wissen von Dingen und dem Wissen von Wahrheiten. Das Wissen von Dingen gliedert sich in »Wissen durch Bekanntschaft« (knowledge by acquaintance) und »Wissen durch Beschreibung« (knowledge by description); letzteres setzt Wissen von Wahrheiten voraus. Unser gesamtes Wissen beruht auf Bekanntschaft; sie ist, entsprechend

dem Cogito des Descartes, das letzte, unbezweifelbare Fundament. Wir haben zunächst Bekanntschaft mit den Dingen, die wir unmittelbar, vorgängig zum Urteil, wahrnehmen, den Sinnesdaten (sense-data). Wenn wir einen Tisch wahrnehmen, haben wir zunächst ein unmittelbares Bewußtsein von Sinnesdaten: Farbe, Gestalt, Härte usw. Wir können über sie urteilen, z. B. ›Dies ist ein helles Braun‹. Dieses Urteil vermittelt eine Wahrheit über ein bestimmtes Sinnesdatum, aber es läßt uns dieses Sinnesdatum nicht besser erkennen als wir es vor dem Urteil kannten. Wir kennen diesen Farbfleck vollkommen, wenn wir ihn sehen, und darüber hinaus ist kein Wissen von ihm möglich. Dagegen haben wir vom Tisch als einem physikalischen Gegenstand kein unmittelbares Wissen. Wir können an seiner Existenz zweifeln, was bei den Sinnesdaten ausgeschlossen ist. Das Wissen vom Tisch ist Wissen durch Beschreibung. Eine Beschreibung des Tisches könnte etwa lauten ›der physikalische Gegenstand, der bestimmte Sinnesdaten verursacht‹. Diese Beschreibung führt das Wissen vom Tisch auf das Wissen von den Sinnesdaten zurück. Das Wissen vom Tisch setzt die Erkenntnis voraus, daß die Aussage ›Diese Sinnesdaten sind von einem physikalischen Gegenstand verursacht‹ wahr ist. Die Beschreibung zeigt, daß das Wissen durch Bekanntschaft sich nicht auf die Sinnesdaten beschränken kann. Sie enthält den Allgemeinbegriff ... ist verursacht von ... Soll ein Wissen durch Beschreibung möglich sein, so müssen wenigstens einige Allgemeinbegriffe unmittelbar erkannt werden.

174 Das Wissen von physikalischen Gegenständen und von anderen Personen ist vermittelt, und wir müssen fragen, wie Russell diese Vermittlung genauer sieht. Zwei Möglichkeiten sind zu unterscheiden: 1. Wir schließen auf die Existenz eines erfahrungsjenseitigen Gegenstandes. Der Tisch ist zu denken als in der Erfahrung nicht gegebenes Ding an sich oder als Substanz, die erfahrungsjenseitiger Träger der uns in den Sinnesdaten zugänglichen Eigenschaften ist. Um unsere Erfahrung zu erklären, müssen wir außer den Sinnesdaten einen erfahrungsjenseitigen Gegenstand annehmen. Diesen Weg lehnt Russell ab, weil wir keine Möglichkeit haben, die Annahme durch die Erfahrung zu überprüfen. 2. Wir konstruieren den Tisch aus den unmittelbar erkannten Gegenständen, d. h. den Sinnesdaten und Universalien. Das ist der Weg, den Russell einschlägt. Eines seiner grundlegenden Prinzipien, von ihm als eine Form von ›Ockhams Rasiermesser‹ bezeichnet, lautet: »Wo immer möglich, ersetze Schlüsse auf unbekannte Entitäten durch Konstruktionen aus bekannten Entitäten« (1956, S. 326). Die Konstruktion setzt die Analyse voraus, die zeigen muß, daß unbe-

kannte Entitäten sich auf bekannte zurückführen lassen. Ihr Instrument ist die Logik der »Principia Mathematica«. Die Analyse führt zu den letzten Elementen nicht nur der Erkenntnis, sondern auch der Wirklichkeit. Sie fragt, welche Gegenstände sich durch logische Konstruktionen ersetzen lassen. Grundlage der Ontologie ist die Logik; eine falsche Logik führt zu einer falschen Ontologie. Russell wendet die Methode der Analyse auf verschiedenen Gebieten der Philosophie an.

2. Die Theorie der definiten Beschreibungen

Die Aussage ›Das runde Quadrat existiert nicht‹ stellt uns vor folgendes Dilemma: Entweder existiert das runde Quadrat nicht; dann ist die Aussage sinnlos, weil der Subjektsausdruck auf nichts referiert. Oder es existiert; dann ist sie widersprüchlich. Alexius Meinong (1853–1920) löste das Dilemma dadurch, daß er dem runden Quadrat einen eigenen ontologischen Status zuschrieb: Es ist existent, aber es existiert nicht. Für Russell ist Meinongs Theorie ein klassisches Beispiel dafür, wie sich aus einer falschen Logik eine falsche Ontologie ergibt. Das Dilemma entsteht dadurch, daß der Ausdruck ›das runde Quadrat‹ als Eigenname verstanden wird, dessen Bedeutung ein Gegenstand ist. Russells Theorie der Beschreibungen zeigt, daß die Aussage ohne die Annahme ad hoc postulierter Gegenstände verstanden werden kann. ›Das runde Quadrat‹ ist kein Eigenname, sondern eine definite Beschreibung. Der Ausdruck hat außerhalb des Aussagesatzes keine Bedeutung. Definite Beschreibungen sind Ausdrücke vom Typ ›der So-und-So‹, z. B. ›die letzte Person, die diesen Raum betrat‹, ›der Dichter der Ilias‹, ›der gegenwärtige König von Frankreich‹. Sie können zwei Defekte haben: 1. Sie treffen auf kein Individuum zu; 2. sie treffen auf mehr als ein Individuum zu. Wir verstehen ihre Bedeutung, ohne das Individuum zu kennen, auf das sie zutreffen. Das für die Ontologie entscheidende Ergebnis der Theorie der definiten Beschreibungen ist, daß Aussagen, die definite Beschreibungen enthalten, nicht als Aussagen über Gegenstände, sondern als Aussagen über Aussagefunktionen (§ 162) zu analysieren sind. ›Der gegenwärtige König von Frankreich ist kahlköpfig‹ ist demnach folgendermaßen zu analysieren: ›Die Aussagefunktion »x ist der gegenwärtige König von Frankreich und x ist kahlköpfig« ist für einen und nur einen Wert von x wahr‹. Die Analyse zeigt: Wenn der gegenwärtige König von Frankreich nicht existiert, ist die Aussage, daß er kahlköpfig ist, nicht sinnlos, sondern falsch.

176 Russell (1917, S. 231) behauptet, unsere Kenntnis der physikalischen Objekte und der anderen Personen (other minds) sei nur eine Kenntnis aufgrund von Beschreibungen. Versuchen wir, uns das anhand der Aussage ›Der Tisch, an dem ich schreibe, ist braun‹ zu verdeutlichen. Sie enthält eine bestimmte Beschreibung und ist folglich eine Aussage über eine Aussagefunktion. Wie können wir ihren Wahrheitswert feststellen? Nach Russell bedarf es dazu einer weiteren Analyse. Er unterscheidet zwischen atomaren und molekularen Aussagen (1956, S. 189–215). Molekulare Aussagen bestehen letztlich aus atomaren Aussagen, die durch logische Junktoren (›und‹, ›oder‹, ›wenn . . . dann‹) miteinander verbunden sind. Ihr Wahrheitswert ist durch den Wahrheitswert der in ihnen enthaltenen atomaren Aussagen bedingt. Eine atomare Aussage besteht aus einem ein- oder mehrstelligen Prädikatsausdruck und entsprechend vielen Eigennamen. Die Bedeutung eines Eigennamens ist der Gegenstand, den er bezeichnet. Er kann nur auf einen Gegenstand angewendet werden, mit dem der Sprecher bekannt ist. Der einzige Eigenname ist daher das Demonstrativpronomen ›dieses‹, mit dem der Sprecher sich auf ein ihm im Augenblick gegenwärtiges Sinnesdatum bezieht. (Die Eigennamen der Umgangssprache, z. B. ›Sokrates‹, sind nach Russell Abkürzungen für definite Beschreibungen.) ›Tisch‹ kann nicht Prädikatsausdruck in einer atomaren Aussage sein. ›x ist ein Tisch‹ ist daher eine (verdeckt) molekulare Aussagefunktion. Die atomaren Aussagefunktionen, in die sie zu analysieren ist, enthalten Variablen für Eigennamen und mehrstellige Prädikatsausdrücke, die Relationen zwischen den durch die Eigennamen benannten Sinnesdaten aussagen. Jedes Sinnesdatum steht völlig in sich selbst, aber es besteht nur so lange, wie unsere augenblickliche Erfahrung dauert. Der Tisch ist eine zeitliche Abfolge von Klassen, wobei die in einem bestimmten Augenblick gegebenen Sinnesdaten eine Klasse ausmachen. Da Klassen logische Fiktionen sind (§ 179), sind es auch die physikalischen Gegenstände und ebenso die Atome, die Korpuskeln und die Materie (1956, S. 271–275; 329).

3. Philosophie des Geistes

177 Sind die letzten Elemente der Wirklichkeit lediglich Bewußtseinsdaten oder haben sie eine bewußtseinsunabhängige Wirklichkeit? Die Kontroverse zwischen Idealisten und Realisten steht nicht im Mittelpunkt von Russells Interesse; die Logik, die zu den atomaren Aussagen und deren Bestandteilen führt, ist für ihn grundlegender

als die Ontologie (1956, S. 323). Alles in der Welt ist aus Ereignissen zusammengesetzt. Ereignisse haben eine begrenzte zeitliche Dauer und begrenzte, geringe räumliche Ausdehnung. Die einzigen Ereignisse, die wir unmittelbar kennen, sind die mentalen: unsere Wahrnehmungs- und Empfindungserlebnisse. Gibt es Gründe, außer ihnen bewußtseinsunabhängige Ereignisse anzunehmen? Der späte Russell (1948, S. 240–247) ist der Auffassung, daß unsere Wahrnehmungen durch physikalische Ereignisse verursacht sind. Das einzige, was sich von diesen aussagen läßt, ist, daß sie eine raumzeitliche Struktur haben müssen, die der raum-zeitlichen Struktur unserer Wahrnehmung entspricht. Ihre Qualitäten sind uns völlig unbekannt. Seine These zum Verhältnis von Materie und Geist bezeichnet Russell als »neutralen Monismus« (1927, Kap. 26). In »The Problems of Philosophy« (S. 51) hatte Russell als wahrscheinlich angenommen, daß wir ein unmittelbares Wissen unseres Selbst haben. In der Phase des Logischen Atomismus werden das Selbst und der Geist ebenso wie die Materie durch Konstruktionen aus Ereignissen ersetzt. Geist und Materie unterscheiden sich lediglich in den Relationen, die die Ereignisse miteinander verbinden. Geist und Gehirn sind nicht real voneinander unterschieden; mentale Ereignisse sind mit Gehirnprozessen identisch. Wenn wir vom Geist sprechen, meinen wir damit die Beziehungen unserer Bewußtseinsereignisse *untereinander,* der Ereignisse, die unser Bewußtsein in einem Augenblick ausmachen, und der Ereignisse in ihrer zeitlichen Abfolge, die die Geschichte einer Person ausmachen. Wenn wir vom Gehirn sprechen, betrachten wir unsere Bewußtseinsinhalte als raum-zeitliche Ganzheit, die wir als *isolierte* Ganzheit von anderen Ganzheiten unterscheiden (1956, S. 343).

Russells Semantik und Erkenntnistheorie wirft zwei Probleme auf, die im weiteren Verlauf der Analytischen Philosophie ausführlich diskutiert wurden. Sie betreffen die Beziehung zu anderen Personen. 1. Der einzige Eigenname einer logisch vollkommenen Sprache ist ›dieses‹; seine Bedeutung ist ein Sinnesdatum. Eine ideale Sprache ist daher eine Privatsprache; nur der Sprecher selbst kann sie verstehen, weil nur er die Bedeutung der Namen kennt (1956, S. 198). Wie ist aber dann eine intersubjektive Verständigung möglich? 2. Der einzige zulässige Schluß auf eine bewußtseinsunabhängige Realität ist der auf Ereignisse mit einer den Sinnesdaten entsprechenden Raum-Zeit-Struktur. Führt ein solcher Ansatz nicht notwendig zum Solipsismus? Nach Russell (1948, S. 501–505) ist die Erkenntnis anderer denkender und empfindender Wesen (other minds) nur durch einen Analogieschluß möglich. Ich beobachte an mir selbst, daß bestimmte Vorstellungen bestimmte äußere Verhaltensweisen verursachen. Ich beobachte diese Verhaltensweisen an anderen. Ich schließe aus derselben Wirkung auf dieselbe Ursache.

4. Klassen

179 Ein wichtiges Anwendungsgebiet von Ockhams Rasiermesser (§ 174) ist die Philosophie der Mathematik. Eine Kardinalzahl ist nach (Frege und) Russell eine Klasse von Klassen. So ist z. B. die Zahl 0 die Klasse aller leeren Klassen; die Kardinalzahl 1 die Klasse aller Klassen, bei denen jedes Glied mit jedem anderen identisch ist; die Zahl 2 die Klasse aller Klassen, die ein Glied haben, das nicht mit einem anderen identisch ist und bei denen jedes Glied mit dem einen oder anderen identisch ist. Klassen sind keine Individuen. Wir können von Klassen das Existenzprädikat nicht in demselben Sinn wie von Individuen aussagen. Andernfalls könnten wir beweisen, daß die Zahl der Dinge in der Welt größer ist als sie selbst. Nehmen wir eine Welt an, die aus drei Individuen a, b und c besteht. Aus ihnen lassen sich 2^3 Klassen bilden: die Nullklasse, die Klassen mit jeweils a, b und c allein als Gliedern und die Klassen mit bc, ca, ab und abc als Gliedern. Wären die Klassen in demselben Sinn Individuen wie a, b und c, so bestände die Welt von drei Individuen aus elf Individuen. Die Annahme, Klassen seien eine Spezies von Individuen, führt in die Antinomie der Klasse der Klassen, die nicht Glieder ihrer selbst sind. Normalerweise ist eine Klasse nicht Glied ihrer selbst; die Klasse der Menschen z. B. ist nicht selbst ein Mensch. Dennoch lassen sich anscheinend auch Klassen denken, die Glieder ihrer selbst sind. So ist z. B. die Klasse aller Dinge, die keine Teelöffel sind, selbst auch kein Teelöffel. Wir bilden nun den Begriff der Klasse aller Klassen, die nicht Glied ihrer selbst sind, und fragen: Ist diese Klasse Glied ihrer selbst? Nehmen wir an, sie sei ein Glied ihrer selbst. Dann ist sie eine der Klassen, die nicht Glied ihrer selbst sind, d. h. sie ist nicht Glied ihrer selbst. Nehmen wir an, sie sei nicht Glied ihrer selbst. Dann ist sie keine der Klassen, die nicht Glied ihrer selbst sind, d. h. sie ist eine der Klassen, die Glied ihrer selbst sind, d. h. sie ist Glied ihrer selbst. Die Lösung der Antinomie liegt darin, daß die Frage, ob eine Klasse Glied ihrer selbst ist, sinnlos ist. Sie beruht auf einem Mißverständnis der Symbole für Klassen. Diese Symbole sind ebenso wie die Beschreibungen unvollständige Symbole. In der richtigen Analyse der Aussagen über Klassen müssen sie verschwinden. Russells Typentheorie schreibt vor, eine Hierarchie von Klassen zu unterscheiden. Der erste Typ von Klassen sind die

Klassen, deren Glieder Individuen (Sinnesdaten) sind. Der zweite Typ sind die Klassen, deren Glieder Klassen des ersten Typs sind usw. Eine Klasse, deren Glieder Klassen sind, ist nicht in demselben Sinn eine Klasse wie die Klassen, die ihre Glieder sind. Aussagen über Klassen sind Aussagen über Aussagefunktionen. Sehr vergröbernd könnte man sagen: Die Aussage, daß eine Klasse hundert Glieder hat, entspricht in etwa der Aussage, daß eine Aussagefunktion für hundert Werte ihrer Variablen wahr ist. Genauer formuliert können Aussagen über Klassen als extensionale Aussagen über Aussagefunktionen angesehen werden. Eine extensionale Aussage über die Funktion Fx ist eine Aussage, die ihren Wahrheitswert nicht ändert, wenn wir für Fx eine formal äquivalente Funktion einsetzen. Daß zwei Aussagefunktionen, z. B. Fx und Gx, formal äquivalent sind, besagt: Für alle Werte von x, für die Fx wahr ist, ist auch Gx wahr. (Russells Beispiel: ›x ist ein Mensch‹ und ›x ist ein federloser Zweifüßler‹ sind formal äquivalent.) ›Die Klasse der Menschen hat n Glieder‹ bedeutet: ›Es gibt eine mit »x ist ein Mensch« formal äquivalente Funktion, die für n Werte von x wahr ist‹. Existenz ist für Russell wie für Frege ein Prädikat zweiter Stufe. Es besagt, daß eine Aussagefunktion für wenigstens einen Wert ihrer Variablen wahr ist. Im eigentlichen Sinn kann es nur von den Aussagefunktionen der untersten Stufe ausgesagt werden, d. h. das im eigentlich Sinn Existierende sind die Sinnesdaten. Klassen sind logische Fiktionen; Aussagen über Klassen sind auf Aussagen über Sinnesdaten zurückzuführen. (Vgl. 1956, S. 254–268; 1919, Kap. 13 und 17.)

5. Philosophie und Wissenschaft

Russell vertritt ein Cartesianisches Methodenideal. Aus unbezweifelbaren Gewißheiten soll mit Hilfe der Logik der »Principia Mathematica« eine Welt, die Russell mit *der* Welt gleichsetzt, konstruiert werden. Philosophie hat die Aufgabe, die Grundbegriffe der Wissenschaften zu klären. Die sichersten Daten, von denen sie ausgehen kann, sind die Ergebnisse der Wissenschaften. Der einzige Unterschied zwischen Wissenschaft und Philosophie ist, daß Wissenschaft das ist, was wir mehr oder weniger wissen, während Philosophie das ist, was wir nicht wissen. Philosophie hat das Ziel, sich selbst aufzuheben, indem sie ein Gebiet nach dem anderen an die Wissenschaft abtritt. Man könnte kritisch fragen, ob Russell nicht von einer verengten Phänomenbasis ausgeht und ob er nicht zu Unrecht eine Methode absolut setzt. Sind die Sinnesdaten unbezweifelbare letzte Gegebenheiten, und sind sie die einzigen unbezweifelbaren Gegebenheiten? Oder führt Moores Ansatz bei den alltäglichen Gewißheiten weiter? Ist es berechtigt, Sprachspiel und Weltbild der Wissenschaft absolut zu setzen und sie zum ausschließlichen Kriterium der Rationalität zu erheben? Oder ist Wissenschaft darauf beschränkt, Ausschnitte der Wirklichkeit unter eingeschränkten Rücksichten zu betrachten?

I. Ludwig Wittgenstein

Leben und Werke

181 Will man, wie es gelegentlich geschieht, innerhalb der Analytischen Philosophie zwischen der Philosophie der idealen Sprache (Ideal Language Philosophy) und der Philosophie der normalen Sprache (Ordinary Language Philosophy) unterscheiden, so sind für beide Richtungen entscheidende Anstöße von Wittgenstein ausgegangen. Russell wurde in seiner Periode des Logischen Atomismus von Wittgenstein beeinflußt. Seit 1922 wurde der »Tractatus logicophilosophicus« (TLP) im Wiener Kreis (§ 221) diskutiert. Schlick schreibt, er könne seine Verpflichtung gegenüber Wittgenstein schwerlich übertreiben (Schlick 1938, S. 340). Der Einfluß von Wittgensteins Philosophie der normalen Sprache in England begann damit, daß er in den Studienjahren 1933/34 und 1934/35 in Cambridge Notizen zu seinen Vorlesungen diktierte, die dann als »The Blue Book« und »The Brown Book« zirkulierten.

182 Einen Zugang zu Wittgensteins Persönlichkeit erschließt die Bemerkung seines Schülers und Freundes Georg Henrik von Wright, zwischen Wittgenstein und Pascal sei eine tiefgehende philosophische Parallele erkennbar. Wittgensteins Denken weist dieselbe Spannung auf wie das des Mathematikers und Mystikers Pascal. Wittgenstein ist Analytiker, und er sucht zugleich die mystische Dimension des Lebens. Augustinus, Kierkegaard, Dostojewski und Tolstoi haben ihn tief beeindruckt. In den verschiedenen Perioden seines Denkens hat Wittgenstein die negative, destruktive Aufgabe der Philosophie betont. »Die Philosophie ist ein Kampf gegen die Verhexung unseres Verstandes durch die Mittel unserer Sprache« (PU § 109). Dieser Kampf ist eine Therapie. Der Philosoph muß in sich viele Krankheiten des Verstandes heilen, ehe er zu den Auffassungen des gesunden Menschenverstandes kommt. Philosophie hat

das Ziel, sich selbst aufzuheben. Der Philosoph ist geheilt, wenn die philosophischen Fragen ihn in Ruhe lassen. Aber ist Vorbeugen nicht besser als Heilen? Wer sich niemals auf philosophische Fragen einläßt, braucht sich von ihnen auch nicht zu befreien. Wittgensteins Antwort darauf könnte man als Lehre von der philosophischen Erbsünde bezeichnen. Jeder ist krank und folglich auf die Erlösung von der Philosophie angewiesen. In unsere Alltagssprache ist eine Philosophie eingebettet; indem wir unsere Muttersprache lernen, werden wir von den Krankheiten des Verstandes befallen. Sprache und Lebensform bilden nach Wittgenstein eine Einheit; die Sprache enthält eine Sicht des Lebens. Der Kampf gegen die Sprache ist deshalb für Wittgenstein der Kampf gegen die Mythologie und Ideologie einer Zeit. In einer früheren Fassung des Vorworts zu den »Philosophischen Bemerkungen« schreibt er: »Dieses Buch ist für diejenigen geschrieben, die dem Geist, in dem es geschrieben ist, freundlich gegenüberstehen. Dieser Geist ist, glaube ich, ein anderer als der der großen Stromes der europäischen und amerikanischen Zivilisation. Der Geist dieser Zivilisation, dessen Ausdruck die Industrie, Architektur, Musik, der Faschismus und der Sozialismus unserer Zeit ist, ist dem Verfasser fremd und unsympathisch« (Werkausgabe Bd. 8, S. 458). Die Krankheit der Philosophie kann nur durch eine veränderte Lebensweise geheilt werden. »Die Arbeit an der Philosophie ist . . . eigentlich mehr die Arbeit an einem selbst. An der eigenen Auffassung. Daran, wie man die Dinge sieht. (Und was man von ihnen verlangt.)« (ebd. S. 472)

Ludwig Josef Johann Wittgenstein wurde am 26. 4. 1889 in Wien 183 geboren. Nach dem Schulabschluß in Linz 1906 studierte er an der Technischen Hochschule Berlin-Charlottenburg Maschinenbau. Vom Herbst 1908 bis zum Herbst 1911 war er an der Abteilung für Ingenieurwissenschaften der Universität Manchester eingeschrieben. Während dieser Zeit beschäftigte er sich mit aeronautischen Forschungen. Wittgensteins erste Begegnung mit der Philosophie war Schopenhauers »Die Welt als Wille und Vorstellung«. Die Arbeit in Manchester lenkte sein Interesse auf die Grundlagen der Mathematik. Er las Russells »The Principles of Mathematics« und beschloß, das Ingenieurstudium aufzugeben. Frege, den er 1911 in Jena besuchte, riet ihm, zu Russell zu gehen. Von Anfang 1912 bis zum Sommer 1913 studierte Wittgenstein am Trinity College in Cambridge. Danach lebte er in völliger Zurückgezogenheit auf seine logischen Probleme konzentriert in Norwegen. Am Ersten Weltkrieg nahm Wittgenstein als Freiwilliger der Österreichischen Armee teil. Als er im November 1918 in italienische Kriegsgefangenschaft kam, war der TLP abgeschlossen. Im Dezember 1919 traf

Wittgenstein sich mit Russell in Den Haag, um über den TLP zu diskutieren. Vom September 1919 bis zum Juli 1920 besuchte Wittgenstein die Lehrerbildungsanstalt in Wien. Bis 1926 war er Lehrer in Trattenbach bei Kirchberg am Wechsel, in Puchberg am Schneeberg und in Otterthal. Vom Herbst 1926 bis zum Herbst 1928 baute er zusammen mit dem Architekten Paul Engelmann in der Kundmannsgasse in Wien ein Haus für seine Schwester Margarete Stonborough. Das Haus »ist frei von allem Schmuck und ausgezeichnet durch eine strenge Genauigkeit in Maß und Proportion. Seine Schönheit ist von der gleichen einfachen und statischen Art, die den Sätzen des ›Tractatus‹ eigen ist« (von Wright). Während der Jahre als Lehrer und Architekt hatte Wittgenstein die Verbindung zur Philosophie nicht völlig verloren. 1923 und 1924 besuchte ihn der Cambridger Mathematiker und Philosoph Frank Ramsey (1903–1930), der eine eindringende Rezension des TLP veröffentlicht hatte (in: Mind 32 [1923]). Seit Sommer 1927 hatte Wittgenstein Kontakte zu einigen Mitgliedern des Wiener Kreises (§ 221). Es wird vermutet, daß ein Vortrag über die Grundlagen der Mathematik, den L. E. J. Brouwer am 10. 3. 1928 in Wien hielt, der entscheidende Anstoß für Wittgensteins Rückkehr zur Philosophie war. Im Januar 1929 fuhr er nach Cambridge, wo er im Juni nach einer mündlichen Prüfung bei Russell und Moore mit dem TLP promoviert und 1930 Fellow des Trinity College wurde. Im Sommer 1936 ging Wittgenstein für neun Monate nach Norwegen; dort begann er mit der Niederschrift der »Philosophischen Untersuchungen«. 1939 wurde er Nachfolger Moores auf dem Lehrstuhl für Philosophie in Cambridge. Während des Zweiten Weltkrieges arbeitete Wittgenstein am Guy's Hospital in London und an einer Klinik in Newcastle. Ab Oktober 1944 hielt er wieder Vorlesungen in Cambridge. Im Oktober 1947 gab er seine Professur auf. Er lebte zurückgezogen an verschiedenen Orten in Irland. Im Herbst 1949 stellte sich heraus, daß er an Krebs erkrankt war. Er starb am 29. 4. 1951 im Haus seines Arztes in Cambridge.

184 Die »Logisch-philosophische Abhandlung« erschien 1921 in Ostwalds »Annalen der Naturphilosophie« und 1922 mit einer Einleitung von Russell und einer englischen Übersetzung von C. K. Ogden unter dem von Moore vorgeschlagenen Titel »Tractatus logico-philosophicus«. Außer dem TLP hat Wittgenstein nur ein »Wörterbuch für Volksschulen« (Wien 1926) und den Aufsatz »Some Remarks on Logical Form« (in: Proceedings of the Aristotelian Society, Suppl. Vol. 9 [1929]) veröffentlicht. In seinem Testament setzte er R. Rhees, G. E. M. Anscombe und G. H. von Wright als Nachlaßverwalter ein. 1953 erschienen die von Wittgenstein für die

Veröffentlichung bestimmten »Philosophischen Untersuchungen«
(PU; Werkausgabe Bd. 1), das wichtigste Werk seiner zweiten phi-
losophischen Periode, an dem er von 1936 bis 1949 gearbeitet hat.
Eine frühere Fassung der PU umfaßt eine zweite Hälfte über die
Philosophie der Mathematik (aus den Jahren 1937 bis 1944), die
Wittgenstein aus dem endgültigen Manuskript herausnahm. Sie
wurde, durch andere Texte des Nachlasses ergänzt, unter dem Titel
»Bemerkungen über die Grundlagen der Mathematik« (Werkaus-
gabe Bd. 6) herausgegeben. Die »Philosophischen Bemerkungen«
(Werkausgabe Bd. 2) wurden in der veröffentlichten Form von
Wittgenstein 1930 geschrieben. Die »Philosophische Grammatik«
(Werkausgabe Bd. 4) wurde von den Herausgebern aus Arbeiten
der Jahre 1932 bis 1934 zusammengestellt. Vom Mai 1946 bis zum
März 1949 befaßte Wittgenstein sich mit psychologischen Begriffen. Ein Teil dieser Aufzeichnungen ist in folgenden Veröffentli-
chungen, die sich z. T. überschneiden, zugänglich: in Teil II der
PU, in den »Zetteln« (Werkausgabe Bd. 8) und in den »Bemerkungen über die Philosophie der Psychologie« (Werkausgabe Bd. 7).
Von Mitte 1949 bis zu seinem Tod arbeitete Wittgenstein, von
Moores Aufsatz »A Defence of Common Sense« ausgehend, an erkenntnistheoretischen Problemen. Seine Aufzeichnungen dazu erschienen unter dem Titel »Über Gewißheit« (ÜG). Aus derselben
Zeit stammen die »Bemerkungen über die Farben«. Unter dem Titel »Vermischte Bemerkungen« (VB) wurden Notizen aus der Zeit
von 1929 bis 1951 herausgegeben, die vor allem Fragen der Kunst
und Religion betreffen (Werkausgabe Bd. 8).

Literatur:

Bibliographien:

Lapointe 1980   Gabel 1988
Shanker 1986   Frongia/McGuiness 1990

Biographisches:

Wuchterl/Hübner 1979   Rhees 1987
Janik/Toulmin 1984   McGuiness 1988
Wünsch 1985   Monk 1992
Malcolm 1987

Einführungen:

Waismann 1976 (systematische Einführung in die Philosophie W.s von
    1929—1936)
Kenny 1974   Schulte 1989a

143

Gesamtdarstellungen:

Hacker 1986   Pears 1987/1988
Malcolm 1986

Aufsatzsammlungen:

v. Wright 1986 (u. a. über W.s Nachlaß)
McGuiness/Haller 1989   Schulte 1990
Hintikka 1990   Winch 1992

I. Der Tractatus

1. Ontologie

185 »Die Welt ist alles, was der Fall ist« (TLP 1). »Die Welt ist die Gesamtheit der Tatsachen, nicht der Dinge« (1.1). Diese beiden ersten Sätze des TLP stellen einer Ontologie der Dinge eine Ontologie der Tatsachen gegenüber. Sie ergibt sich aus dem sprachlichen Zugang zur Wirklichkeit. Wir sehen Dinge, aber wir sprechen *über* Dinge. Die elementare sprachliche Einheit, mit der wir uns auf die Wirklichkeit beziehen, ist der Aussagesatz; das Äußern eines bloßen Wortes hat als solches noch keinen Wirklichkeitsbezug. Aussagesätze können wahr oder falsch sein. Wenn sie wahr sind, muß ihnen in der Wirklichkeit etwas entsprechen, das sie wahr macht: die Tatsachen. Der TLP unterscheidet zwischen Tatsachen und Sachverhalten. Sachverhalt ist der weitere und Tatsache der engere Begriff. Sachverhalte lassen sich unterteilen in bestehende Sachverhalte (Tatsachen) und nicht bestehende Sachverhalte (bloße Sachverhalte) (2.04–2.06). Ein Sachverhalt wird dargestellt durch einen sinnvollen und eine Tatsache durch einen wahren vollständig analysierten Aussagesatz (Elementarsatz). Sachverhalte bzw. Tatsachen bestehen aus Gegenständen oder Dingen; der Sachverhalt ist eine mögliche und die Tatsache eine wirkliche Verbindung von Gegenständen (2.01). Während nach Frege der Gegenstand abgeschlossen ist, ist der Gegenstand des TLP wie Freges Funktion ungesättigt oder ergänzungsbedürftig (§ 162). Gegenstände können nur in der möglichen Verbindung mit anderen Gegenständen gedacht werden. Wir können uns z. B. einen Käfer nur denken als etwas, das Farbe und Gestalt hat bzw. *eine* bestimmte Farbe und Gestalt haben *kann* (2.011; 2.0121; 2.0131). Gegenstände haben folglich keinen ontologischen Selbststand. Sie *sind* nur in Verbindung mit anderen Gegenständen. Ihr ›Selbstand‹ erschöpft sich darin,

daß ein und derselbe Gegenstand in verschiedenen Sachverhalten vorkommen kann (2.0122). Es ist für den Gegenstand wesentlich, Bestandteil eines Sachverhalts sein zu können, und es macht das Wesen eines bestimmten Gegenstandes aus, in welchen Sachverhalten er vorkommen kann. Wittgenstein bringt in der Tagebuchnotiz vom 22. 6. 1915 (Werkausgabe Bd. 1, S. 164) folgendes Beispiel: Ein Stab kann im Unterschied zu einer Kugel an der Wand lehnen. Daß der Stab an der Wand lehnt, ist eine mögliche Verbindung dieser beiden Gegenstände. Diese Möglichkeit gehört zum Wesen des Stabes. Die mit einem Ding untrennbar verbundene Möglichkeit, in bestimmten Sachverhalten vorzukommen, bezeichnet Wittgenstein als dessen interne Eigenschaften; ihre Gesamtheit ist die Form des Gegenstandes. Von den internen sind die externen Eigenschaften zu unterscheiden; sie kommen einem Ding durch die tatsächliche Verbindung mit anderen Dingen zu (2.0121; 2.0131; 2.0141; 2.0124; 2.0231; 2.0251).

Im Unterschied zu den Dingen der Alltagswelt sind die Gegenstände des TLP, die sich zu Tatsachen verbinden und so die letzten Bestandteile (die »Substanz«) der Welt bilden, einfach und unzerstörbar (2.02; 2.021). Wittgenstein bringt an keiner Stelle ein Beispiel eines solchen einfachen Gegenstandes. Die einfachen Gegenstände werden vielmehr durch eine apriorische Argumentation erschlossen. Die Analyse des elementaren Aussagesatzes führt mit logischer Notwendigkeit zur Annahme der Existenz ontologisch einfacher Gegenstände. Eines der Argumente läßt sich etwa folgendermaßen rekonstruieren: 1. Ein elementarer Aussagesatz besteht aus Namen (4.22). 2. Über diese Namen erhält der Satz seinen Sinn in der Weise, daß diese Namen Gegenstände als ihre Bedeutung haben. Der Name hat nur dadurch eine Bedeutung, daß er auf einen existierenden Gegenstand referiert (3.203). 3. Ob ein Satz einen Sinn hat, ist keine empirische Frage. Der Sinn eines Satzes kann nicht von der Existenz der zerstörbaren Gegenstände der Erfahrungswelt abhängen. Ein Satz muß auch dann seinen Sinn behalten, wenn alles zerstört ist (vgl. PU §§ 39; 55). 4. Folglich müssen die Bedeutungen der Namen unzerstörbare und d. h. einfache Gegenstände sein.

PU § 60 verdeutlich diese Argumentation am Beispiel des Satzes
(1) Mein Besen steht in der Ecke.
Die Aussage über den Besen ist eine Aussage über einen Komplex. Sie ist zu zerlegen in a) eine Aussage über die Bestandteile des Komplexes, und b) in Aussagen, die die Beziehungen dieser Bestandteile zueinander angeben (2.0201). Im Beispiel: a) ›Die Bürste steht in der Ecke, und der Stiel steht in der Ecke‹; b) ›Die Bürste

steckt im Stiel‹. Bürste und Stiel sind aber ihrerseits wiederum Komplexe, so daß die Analyse fortzuführen ist, bis wir zu einfachen, unzerstörbaren Gegenständen kommen. Wenn der Besen zerstört ist, ist (1) falsch, weil die Aussagen unter b) falsch sind; die einfachen Gegenstände befinden sich nicht in der Anordnung, daß sie einen Besen bilden. Dennoch ist (1) sinnvoll, denn in seiner vollständig analysierten Form enthält dieser Satz Namen, deren Bedeutung die unzerstörbaren Gegenstände sind. – Unter den Interpreten des TLP ist umstritten, ob Wittgenstein unter Gegenständen nur Einzeldinge oder auch Universalien (ein- und mehrstellige Prädikate) versteht. Die erste Interpretation hat die besseren Gründe für sich. Nach ihr sind die Qualitäten (einstellige Prädikate) auf Relationen (mehrstellige Prädikate) zurückzuführen. Relationen selbst sind keine Gegenstände, sondern nur Anordnungen von Gegenständen (2.2071–2.033). Dieser Anordnung oder Struktur entspricht im Elementarsatz kein eigenes Symbol; sie wird durch die Anordnung der Namen dargestellt (2.15; 3.1431).

2. Die Abbildtheorie des Satzes

187 In der Tagebucheintragung vom 29. 9. 1914 vergleicht Wittgenstein den Satz mit der probeweisen Zusammenstellung von Puppen und Spielzeugautos in einem Pariser Gerichtssaal, um den möglichen Verlauf eines Verkehrsunfalls darzustellen. Für das Verständnis der Abbildtheorie des Satzes ist wichtig, daß das Bild eine Tatsache ist: daß die Spielzeugautos und Puppen in bestimmter Weise angeordnet sind (2.14; 2.141; 2.15). Dasselbe gilt vom Satz: »Das Satzzeichen ist eine Tatsache« (3.14–3.1432). Wenn das Bild eine Tatsache ist, so weist es die ontologische Beschaffenheit der Tatsachen auf: Es besteht aus Gegenständen; diese haben eine Form, durch die vorgegeben ist, in welcher Weise die Gegenstände miteinander verbunden werden können; die Verbindung der Gegenstände in einer Tatsache hat eine Struktur. Zum Bild einer Tatsache wird eine Tatsache durch die Form der Abbildung, die Bild und Abgebildetes miteinander gemeinsam haben (2.16–2.171). Sie besteht darin, daß zwischen den abbildenden dieselben Beziehungen wie zwischen den abgebildeten Dingen hergestellt werden können (2.15; 2.151). Die Puppen und Spielzeugautos im Pariser Gerichtssaal sind wie die abgebildeten Menschen und Autos räumliche Gegenstände; deshalb können alle räumlichen Beziehungen zwischen den abgebildeten auch zwischen den abbildenden Gegenständen hergestellt werden. Wie aber kann z. B. das zweidimensionale Gebilde eines

geschriebenen Satzes die zeitliche Abfolge von Ereignissen darstellen? Wie kann die Notenschrift Höhe, Dauer und Abfolge von Tönen abbilden (4.011)? Dazu müssen wir den abbildenden Gegenständen eine neue, die »logische« Form verleihen. Wir nehmen deshalb eine Zuordnung vor zwischen den Elementen des Bildes und denen des Abgebildeten, und wir setzen fest, daß zwischen den Elementen des Bildes nur die Beziehungen möglich sein sollen, die zwischen den Elementen des Abgebildeten bestehen können (2.1514). Wir legen z. B. zwei Bücher in einem bestimmten Abstand nebeneinander, um dadurch den zeitlichen Abstand zweier Ereignisse abzubilden. Dabei nehmen wir folgende Zuordnung vor: Bücher = Ereignisse; räumlicher Abstand = zeitlicher Abstand. Dadurch verleihen wir den Büchern eine logische Form, die sie zu Elementen eines Bildes macht. Von der logischen Form her sind zwischen den Elementen des Bildes nur die Beziehungen zulässig, die zwischen den Elementen des Abgebildeten aufgrund deren realer Form möglich sind (2.18–2.22; 4.014; 4.0141). Ein Bild kann die Wirklichkeit nur deshalb abbilden, weil es mit ihr die Form der Abbildung gemeinsam hat. Daraus folgt, daß die Form der Abbildung selbst nicht abgebildet werden kann. Was Voraussetzung der Abbildung ist, kann nicht selbst im Bild dargestellt werden. Auf die Sprache angewendet bedeutet das: Die logische Form, die es ermöglicht, daß die Sprache die Wirklichkeit abbildet, kann nicht selbst durch die Sprache dargestellt werden. Was Sprache und Wirklichkeit gemeinsam haben, kann nicht ausgesprochen, sondern nur durch den Gebrauch der sprachlichen Symbole gezeigt werden (2.172–2.174; 4.12–4.1213).

3. Philosophie der Logik

Die Elementarsätze (§ 185) (symbolisiert durch ›p‹, ›q‹) werden durch logische Junktoren (z. B. ›nicht‹, ›und‹, ›oder‹, ›wenn . . . dann‹) und Quantoren (›für alle Dinge‹, ›für einige Dinge‹) miteinander zu Sätzen verbunden. Der Wahrheitswert eines Satzes ist bedingt durch die Wahrheitswerte der in ihm verbundenen Elementarsätze (5; 5.01). (So hat z. B. ›nicht p‹ den Wahrheitswert Wahr [W], wenn ›p‹ den Wahrheitswert Falsch [F] hat.) Anders formuliert: Die möglichen (Kombinationen der) Wahrheitswerte der Elementarsätze (ihre Wahrheitsmöglichkeiten) sind die Bedingungen der Wahrheit bzw. Falschheit dieses Satzes (4.41). Die Wahrheitsmöglichkeiten lassen sich in Wahrheitstafeln (4.31) darstellen, z. B. für den Satz ›p und q‹:

Wahrheitsmöglichkeiten von		Wahrheitswert von
p	q	p und q
W	W	W
F	W	F
W	F	F
F	F	F

Ein Satz, der für alle Wahrheitsmöglichkeiten seiner Elementarsätze wahr ist, ist eine Tautologie (z. B. ›p oder nicht p‹); ein Satz,
der für alle Wahrheitsmöglichkeiten seiner Elementarsätze falsch
ist, ist eine Kontradiktion (z. B. ›p und nicht p‹) (4.46). Die Sätze
der Logik sind Tautologien (6.1). So läßt sich z. B. für den Satz vom
ausgeschlossenen Dritten (›p oder nicht p‹) anhand der Methode
der Wahrheitstafeln zeigen, daß er für alle Wahrheitsmöglichkeiten
von p den Wahrheitswert W hat. Im Unterschied zu den Namen
der Elementarsätze bezeichnen die Symbole der logischen Kon-
stanten nichts (4.0312). So entspricht z. B. dem Elementarsatz ›p‹
und dem Satz ›nicht p‹ ein und dieselbe Wirklichkeit, denn das Bestehen ein und desselben Sachverhalts macht ›p‹ wahr und ›nicht p‹
falsch. Das zeigt, daß dem Negationszeichen in der Wirklichkeit
nichts entspricht (4.0621). Die Sätze der Logik beruhen ausschließlich auf den syntaktischen Regeln der logischen Symbole. Wenn
wir die logische Syntax einer Zeichensprache kennen, sind alle
Sätze der Logik bereits gegeben (6.124; 6.126). Die logische Syntax
beschränkt sich darauf, die Symbole zu beschreiben und ihre Beziehungen zueinander festzusetzen; in ihr darf niemals von der Bedeutung eines Symbols die Rede sein (3.33; 3.344). So setzt die logische Syntax z. B. fest, daß alle logischen Junktoren sich durch
›nicht‹ und ›oder‹ ersetzen lassen (3.3441). (So läßt sich z. B. ›p und
q‹ durch ›nicht [p oder nicht q]‹ ersetzen.) Die Wahrheit der logischen Sätze kann allein anhand der Symbole erkannt werden; es bedarf keines Rückgriffs auf die Wirklichkeit (6.113). Alle Sätze der
Logik sind gleichberechtigt; es gibt unter ihnen keine Grundgesetze und abgeleitete Sätze. Das ergibt sich daraus, daß die logischen Sätze Tautologien sind. Um zu beweisen, daß ein Satz eine
Tautologie ist, brauchen wir nicht auf andere Sätze zurückzugrei-
fen; es genügt, mit Hilfe der Methode der Wahrheitstafeln zu zeigen, daß der Satz für alle Wahrheitsmöglichkeiten seiner Elementarsätze den Wahrheitswert W hat (6.127). Jeder Beweis aufgrund
logischer Gesetze läßt sich auf eine Tautologie zurückführen. Das
z. B. der Satz ›q‹ aus dem Satz ›wenn p, dann q; und p‹ folgt, läßt

sich dadurch beweisen, daß wir die beiden Sätze zu dem Satz ›wenn (wenn p, dann q; und p) dann q‹ verbinden und dann zeigen, daß dieser letzte Satz eine Tautologie ist (6.1201; 6.121; 6.1221; 6.1262).

Literatur:

Anscombe 1959
Black 1964
Griffin 1965
Copi/Beard 1966

Müller 1967
Stenius 1969
Schulte 1989 b

3. Das Ethische

Der TLP will die Grenzen der Sprache und damit die Grenzen des 189 Denkens und der Welt ziehen (5.6). Die Lehre vom sinnvollen Satz zeigt, was innerhalb dieser Grenzen liegt. Damit soll aber zugleich das Unsagbare und Undenkbare von innen her begrenzt werden. Die Grenzziehung will auf das verweisen, was jenseits der Grenze liegt (4.113−4.115). Der Schluß des TLP (ab 6.41) befaßt sich mit den Fragen nach dem Sinn der Welt und des Lebens und der Erfahrung des Transzendenten. Die Tagebucheintragungen vom 11. 6. bis zum 8. 7. 1916 (Werkausgabe Bd. 1) zeigen, daß es dabei um ein und dieselbe Sache geht. Wittgenstein bezeichnet sie oft als das »Ethische«. Den Sinn des Lebens können wir Gott nennen. Er ist kein Inhalt, der zu anderen Inhalten des Lebens hinzukäme. Der hat den Sinn des Lebens und d. h. Gott gefunden, der außer seinem Leben keinen Zweck mehr braucht und in der Gegenwart lebt. Das Ethische ist die Stellungnahme des Subjekts zur Welt als ganzer. Gut ist der Wille, der die Welt und das Schicksal bejaht. Ethik und Ästhetik sind eins (6.421). Die Ästhetik betrachtet einen Gegenstand und die Ethik die Welt sub specie aeternitatis. Die Ästhetik sieht ein Ding in seinen Beziehungen zu allen anderen Dingen und als Spiegel der gesamten Welt, als Mikrokosmos. Die Ethik erfährt die Welt als begrenztes Ganzes; sie ist bestimmt vom Erlebnis des Staunens, daß dieses begrenzte Ganze existiert. In der ethischen Haltung hört der Mensch auf, sein empirisches Ich als das Wichtigste in der Welt zu betrachten. Er nimmt einen überpersönlichen Standpunkt ein. Er betrachtet sich selbst als einen Teil der Welt unter anderen und begegnet dem, was ihm zustößt, mit Gelassenheit. Eine wichtige Hilfe für das Verständnis der letzten Sätze des TLP ist Wittgensteins Vortrag über Ethik (1929/30). Dort sind drei Erlebnisse genannt, die die Erfahrung des Ethischen oder Mystischen

ausmachen: das Staunen, daß die Welt existiert; das Gefühl der absoluten Geborgenheit; das Schuldgefühl. Staunen und Geborgenheit sind mit der Bejahung der Welt verbunden. Das Böse ist die
Ablehnung der Welt; deshalb ist der Selbstmord die elementare
Sünde (Tagebuch 10. 1. 1917).

Literatur:

McGuiness 1966   Kerr 1988
Baum 1979   Ricken 1989; 1992

II. Die Philosophischen Untersuchungen

1. Die Methode

190 Der TLP weist Gemeinsamkeiten mit der Tradition der Metaphysik auf. Wie diese orientiert er sich am Aussagesatz. Der Begriff der
Form der Gegenstände kann mit dem traditionellen Begriff des
Wesens verglichen werden. Wenn wir von den logischen Konstan-
ten absehen und uns auf den Elementarsatz beschränken, so vertritt
der TLP eine Entsprechung von Sprache und Wirklichkeit; sie
müssen eine identische Form haben. Metaphysisch ist die Zweiwel-
tenlehre des TLP: Unter der Oberfläche der Erscheinungen ist das
Wesen der Sprache, des Satzes, des Denkens verborgen, das die
Analyse ausgraben soll (PU § 92). Die PU unterziehen den TLP einer radikalen Kritik. Die Methode des TLP ist verfehlt; sie ist
apriorisch und dogmatisch. Daß der Sinn eines jeden Satzes eindeutig bestimmt sei und es deshalb eine und nur eine vollständige Analyse des Satzes gebe (TLP 3.25), ist eine bloße Forderung und ein
bloßes Ideal, dem nichts in der Wirklichkeit entspricht. Der späte
Wittgenstein wendet sich entschieden gegen jeden Versuch einer
Erklärung. Philosophische Probleme sind nicht durch Erklären,
sondern nur durch Beschreiben zu lösen (PU § 109). Metaphysik
entsteht, wenn wir etwas erklären, was nicht erklärt werden kann
und nicht erklärt zu werden braucht; wenn wir dort weiterfragen,
wo nichts mehr weiterzufragen ist. Die eigentliche Schwierigkeit
einer philosophischen Untersuchung besteht nicht darin, eine Lösung zu finden, sondern etwas als Lösung anzuerkennen, was aussieht, als wäre es erst eine Vorstufe zu ihr (Zettel § 314). Unser Fehler besteht darin, daß wir nach einer Erklärung suchen, wo die

Lösung bereits mit der Beschreibung gegeben ist (PU §§ 124; 126). Die Beschreibung stellt nach Gesichtspunkten, die sich aus den zu destruierenden philosophischen Problemen ergeben, Gebrauchsweisen der Sprache zusammen, um Ähnlichkeiten und Unterschiede deutlich zu machen. Auf diese Weise macht sie den Sprachgebrauch übersichtlich. Sie zeigt, wie die Sprache tatsächlich arbeitet und zerstört so die metaphysischen Konstruktionen (PU §§ 109; 122).

Verdeutlichen wir uns diese Methode an einem für die Kritik des TLP zentralen Beispiel. Der TLP fordert einfache Gegenstände. ›Einfach‹ ist in ihm ein metaphysischer Begriff, und der TLP muß voraussetzen, daß ›einfach‹ ein eindeutiges Wort ist. Die §§ 46–48 der PU zerstören diese Metaphysik, indem sie verschiedene Verwendungsweisen von ›einfach‹ zusammenstellen und so das Wort von seiner metaphysischen auf seine alltägliche Verwendung zurückführen. Sie machen die Sprachabhängigkeit der Wirklichkeitsauffassung deutlich. ›Einfach‹ bedeutet ›nicht zusammengesetzt‹. Zu fragen ist ›Unter welcher Rücksicht nicht zusammengesetzt?‹ Woraus ist ein Schachbrett zusammengesetzt? Offensichtlich aus 32 weißen und 32 schwarzen Quadraten. »Aber könnten wir z. B. nicht auch sagen, es sei aus den Farben Weiß, Schwarz und dem Schema des Quadratnetzes zusammengesetzt?«. ›Einfach‹ bezeichnet keine sprachunabhängige ontologische Beschaffenheit. Es drückt eine Sicht aus, die wir an die Dinge herantragen, eine Art und Weise, wie wir Gegenstände zergliedern oder zusammenordnen. Jede sinnvolle Prädikation von ›einfach‹ setzt voraus, daß der Sprecher auf die Frage antworten kann ›Was verstehst du unter »einfach«?‹ ›Einfach‹ wird »in einer Unzahl verschiedener, in verschiedenen Weisen miteinander verwandten, Arten benützt«.

2. Die Gebrauchstheorie der Bedeutung

Ein Zusatz zu PU § 22 gibt uns, wenn wir von TLP herkommen, 191 einen ersten Einstieg in Wittgensteins neues Verständnis der Sprache. »Denken wir uns ein Bild, einen Boxer in bestimmter Kampfstellung darstellend. Dieses Bild kann nun dazu gebraucht werden, um jemand mitzuteilen, wie er stehen, sich halten soll; oder wie ein bestimmter Mann dort und dort gestanden hat; oder etc. etc. Man könnte dieses Bild (chemisch gesprochen) ein Satzradikal nennen.« Der Text unterscheidet zwei Elemente: das Satzradikal und seinen Gebrauch. Das Satzradikal gibt einen Sachverhalt wieder. Wir können es durch einen daß-Satz (›daß der Boxer so und so steht‹) darstellen. Die Unvollständigkeit des sprachlichen Ausdrucks zeigt, daß wir mit der Äußerung des Satzradikals noch nichts mitteilen. Ein Zug im Sprachspiel kommt erst dadurch zustande, daß wir das Satzradikal bzw. das Bild zu etwas gebrauchen, indem wir z. B. den daß-Satz folgendermaßen ergänzen: ›Ich behaupte, daß . . .‹, ›Ich wünsche, daß . . .‹. Die verschiedenen Möglichkeiten, das Bild zu gebrauchen, hat der TLP nicht gesehen. Nach ihm kann das Bild nur als Abbild der Wirklichkeit fungieren (TLP 4.022). Die Unterscheidung zwischen Satzradikal und Gebrauch darf nicht so verstanden werden, als ob die Abbildtheorie zwar ergänzungsbedürftig wäre, aber dennoch in der Weise gültig bliebe, daß das Satzradikal ein Bild im Sinne des TLP wäre. Vielmehr wird die Namentheorie der Bedeutung völlig aufgegeben. Der TLP gebraucht das Wort ›Bedeutung‹ sprachwidrig, wenn er damit das Ding bezeichnet, das dem Wort ›entspricht‹. Er verwechselt die Bedeutung eines Namens mit dessen Träger (PU § 40). Die Bedeutung eines Namens (und überhaupt eines Wortes) ist nicht ein Gegenstand, sondern sein Gebrauch in der Sprache (PU § 43).

3. Die Sprachspiele

192 Wittgenstein verdeutlicht seine neue Auffassung der Sprache durch den Vergleich mit Spielen. In einem Gespräch im Wiener Kreis über die Grundlagen der Mathematik (19. 6. 30; in: Werkausgabe Bd. 3, S. 103 ff.) gebraucht er die Analogie des Schachspiels. Wie einer Schachfigur ist einem Zahlzeichen oder einem Wort eine Menge von Regeln zugeordnet. Erst diese Regeln, nicht das äußere Aussehen, machen eine Figur zu einer Schachfigur. Ebenso erhält ein Wort erst durch die Regeln der Syntax (vgl. §§ 188, 232) eine Bedeutung. Wie die Regeln des Schachspiels sind die der Syntax willkürlich; sie können nicht durch Berufung auf die Wirklichkeit gerechtfertigt werden. Die Regeln des Schachspiels bestimmen, welche Züge mit einer Figur und welche Anordnungen der Figuren möglich sind; ebenso bestimmen die Regeln der Syntax, in welche Verbindungen mit welchen anderen Wörtern ein Wort eintreten kann. Der Unterschied zur Sprachauffassung des TLP wird deutlich durch Wittgensteins Kritik an Frege. Für ihn »stand die Alternative so: Entweder wir haben es mit den Tintenstrichen auf dem Papier zu tun, oder diese Tintenstriche sind Zeichen *von etwas*, und das, was sie vertreten, ist ihre Bedeutung. Daß diese Alternative nicht richtig ist, zeigt gerade das Schachspiel: Hier haben wir es nicht mit den Holzfiguren zu tun, und dennoch vertreten die Fi-

guren nichts, sie haben in Freges Sinn keine Bedeutung. Es gibt eben noch etwas drittes, die Zeichen können verwendet werden wie im Spiel«.

Wittgenstein sah später, daß der Schachspielvergleich Grenzen hat. 193 Er löst die Sprache aus dem übrigen Lebenszusammenhang heraus. Im Unterschied zum Schachspiel hat die Sprache keine Regeln für alle einzelnen Fälle. Die Regeln der Sprache lassen ihre Anwendung offen, während diese im Schachspiel eindeutig bestimmt ist. Der Schachspielvergleich verführt zu der irrigen Annahme, es gebe *ein* eindeutiges System von Regeln, das notwendige und hinreichende Bedingung jedes sinnvollen Sprachgebrauchs ist. Die Ausführungen über die Sprachspiele in den PU korrigieren diese Mängel. Es seien vier Anliegen skizziert, denen der Vergleich dort dient.

1. Die methodische Aufgabe. In § 12 der PU vergleicht Wittgen- 194 stein die Wörter mit den Handgriffen auf dem Führerstand einer Lokomotive. Diese sehen alle mehr oder weniger gleich aus, haben aber verschiedene Funktionen. Ebenso können Wörter, die unterschiedlichen Aufgaben erfüllen, äußerlich gleichförmig sein. ›Ist‹ kann als Kopula oder als Identitätszeichen verwendet werden; ›gut‹ und ›rot‹ haben beide die grammatische Form des Adjektivs; wir sagen, jedes Wort habe eine ›Bedeutung‹ oder ›bezeichne‹ etwas. Diese äußere Gleichförmigkeit umgibt das Arbeiten der Sprache mit einem Dunst. Der Verführung durch sie erliegen vor allem Philosophen, wenn sie z. B. eine allgemeine Theorie der Bedeutung aufstellen oder nach dem Sein als solchem fragen. Wittgenstein erfindet deshalb primitive Sprachspiele, in denen das Funktionieren der Sprache sich klar übersehen läßt. »Es zerstreut den Nebel, wenn wir die Erscheinungen der Sprache an primitiven Arten ihrer Verwendung studieren, in denen man den Zweck und das Funktionieren der Wörter klar übersehen kann« (PU § 5). Ein solches primitives Sprachspiel ist in § 2 der PU beschrieben. In ihm lassen sich folgende Elemente unterscheiden: a) Ein Lebenszusammenhang. Ein Maurer baut zusammen mit seinem Gehilfen ein Haus. b) Ein Vokabular, das aus vier Wörtern besteht. c) Eine Sprach- und Aktionsgemeinschaft. Maurer und Gehilfe verständigen sich durch den Gebrauch des Vokabulars. Der Maurer ruft ›Platte‹, und der Gehilfe befolgt diese Aufforderung. d) Kriterien des Verstehens. Der Gehilfe hat den Ruf verstanden, wenn er die Platte anreicht.

2. Essentialismuskritik. Dem Wort ›Sprache‹ entspricht ebensowe- 195 nig wie dem Wort Spiel *eine* Definition, die auf alle Erscheinungen, die wir als Sprachen bezeichnen, bzw. auf alle Spiele zuträfe. Wer das annimmt, schließt fälschlicherweise von *einem* Wort auf *ein* Wesen. Statt dieses apriorischen Vorgehens fordert Wittgenstein,

die Sprache zu beobachten. »Sag nicht: ›Es muß ihnen etwas gemeinsam sein, . . .sondern *schau*, ob ihnen allen etwas gemeinsam ist« (PU § 66). Was tritt in den PU an die Stelle des essentialistischen Sprachverständnisses? a) Die Familienähnlichkeit. Der Gebrauch des einen Wortes ›Spiel‹ wird gerechtfertigt durch ein kompliziertes Netz von Ähnlichkeiten, die einander übergreifen und kreuzen wie die verschiedenen Ähnlichkeiten, die zwischen Angehörigen einer Familie bestehen: Wuchs, Gesichtszüge, Augenfarbe, Gang, Temperament usw. (PU § 67). Der traditionelle Begriff besteht aus einer Konjunktion von Merkmalen, die alle sämtlichen Gegenständen, die unter den Begriff fallen, zukommen. Der Begriff Junggeselle z. B. enthält die Merkmale Mensch *und* männlich *und* unverheiratet usw. Bei der Familienähnlichkeit tritt an die Stelle der Konjunktion eine Disjunktion von Merkmalen. Wir wenden das Wort auf jeden Gegenstand an, dem eines oder mehrere dieser Merkmale zukommen. Wer zur Familie der Habsburger gehört, hat entweder die typische Nase *oder* die typische Unterlippe *oder* den typischen Blick *oder* den typischen Gang. Die Disjunktion kann dabei jederzeit um neue Merkmale erweitert werden. b) ›Definition‹ bedeutet wörtlich ›Abgrenzung‹ und ist eine räumliche Metapher. Frege vergleicht den Begriff mit einem scharf umgrenzten Bezirk, bei dem für jeden Gegenstand bestimmt ist, ob er sich innerhalb oder außerhalb dieses Bezirks befindet. Wittgenstein ersetzt diese räumliche Metapher durch eine andere. Ein Begriff ist zu vergleichen mit einer Stelle, wo man sich ungefähr aufhalten soll. Was ›Spiel‹ bedeutet, wird markiert, indem wir Beispiele von Spielen bringen und Spiele beschreiben. Der Begriff Spiel hat keine Grenzen, es sei denn, daß wir für einen bestimmten Zweck eine Grenze ziehen. Aber der Begriff wird nicht erst dadurch brauchbar (PU §§ 69–71).

196 3. Autonomie der Sprache. Wittgenstein gebraucht das Wort ›Sprachspiel‹ auch für die verschiedenen Bereiche innerhalb der Sprache. Die Sprache ist kein einheitliches, abgeschlossenes Ganzes. Sie besteht aus einer Vielzahl von ineinandergreifenden Sprachspielen. Es gibt nicht *eine* Sprache, wie die Sprache der Naturwissenschaft im TLP (6.53), die den Anspruch erheben könnte, allein sinnvoll zu sein. Die Vielfalt der unterschiedlichsten Sprachspiele steht gleichberechtigt nebeneinander. Sie ist dem geschichtlichen Wandel unterworfen. Neue Sprachspiele entstehen, und andere veralten und werden vergessen (PU §§ 18; 23). Mannigfaltigkeit und Veränderlichkeit der Sprachspiele sind ein Aspekt der Autonomie der Sprache. Die Tatsache, daß ein Sprachspiel gespielt wird, genügt, um es zu rechtfertigen. Es gibt kein normatives Sinn-

kriterium. Was in dem einen Sprachspiel, z. B. in der Sprache der Wissenschaft, sinnlos ist, kann in einem anderen, z. B. in dem des Märchenerzählens, durchaus sinnvoll sein (vgl. PU §§ 41 f.).

4. Sprache und Lebensform. »Ich werde auch das Ganze: der Spra- 197
che und der Tätigkeiten, mit denen sie verwoben ist, das ›Sprachspiel‹ nennen« (PU § 7). Die Sprache ist ein Teil der Naturgeschichte und der Kultur des Menschen und kann ohne sie nicht verstanden werden. Sie ist Teil einer Lebensform. »Das Wort ›Sprach-spiel‹ soll . . . hervorheben, daß das Sprechen der Sprache ein Teil ist einer Tätigkeit, oder einer Lebensform« (PU § 23). ›Lebensform‹ bezeichnet faktische, durch die Natur oder Kultur gegebene Verhaltensweisen des Menschen, die nicht gerechtfertigt sind und nicht gerechtfertigt werden können. Sprache kann nach Wittgenstein nicht durch metaphysische Gegebenheiten wie Geist, Transzendenzbezug oder transzendentale Vernunftgesetze erklärt werden. Letzter Grund der Sprache und ihrer Verständlichkeit sind vielmehr Verhaltensweisen des Menschen, die mit seiner Evolution und Zivilisationsgeschichte gegeben sind. »Man sagt manchmal: die Tiere sprechen nicht, weil ihnen die geistigen Fähigkeiten fehlen. Und das heißt: ›sie denken nicht, darum sprechen sie nicht‹.« Wittgenstein lehnt diese Erklärung ab. Sprache ist nicht Schöpfung des Geistes. Der Begriff des Geistes würde dem der Sprache nichts hinzufügen. »Aber: sie sprechen eben nicht . . . Befehlen, fragen, erzählen, plauschen gehören zu unserer Naturgeschichte so, wie gehen, essen, trinken, spielen« (PU § 25).

4. *Sprachanalyse und Phänomenologie*

Der späte Wittgenstein führt die Metaphysik auf die autonome 198
Sprache zurück. Die Begriffe, mit denen wir die Wirklichkeit erfassen, können mit einer Meßmethode verglichen werden. Bevor wir Längenaussagen machen, müssen wir eine Maßeinheit festsetzen. Metaphysische Sätze sind zu vergleichen mit dem Satz ›Aber ein Kilometer hat doch wirklich 1000 Meter‹. Der Metaphysiker erliegt dem Irrtum, daß er die Formen der Sprache für die der Wirklichkeit hält. »Man glaubt, wieder und wieder der Natur nachzufahren, und fährt nur der Form entlang, durch die wir sie betrachten« (PU § 114). »Das Wesentliche der Metaphysik: daß sie den Unterschied zwischen sachlichen und begrifflichen Untersuchungen verwischt« (Zettel § 458). Rationalität und Begründung sind nur innerhalb eines Sprachspiels sinnvolle Begriffe. Das Sprachspiel selbst ist ein »Urphänomen« (PU § 654). Es ist nicht begründet, sondern Vor-

aussetzung jeder Begründung; es ist weder vernünftig noch unvernünftig, weil es die Grundlage der Vernunft ist (ÜG § 559). Die letzte Antwort auf unsere Fragen kann immer nur lauten, daß dieses Sprachspiel gespielt wird (PU § 654). Wittgenstein vertritt eine antiintellektualistische und anticartesianische Erkenntnistheorie. Die Berufung auf das Sprachspiel ist keine Berufung auf eine Einsicht, sondern auf ein Handeln. »Habe ich die Begründungen erschöpft, so bin ich nun auf dem harten Felsen angelangt, und mein Spaten biegt sich zurück. Ich bin dann geneigt zu sagen: ›So handle ich eben‹« (PU § 217). Diese Aussagen dürfen jedoch nicht im Sinn eines flachen Pragmatismus oder Nominalismus verstanden werden. Es wäre ein grobes Mißverständnis, wollte man Wittgenstein unterstellen, die Konventionen der Alltagssprache seien für ihn das Letzte. Wie im TLP, so geht es auch in der Spätphilosophie um die Grenzen der Sprache. Die Sprache basiert auf vorsprachlichen Verhaltensweisen, auf Lebensformen oder Einstellungen (Z § 541). Wittgensteins Spätphilosophie ist Kritik der wissenschaftlich-technischen Rationalität; sie verfolgt ein antireduktionistisches und antiszientisches Anliegen. Man kann sie mit der Arbeit eines Restaurators vergleichen, der die ursprünglichen Farben eines Gemäldes freilegt. Die Analyse der Sprache dient der Wiederentdeckung und Rettung der Urphänomene, der gemeinsamen menschlichen Lebensformen. Philosophie kann und will nicht hinter die Phänomene zurückgehen. Aber sie will die Phänomene in den Blick bekommen, indem sie den Sprachgebrauch übersichtlich darstellt (PU § 122) und so die vielfältigen Verflechtungen unserer Begriffe zeigt. Unser Leben ist ein Teppich, in dem jedes Muster mit vielen anderen Mustern verwoben ist. Was z. B. psychologische Begriffe wie Schmerz, Trauer, Zuneigung bedeuten, zeigt sich erst, wenn wir sie im umfassenden Zusammenhang anderer Lebensäußerungen sehen (Z §§ 533—534; 567—569). Die übersichtliche Darstellung nimmt in der Spätphilosophie den Platz ein, der dem Mystischen im TLP zukommt. Vor allem Fragen der philosophischen Psychologie, der Ethik, Ästhetik und Religion können nur auf diese Weise geklärt werden.

Literatur:

Kommentare:

Baker/Hacker 1980; 1989/Hacker 1990 (grundlegend)
v. Savigny 1988; 1989

Zu einzelnen Themen der PU:

Holtzmann/Leich 1981
Kripke 1987   Budd 1989

K. Die Oxford-Philosophie

I. Gilbert Ryle

1. Der Beginn der Analytischen Philosophie in Oxford

199 Gilbert Ryle (1900–1976) studierte von 1919 bis 1924 am Queen's College in Oxford Klassische Philologie und Philosophie. 1924 wurde er Lecturer für Philosophie an Christ Church und 1945 Waynflete Professor für Metaphysik. Während Ryles Studienzeit war Bradleys Idealismus (§ 165) bereits weitgehend durch eine realistische Gegenbewegung verdrängt, deren wichtigste Vertreter *John Cook Wilson* (1849–1915) und dessen Schüler *Harold Arthur Prichard* (1871–1947) waren. Cook Wilson hat vor allem durch seine Hochschätzung der Umgangssprache und deren Unterscheidungen die weitere Entwicklung beeinflußt. Er warf den Philosophen vor, nicht immer sorgfältig genug zwischen drei Ebenen eines Aussagesatzes zu unterscheiden: der sprachlichen oder grammatikalischen, der logischen und der ontologischen. Die Analyse der Alltagssprache diente ihm dazu, die logische Form von Begriffen und Aussagesätzen zu finden. Cook Wilson war Realist und entschiedener Gegner der Skepsis. Wissen ist die Form des Denkens, die allen anderen, z. B. Vermuten, Fragen, zugrundeliegt. Damit ich etwas wissen kann, muß es aber unabhängig von meinem Bewußtsein existieren. Ryles Urteil über das philosophische Klima in Oxford während seiner ersten Jahre ist negativ. Er erhielt seine entscheidenden Anregungen aus Cambridge, von Russell und Wittgenstein; außerdem studierte er Meinong, Brentano, Bolzano und Frege.

Literatur:

Passmore 1966, Kap. 10
Wood/Pitcher 1970 (S. 461–468: Primärbibliographie)
Addis/Lewis 1965
Lyons 1980

2. Kategorien

Anstoß zu Ryles Denken ist die Frage ›Was ist Philosophie?‹ Unterscheidet Philosophie sich von den Wissenschaften dadurch, daß
sie einen eigenen Bereich der Wirklichkeit untersucht? Oder hat,
was Russell annahm, Philosophie die Aufgabe, sich selbst in Mathematik, Logik und die empirischen Wissenschaften aufzuheben?
Ryle lehnt beide Antworten ab. Seine frühen Arbeiten, von denen
der Aufsatz »Systematically Misleading Expressions« (1932; in:
1971 Bd. 2) am bekanntesten ist, wenden Russells Logik an, um von
den Philosophen angenommene Entitäten wie Meinongs nicht existierende Gegenstände, platonische Ideen, intentionale Objekte
usw. zu destruieren. Philosophie befaßt sich nicht mit einem eigenen Bereich der Wirklichkeit, sondern mit der Art und Weise, wie
wir über die Wirklichkeit sprechen. Das darf jedoch nicht so miß-
verstanden werden, daß sie sich darauf beschränkt, die Sprache der
Naturwissenschaft zu klären. Wie der späte Wittgenstein lehnt
Ryle ein Monopol der Sprache der Naturwissenschaft ab und zeigt,
daß die Wirklichkeit nur mit Hilfe einer Vielzahl nicht aufeinander
reduzierbarer Kategorien erfaßt werden kann. Ebenso wendet er
sich gegen einen Absolutheitsanspruch der formalen Logik und
plädiert für eine informale Logik, die die logische Struktur der Alltagssprache freilegt. Beispiele von systematisch irreführenden Ausdrücken sind ›Mr. Baldwin ist eine Substanz‹, ›Mr. Pickwick ist
eine Abstraktion‹, ›Unpünktlichkeit ist tadelnswert‹, ›die Bedeutung des Wortes x‹. Diese Ausdrücke sind weder falsch noch sinnlos. Der philosophisch nicht verbildete Hörer versteht sie richtig.
Er wird durch sie nicht zur Annahme abstruser Entitäten, z. B. eines idealen Gegenstandes mit dem Namen ›Unpünktlichkeit‹ verführt. In diese Falle geht nur, wer, was Ryle vielen Philosophen
vorwirft, die grammatische mit der logischen Form gleichsetzt und
annimmt, diese Ausdrücke seien Namen für eine besondere Art
von Gegenständen. Für die Philosophie müssen diese Sätze daher
so umgeformt werden, daß ihre grammatische Form der logischen
Form der in ihnen wiedergegebenen Aussage entspricht.

Was versteht Ryle unter »logischer Form« oder »Kategorie«? Wie
unterscheiden sich formale und informale Logik? Jede Aussage
(proposition) steht zu anderen Aussagen in vielfältigen logischen
Beziehungen. Sie ergibt sich als Folgerung aus anderen Aussagen;
sie impliziert andere Aussagen; sie kann als Beweis für andere Aussagen dienen. Die Gesamtheit dieser Beziehungen bezeichnet Ryle
als »logische Kraft« oder »logische Form« einer Aussage. Da Begriffe Bestandteile von Aussagen sind, die deren logische Kraft be-

stimmen, haben auch sie eine logische Form, der entsprechend sie unterschiedlichen logischen Typen oder Kategorien angehören. Im alltäglichen Sprachgebrauch können wir die logische Kraft einer Aussage nicht voll erfassen. Ausdrücke derselben grammatischen Form gehören oft verschiedenen logischen Typen an. Wenn wir den logischen Typ eines Ausdrucks verfehlen, also z. B. annehmen, ›drei‹ habe dieselbe logische Form wie ›grün‹, so ergeben sich Paradoxien. Sie zwingen uns, nach der tatsächlichen logischen Form zu fragen, und sie sind zugleich das Skalpell, mit dem der Philosoph die logische Form freilegt. Das grundlegende philosophische Argument ist die reductio ad absurdum. Die logische Form einer Aussage ist erst dann hinreichend erforscht, wenn jede Möglichkeit von widersprüchlichen Folgerungen ausgeschlossen ist. Ziel der Untersuchung ist eine Landkarte unserer Begriffe, die deren gegenseitige Beziehungen erkennen läßt (vgl. Philosophical Arguments [1945], in: 1971 Bd. 2). Die beschriebene Aufgabe kann als »informale Logik« bezeichnet werden. Die formale Logik hat es mit der Form von Begriffen zu tun, die keine inhaltlichen Bestimmungen enthalten und daher verschiedene Sachgebiete übergreifen. Der Physiker, der Biologe und der Moralphilosoph arbeiten mit den Begriffen ›alle‹, ›einige‹, ›nicht‹, ›und‹, ›oder‹, ›wenn . . . dann‹. Die formale Logik bestimmt die Bedeutung dieser Wörter in fest*setzenden* Definitionen. Im Unterschied dazu hat die informale Logik die Aufgabe, die logische Form inhaltlicher Begriffe, seien es die der wissenschaftlichen oder der Alltagssprache, festzu*stellen* (vgl. 1954, Kap. 8).

202 Die Cambridger Vorlesungen von 1953 (1954 unter dem Titel »Dilemmas« veröffentlicht) klären mit Hilfe des Kategorienbegriffs u. a. das Verhältnis der Lebenswelt zur Welt der Wissenschaft. Wie verhalten sich z. B. die Aussagen der Neurophysiologie zu unseren Alltagsaussagen über Wahrnehmungen? Sehen wir tatsächlich Dinge außerhalb unserer selbst, oder nehmen wir, wie es die Ergebnisse der Neurophysiologie nahelegen, lediglich Prozesse wahr, die in uns vorgehen? Ursache dieses Dilemmas ist die Auffassung, Wahrnehmen sei ein körperlicher Prozeß. Wir nehmen fälschlicherweise an, daß Sehen, Hören und die anderen Wahrnehmungsbegriffe dieselbe logische Form haben wie die Begriffe der Neurophysiologie. Sehen ist aber, in dieser Hinsicht kann es mit Gewinnen verglichen werden, weder ein physiologischer noch ein psychologischer *Prozeß*. Es fällt unter eine andere Kategorie. Damit bestreitet Ryle nicht, daß zwischen Wahrnehmungen und physiologischen Prozessen Zusammenhänge bestehen.

203 Fragen wir nochmals nach dem ›Gegenstand‹ der Philosophie. Sie

hat nach Ryle keinen eigenen inhaltlichen Bereich; sie untersucht vielmehr die Kategorien der verschiedenen inhaltlichen Bereiche, die unsere Lebenswelt und die Objektbereiche der Wissenschaften ausmachen. Für Aristoteles war die Frage nach den Kategorien eine ontologische Frage, die Frage nach der Struktur und den Prinzipien der Wirklichkeit. Ist sie es auch für Ryle? Das Phänomen, an dem allein Philosophie sich orientieren kann, ist die Sprache. Absurditäten finden sich nur auf der Ebene der Sprache; die Wirklichkeit und die Gedanken können nicht absurd sein, denn was absurd ist, ist undenkbar. Aussagen über die logische Form sind daher Aussagen darüber, welche Ausdrücke miteinander verbunden werden können, ohne daß sich Absurditäten ergeben; sie sind, in Ryles Terminologie, »semantische« Aussagen. (In Carnaps Terminologie würde man von Aussagen der logischen Syntax sprechen; vgl. § 232). Ryle betont jedoch den Unterschied zwischen philosophischen und grammatischen Aussagen. Aussagen über den logischen Typ sind keine Aussagen über die Grammatik einer einzelnen Sprache, z. B. des Englischen oder Arabischen. Sie beziehen sich vielmehr auf eine den verschiedenen Sprachen zugrundeliegende gemeinsame Ebene des durch die sprachlichen Ausdrücke Bezeichneten. Ryle sagt nichts über den ontologischen Status dieser »significata«, weil er fürchtet, solche Aussagen könnten eine falsche Ontologie zur Folge haben, die Bedeutungen vergegenständlicht. Aber er schließt nicht aus, daß wir in den Kategorien die »Form der Tatsachen« oder die »Natur der Dinge« erfassen (1971 Bd. 2, S. 61; 184). Mit der Erkenntnis der logischen Formen haben wir die Grenzen unserer Erkenntnis erreicht (vgl. Categories [1938], in: 1971 Bd. 2).

3. Der Begriff des Geistes

Ryles Hauptwerk »The Concept of Mind« (1949) wendet sich gegen den Cartesianischen Leib-Seele-Dualismus, das »Dogma vom Gespenst in der Maschine«. Danach sind Leib und Geist zwei getrennte Substanzen. Jeder Mensch durchlebt eine zweifache Geschichte: eine öffentliche, die aus einem beobachtbaren Verhalten, und eine private, die aus seinen inneren, nur ihm in einer Introspektion unmittelbar zugänglichen seelischen Erlebnissen besteht. Diese Theorie führt nach Ryle in Paradoxien, z. B. in den Fragen nach der Willensfreiheit oder der Einwirkung der Seele auf den Leib. Sie beruht auf einem »Kategorienfehler«. Die Begriffe des Mentalen und des Physischen werden demselben Typ zugeordnet;

sie sind lediglich innerhalb eines gemeinsamen begrifflichen Rahmens voneinander unterschieden. Der Geist ist ein Ding, wenn auch vom Körper verschieden; es gibt nicht nur physikalische, sondern auch mentale Prozesse; auch sie sind, wie die physikalischen, Ursachen und Wirkungen. So führt das Verkennen der logischen Form des Geistigen zu einer »paramechanischen Hypothese«. Die richtige Kategorie des Mentalen ist nach Ryle die der Disposition. Aussagen über Mentales sind Aussagen über Dispositionen zu beobachtbaren Verhaltensweisen. Damit wird das Mentale intersubjektiv zugänglich und die Gefahr des Solipsismus vermieden. Aber, so ist Ryle kritisch zu fragen, äußern sich tatsächlich alle seelischen Phänomene in einem wahrnehmbaren Verhalten? Und sind Aussagen mit Dispositionsprädikaten überhaupt Erklärungen? Wird die Tatsache, daß das Glas zerbrochen ist, dadurch erklärt, daß es zerbrechlich ist? Obwohl Ryle am Ende von »The Concept of Mind« sich dagegen gewehrt hat, ein Behaviorist zu sein, ist dieser Vorwurf immer wieder gegen ihn erhoben worden. Zeigt Ryle tatsächlich, daß die Kategorien des Mentalen von denen des Physikalischen verschieden sind, oder deutet auch er das Mentale mit physikalischen Kategorien, wenn es auch andere als die der Cartesianer sind? In späteren Aufsätzen (1971 Bd. 2 Nr. 22, 36 u. 37) hat Ryle die Analysen von »The Concept of Mind« für den Begriff des Denkens ergänzt. ›Denken‹ ist ein adverbiales Verb. Es drückt nicht selbst ein Tun aus, sondern sagt nur, daß ein anderes Tun in einer bestimmten Weise vollzogen wird. Ein Beispiel eines adverbialen Verbs ist ›sich beeilen‹. Wenn wir hören, daß jemand sich beeilt, erfahren wir nicht, was er tut, sondern nur, daß er das, was er tut, schnell tut.

Literatur:

Bieri 1981, S. 11–17

II. John Langshaw Austin

Leben und Werke

205 Wie Moore und Ryle wurde John Langshaw Austin (1911–1960) durch das Studium der Klassischen Philologie, vor allem des Aristoteles, geprägt, das er 1929 am Balliol College in Oxford begann.

1933 wurde er Fellow von All Souls College, 1935 Fellow und Tutor von Magdalen College und 1952 White's Professor für Moralphilosophie und Fellow von Corpus Christi College. Von seinen Lehrern hat ihn vor allem Prichard beeinflußt. Prichard hat sich eingehend mit dem Versprechen befaßt (vgl. Prichard 1968, Nr. 7). Austin hat mit ihm über dieses Thema korrespondiert und dadurch den ersten Anstoß zu seiner Sprechakttheorie erhalten. Sie wurde 1939 in ihren Grundzügen konzipiert. Die erste Veröffentlichung, in der sie greifbar ist, ist der Aufsatz »Other Minds« (1946; in: 1970). Ab 1952 hielt Austin wiederholt in Oxford und 1955 an der Harvard-Universität Vorlesungen über ›Worte und Taten‹; sie wurden von J. O. Urmson unter dem Titel »How to do Things with Words« herausgegeben. Seit den 30er Jahren setzte Austin sich, u. a. in zahlreichen Diskussionen mit Ayer, kritisch mit der Erkenntnistheorie des Empirismus auseinander. Von 1947 bis 1959 hielt er darüber in Oxford und 1958 an der Universität von Kalifornien Vorlesungen. Seine Notizen wurden von G. J. Warnock ausformuliert und unter dem Titel »Sense and Sensibilia« veröffentlicht. Austin war der Auffassung, die Probleme der Philosophie könnten, wie die der anderen Wissenschaften, nur in Zusammenarbeit gelöst werden. Sein Einfluß beruht nicht zuletzt auf den Diskussionskreisen, deren Mittelpunkt er war. Bekannt wurden vor allem seine ›Samstagvormittage‹, zu denen er jüngere Kollegen einlud, um mit ihnen u. a. die »Nikomachische Ethik«, die »Philosophischen Untersuchungen«, Frege (Austin hat die »Grundlagen der Arithmetik« übersetzt), Merleau-Ponty und Chomsky zu diskutieren. Austins Philosophie zeigt gewisse Gemeinsamkeiten mit der des späten Wittgenstein. Das läßt nach der Abhängigkeit fragen. Als Wittgensteins Spätphilosophie durch das »Blaue« und »Braune Buch« während des Krieges in Oxford bekannt wurde, hatte Austin seinen eigenen philosophischen Weg bereits gefunden. Wittgenstein war für Austin keine Autorität; die persönliche Atmosphäre, die Wittgensteins philosophisches Werk umgab, und dessen fragmentarischer Stil stießen ihn ab.

Literatur:

Fann 1969   Graham 1977
Furberg 1971   Warnock 1989
Berlin 1973

206 Austins Untersuchungen gehen von der Alltagssprache (ordinary language) aus. Sie fragen, auf die kürzeste Formel gebracht, »was wir wann sagen würden und warum so und was wir damit meinen würden« (1970, S. 181). Urmson (in: Fann 1969, S. 76–86) hat anhand eines unveröffentlichten Manuskripts Austins Methode, die er auch in seinen Diskussionsrunden gelegentlich anwandte, beschrieben. 1. Wir wählen einen bestimmten Bereich der Sprache aus, den wir untersuchen wollen. So befaßt sich z. B. Austins Aufsatz »A Plea for Excuses« (in: 1970) mit dem Bereich der Entschuldigungen. 2. Wir sammeln den Wortschatz dieses Bereichs. Dafür empfiehlt Austin den Gebrauch eines Wörterbuchs. Eine wichtige Quelle sind auch die außerphilosophischen Fachsprachen, für den Bereich der Entschuldigungen z. B. die der Juristen und Psychologen. 3. Wir erfinden Geschichten, die zeigen, in welchen Zusammenhängen die einzelnen Ausdrücke richtig oder falsch angewendet werden. 4. Wir vergleichen die Ergebnisse mit den Aussagen der Philosophen über das betreffende Sachgebiet. Die Untersuchung der Entschuldigungen erlaubt z. B. eine Diskussion der philosophischen Begriffe Handlung und Freiheit.

207 Wird hier Philosophie oder nicht vielmehr empirische Sprachwissenschaft getrieben? Austins Antwort erinnert an die des späten Wittgenstein, daß die Untersuchung der Sprache von philosophischen Problemen motiviert ist: Das Wortfeld, das zur Untersuchung ausgewählt wird, soll eine Beziehung zu zentralen philosophischen Problemen haben. Die Krankheit der Philosophie besteht darin, daß sie komplizierte Sachverhalte simplifiziert. Philosophische Begriffe sind eine Brille, die uns daran hindern, die differenzierte Wirklichkeit zu sehen. Austin war der Auffassung, daß es bei der Untersuchung der Sprache niemals bloß um die Sprache geht, sondern ebenso um die Wirklichkeit, die wir mit dem Werkzeug der Sprache erfassen. Er hat seine Methode deshalb als »linguistische Phänomenologie« (1970, S. 182) bezeichnet. Wie Sokrates und Aristoteles geht es Austin darum, Unterscheidungen zu gewinnen. Dafür ist die Alltagssprache, die den Erfahrungsschatz vieler Generationen birgt, eine erheblich ergiebigere Fundgrube als die Sprache der Philosophen, denen es um allgemeine, schematisierende Aussagen geht. Sie kann unseren Blick für die Phänomene schärfen. Erschöpft Philosophie sich darin, die Alltagssprache zu beschreiben und ihre Unterscheidungen zu erheben? Nach Austin hat die Alltagssprache das erste, aber nicht das letzte Wort. Er hatte einen zu scharfen Blick für das Phänomen Sprache, um nicht zu sehen, daß

die Unterscheidungen der Alltagssprache oft von bestimmten praktischen Bedürfnissen bestimmt und deshalb nicht für alle Zwecke ausreichend sind; daß die Alltagssprache Reste von Mythologien, Philosophien und veralteten naturwissenschaftlichen Weltbildern enthält; daß auch sie keineswegs vor Begriffsverwirrungen sicher ist. Deshalb kann sie nicht das letzte Wort haben. Austin war kein Dogmatiker, der für seine Methode einen Ausschließlichkeitsanspruch erhebt. Aber wer hat das letzte Wort, wenn die Alltagssprache es nicht haben kann? Die Unterscheidung der üblichen Grammatik (Oberflächengrammatik) von der logischen Grammatik (Tiefengrammatik) führt nach Austin nicht weiter. Wahrscheinlich hätte er die Frage als sinnlos betrachtet, weil sie einem unerreichbaren Cartesianischen Ideal der Genauigkeit und Gewißheit nachhängt. Er hätte vielleicht die pragmatische Antwort gegeben, daß wir zunächst einmal sehen sollten, wie weit wir mit dem ersten Schritt kommen. Obwohl er keinen Ausschließlichkeitsanspruch erhoben hat, hat er keine andere überzeugende Methode der Philosophie gesehen. Wie Russell war er der Auffassung, die Philosophie vollende sich darin, daß sie sich in die Einzelwissenschaften aufhebt (1970, S. 232). Mathematik, Physik und mathematische Logik gehörten früher zur Philosophie. Austins Zukunftsvision war eine neue, umfassende Wissenschaft von der Sprache, in der Philosophen und Sprachwissenschaftler zusammenarbeiten und in der ein weiterer, wenn auch nicht der letzte Teil der Philosophie sich zur Einzelwissenschaft verselbständigt.

Literatur:

Furberg 1971, S. 31—55.

2. Empirismuskritik

Austin hat, wie ein Blick in seine »Philosophical Papers« zeigt, zentrale philosophische Themen wie Bedeutung, Solipsismus, Wahrheit, Tatsache, Freiheit diskutiert. Dabei steht die Kritik im Vordergrund. Seine Texte faszinieren durch die differenzierten und subtilen Beobachtungen und Analysen. Wir müssen uns damit begnügen, sein Vorgehen anhand einiger Gedanken aus »Sense and Sensibilia« zu skizzieren. Diese Vorlesungen sind im wesentlichen eine sehr detaillierte Kritik an Ayers »The Foundations of Empirical Knowledge« (London 1940). Ayer steht stellvertretend für die gesamte empiristische Tradition seit den Vorsokratikern. Ihre

These ist, daß wir niemals, zumindest niemals direkt, materielle Gegenstände, sondern immer nur Sinnesdaten wahrnehmen. Bereits die Gegenüberstellung von materiellen Gegenständen und Sinnesdaten ist für Austin eine irreführende Vereinfachung. Die Philosophie schafft sich ein Problem, indem sie einen Gegensatz konstruiert, der den Phänomenen nicht gerecht wird. Ist ein Regenbogen ein materielles Ding oder ein Sinnesdatum? Unter welchen der beiden Begriffe fällt ein Nachbild oder ein Bild auf dem Fernsehschirm? Einer der wichtigsten Beweise der empiristischen These ist der aus der Sinnestäuschung. Materielle Dinge erscheinen verschiedenen Beobachtern oder demselben Beobachter unter verschiedenen Bedingungen verschieden. Der Stab im Wasser erscheint geknickt; eine Münze sieht aus einer bestimmten Perspektive rund, aus einer anderen oval aus; unter dem Einfluß von Drogen ändert sich die Farbwahrnehmung. Wahrnehmungen, so argumentiert Ayer, die materielle Dinge wiedergeben, sind in sich nicht verschieden von denen, die täuschen; die Wahrnehmung des Stabes, der im Wasser als gekrümmt erscheint, ist qualitativ dieselbe wie die des tatsächlich gekrümmten Stabes. Würden wir tatsächlich materielle Gegenstände wahrnehmen, so wäre zu erwarten, daß ihre Wahrnehmung sich qualitativ von den täuschenden Wahrnehmungen unterscheidet. Das ist aber nicht der Fall. Folglich nehmen wir nur Sinnesdaten wahr.

209 Von Austins zahlreichen Kritikpunkten an diesem Argument seien zwei herausgegriffen. 1. Wir müssen nach der Formulierung fragen, mit der wir die täuschende Wahrnehmung zutreffend ausdrükken. Sie würde beim gekrümmten Stab lauten

(1) Der Stab im Wasser sieht (wie) geknickt aus.

Wir verdeutlichen uns den Gebrauch von ›sieht (wie) . . . aus‹ anhand anderer Beispiele.

(2) Er sieht schuldig aus.

(3) Sie sehen wie Europäer aus.

(4) Benzin sieht wie Wasser aus.

Wer (4) äußert, ist unter keinen Umständen der Ansicht, daß Benzin tatsächlich Wasser ist. (2) und (3) drücken dagegen aus, daß bestimmte Anzeichen dafür sprechen, daß er schuldig ist bzw. daß es sich um Europäer handelt; aber diese Anzeichen reichen nicht aus, um die Frage nach der Wahrheit der Aussage zu entscheiden. Welcher Gebrauch vorliegt, kann nicht allein anhand des Wortlauts entschieden werden; wir müssen die Situation berücksichtigen, in der der Satz geäußert wurde. Nehmen wir an, (1) werde wie (2) und (3) verstanden. Dann könnten durchaus eine Reihe von Anzeichen dafür sprechen, daß der Stab gekrümmt ist; die Formulierung würde es aber offenlassen, ob er es tatsächlich ist. 2. Was ist eine Wahrnehmung? Gehört die Wahrnehmung des Wassers mit zur Wahrnehmung des geknickten Stocks? Wenn ja, dann ist die Wahrnehmung des geknickten Stocks im Wasser eine andere als die des geknickten Stocks außerhalb des Wassers; damit fällt die Voraussetzung des Arguments, daß täuschende und nicht täuschende Wahrnehmungen sich nicht unterscheiden. Antwortet man dagegen mit Nein, so isoliert man den Stab aus dem wahrnehmbaren Zusammenhang, in dem er geknickt aussieht. Damit wird aber die Aussage, täuschende und nicht täuschende Wahrnehmungen unterschieden sich nicht, zu einer willkürlichen Definition. Wenn man alle Unterschiede zwischen einer täuschenden und einer nicht täuschenden Wahrnehmung ausschließt, dann sind beide freilich gleich.

Das Motiv der Sinnesdatentheorie (und des Empirismus überhaupt) ist die Suche nach der absoluten Gewißheit. Es führt bei Ayer zur Unterscheidung zwischen zwei Klassen von Aussagen: a) Aussagen über materielle Dinge; sie bedürfen der Verifikation (und können niemals vollständig verifiziert werden); b) Aussagen über Sinnesdaten; sie sind unkorrigierbar. In Austins Kritik sind zwei Punkte wesentlich: 1. Unkorrigierbare Aussagen bzw. absolute Gewißheiten sind ein unerreichbares Ideal. Sobald ich eine Beobachtung sprachlich formuliere, z. B. ›Dieser Flecken ist karmesinrot‹, kann ich mich in der Verwendung des Prädikates irren. 2. Das schließt jedoch nicht aus, daß es Aussagen gibt, die de facto unkorrigierbar sind, d. h. gegen deren Wahrheit kein zwingender Einwand vorgebracht werden kann. Diese Aussagen können jedoch nicht, und dieser Einwand ist entscheidend, einer bestimmten Klasse zugeordnet werden. Ob eine Aussage unkorrigierbar ist, hängt davon ab, ob der Sprecher in der Lage ist, sie in verantworteter Weise zu behaupten, und das ist nicht eine Frage der Art der Aussage, sondern der Umstände, in denen der Sprecher sich befindet. Was Austin ablehnt, ist ein Modell der Begründung, in dem bestimmte Aussagenklassen immer der Begründung bedürfen, während andere Klassen immer die Funktion der Begründung übernehmen. Vielmehr kann grundsätzlich jede Art von Aussagen zur Begründung jeder Art von Aussagen dienen, wenn die Umstände entsprechend sind.

Literatur:

Ayer 1967

211 Der Empirismus fragt, wie viele Erkenntnistheorien, nach dem
Verhältnis von Erscheinung und Wirklichkeit. Kap. 7 von »Sense
and Sensibilia« diskutiert deshalb die »Natur der Wirklichkeit«; es
entwirft eine Ontologie in erkenntnistheoretischer Absicht.
1. ›Wirklich‹ hat in der Umgangssprache einen festen Gebrauch.
Er stellt für Austin ein Ausgangsdatum dar. Selbstverständlich
kann uns niemand daran hindern, dem Wort eine andere Bedeutung zu geben. Wenn wir nicht völlig willkürlich und zusammen-
hanglos vorgehen wollen, setzt das aber voraus, daß wir zuvor den
umgangssprachlichen Gebrauch festgestellt haben. Wir müssen uns
bewußt sein, daß jede Korrektur neben den Vorteilen, die wir uns
von ihr versprechen, auch ihren Preis hat. Wir verzichten auf den
Schatz der Unterscheidungen, die die Umgangssprache bewahrt.
Jede Korrektur eines Gebiets auf der Landkarte der Sprache bringt
notwendig Veränderungen der benachbarten Gebiete mit sich.
Wenn wir künstliche Begriffe schaffen, sind wir, wie das Begriffs-
paar ›Sinnesdaten – materielle Dinge‹ zeigt, in Gefahr, künstliche
Probleme zu schaffen. 2. Austin ist wie Aristoteles der Ansicht,
daß ›wirklich‹ in vielfacher Bedeutung gebraucht wird. Dennoch
hält Austin an einer letzten Einheit der Bedeutung fest, wenn auch
nicht deutlich wird, worin sie nach ihm besteht. Die vielfache Bedeutung hängt mit einer syntaktischen Eigenschaft zusammen:
›wirklich‹ ist ein »substantivhungriges Wort«. Darin unterscheidet
es sich z. B. von einem Farbadjektiv. Wir können sagen ›Dies ist
gelb‹, aber nicht ›Dies ist wirklich‹. Denn ein und derselbe Gegenstand kann ein wirkliches F, dagegen kein wirkliches G sein. Der
Gegenstand a, der wie eine Ente aussieht, kann eine wirkliche
Spielzeugente, aber keine wirkliche Ente sein; die Halluzination einer Ente kann eine wirkliche Halluzination sein. Die Frage kann
daher niemals lauten ›Ist x wirklich oder nicht?‹; sie muß vielmehr
lauten ›Ist x ein wirkliches Φ?‹ 3. Der negative Gebrauch von
›wirklich‹ ist gegenüber dem positiven primär. Die Aussage ›a ist
ein wirkliches F‹ hat nur dann einen Sinn, wenn der Verdacht auf-
kommt, daß a kein F ist, obwohl es ein F zu sein scheint. ›Dies ist
eine wirkliche Ente‹ unterscheidet sich von ›Dies ist eine Ente‹
dadurch, daß die Möglichkeit ausgeschlossen wird, daß es sich um
eine ausgestopfte Ente, eine Plastikente usw. handelt. Das
Sprachspiel mit ›wirklich‹ ist gegenüber dem mit den unqualifi-
zierten Prädikaten sekundär. Die Frage nach der Wirklichkeit
stellt sich erst, wenn ein Anlaß zum Zweifel vorliegt. Damit erweist das Problem, ob es eine bewußtseinsunabhängige Wirklich-

keit gibt, sich als Scheinproblem. Diese Wirklichkeit ist das immer schon Gegebene; sie ist der Rahmen, innerhalb dessen ein Zweifel überhaupt erst möglich ist. Wir reden von Tischen, Stühlen, Pferden und nicht von Bewußtseinszuständen oder Sinnesdaten, die die Frage nach der Wirklichkeit offen lassen. Weil wir immer schon bei der Wirklichkeit sind, stellt die Frage nach der Wirklichkeit sich nur in als solchen erkennbaren Ausnahmesituationen. 4. Aus der vielfachen Bedeutung von ›wirklich‹ ergibt sich, daß es keine allgemeingültigen Kriterien geben kann, durch die wir das Wirkliche vom Nichtwirklichen unterscheiden können. Die Kriterien hängen ab von dem das Wort ›wirklich‹ ergänzenden Prädikatsausdruck. Ob etwas eine wirkliche Halluzination oder eine wirkliche Katze ist, wird jeweils anhand anderer Kriterien entschieden. Der Sinn der Frage kann bei demselben Prädikatsausdruck aufgrund der Umstände verschieden sein. ›Ist das die wirkliche Farbe von x?‹ Die Frage kann die Befürchtung zeigen, daß die Beleuchtung die Farbe verfälscht; sie kann ebenso den Verdacht ausdrücken, daß jemand seine Haare gefärbt hat. Die Kriterien der richtigen Antwort sind in beiden Fällen verschieden. Es kann Situationen geben, in denen die Frage nicht beantwortet werden kann. ›Was ist der richtige Geschmack von Saccharin?‹ Ist es süß, wie es im aufgelösten, oder bitter, wie es im unaufgelösten Zustand schmeckt?

4. Die Sprechakttheorie

Vor allen anderen Leistungen ist die Theorie der Sprechakte mit 212 Austins Namen verknüpft. Austin geht aus von der Beobachtung, daß es Äußerungen gibt, die nicht als wahr oder falsch charakterisiert werden können, z. B. ›Ich verspreche dir, dich morgen zu besuchen‹. Er nennt sie »performativ«, um auszudrücken, daß wir mit ihnen eine Handlung vollziehen und nicht über etwas, auch nicht über einen inneren Akt, berichten. Von ihnen unterscheidet er die »konstativen« Äußerungen, die als wahr oder falsch charakterisiert werden können. Performative und konstative Äußerungen lassen sich nicht anhand grammatischer Kriterien unterscheiden. ›Es kommt ein Zug‹ kann eine Warnung, d. h. eine performative Äußerung sein. Wir haben jedoch die Möglichkeit, den performativen Akt durch ein Verb ausdrücklich zu machen ›Ich warne dich: Es kommt ein Zug‹. Austin unterscheidet deshalb zwischen primären oder impliziten und expliziten performativen Äußerungen. Bei näherem Hinsehen wird die Unterscheidung performativ-konstativ jedoch fragwürdig. Auch wer eine konstative Äußerung vollzieht, etwas feststellt, behauptet, vermutet, tut etwas. Performative und konstative Äußerungen können mißlingen. Auch die Charakterisierung durch ›wahr‹ und ›falsch‹ ist kein Unterscheidungsmerkmal. Auch Performative haben entsprechende Eigenschaften: Eine Warnung ist berechtigt oder unberechtigt, ein Gerichtsurteil gerecht oder ungerecht, ein Vertrag gültig oder ungültig. Konstative sind nicht immer wahr oder falsch; sie können auch genau, ungenau, übertrieben sein. Aufgrund solcher Überlegungen gibt Austin die Unterscheidung zwischen Performativen und Konstativen auf. Er ersetzt sie durch die Theorie der verschiedenen »illokutionären Kräfte« (illocutionary forces). Wer etwas sagt, führt eine Reihe unterscheidbarer Akte aus: Er gibt bestimmte Laute von sich (phonetischer Akt); er äußert in Übereinstimmung mit grammatischen Regeln bestimmte Wörter (phatischer Akt); er äußert eine Aussage, die auf einen Gegenstand referiert und ihn charakterisiert (lokutionärer Akt); er vollzieht mit dieser Äußerung eine Behauptung, eine Warnung, ein Versprechen (illokutionärer Akt); dieser illokutionäre Akt kann eine Wirkung haben: die Warnung wird befolgt, dem Versprechen wird geglaubt usw. (perlokutionärer Akt). In der Theorie der illokutionären Kräfte sind die Konstative eine Unterklasse der illokutionären Akte, die Expositive.

213 Worin liegt die philosophische Bedeutung der Sprechakttheorie? Austin kritisiert die spätestens seit Platon und Aristoteles einseitige Orientierung der Sprachphilosophie an der Aussage. Sie schränkt die Beziehung zwischen Sprache und Wirklichkeit auf die Wahrheitsrelation ein. Die Sprechakttheorie stellt die Auszeichnung der Aussage in Frage. Sie erinnert daran, daß Sprache nicht nur über die Wirklichkeit spricht, sondern auch die Wirklichkeit verändern kann. Die vielfachen Bedingungen, an die das Gelingen eines Sprechaktes, z. B. eine Eheschließung, geknüpft ist, zeigen, daß Sprache durch eine Fülle von Beziehungen in die außersprachliche Wirklichkeit verflochten ist. Die illokutionären Sprechakte setzen das Bestehen von Sachverhalten voraus, z. B. eine berechtigte Warnung eine Gefahr. Sie sind an soziale Konventionen gebunden; dadurch wird die Beziehung von Sprache und Gesellschaft deutlich. Austin kritisiert Wittgensteins Auffassung, es gebe unendlich viele Sprachspiele. Die Sprechakttheorie ist der Versuch einer Klassifizierung; sie darf als der erste Schritt der umfassenden Sprachwissenschaft angesehen werden, die Austin vorschwebte. Ungeklärt bleibt das Verhältnis von lokutionärem und illokutionärem Akt. Wie sieht Austin Referenz und Prädikation? Werden sie in illokutionären Akten vollzogen, so daß jeder lokutionäre Akt bereits illo-

kutionäre Akte voraussetzt? – Austins Sprechakttheorie wurde von seinem Schüler John Roger Searle (geb. 1932, Professor in Berkeley, Cal.) weiterentwickelt. Sie hat die sprachpragmatische Normenbegründung von K.-O. Apel und J. Habermas beeinflußt (vgl. GK 4, §§ 147–171).

Literatur:

Austin 1970, Nr. 10; 1976
Wörner 1978
Bremerich-Vos 1981

III. Peter Frederick Strawson

Leben und Werke

214

Es waren vor allem erkenntnistheoretische Bedenken, die Ryle davon abhielten, in der Frage nach den Kategorien eine ontologische Frage zu sehen (§ 203). Strawson vollzieht den Schritt zur Ontologie. Seine Untersuchung der Voraussetzung sprachlicher Verständigung ergibt, daß, mit Aristoteles, das Einzelding als grundlegende Kategorie anzunehmen ist. Strawsons Hauptwerk »Individuals« (1959) trägt den Untertitel »An Essay in Descriptive Metaphysics«. Peter Frederick Strawson (geb. 1919) studierte als Undergraduate des St. John's College in Oxford Philosophie, Politische Wissenschaft und Wirtschaftswissenschaft. 1948 wurde er Fellow des University College, 1968 Nachfolger von Ryle auf dem Lehrstuhl für Metaphysik und Fellow des Magdalen College. Einer seiner ersten Aufsätze (Truth, in: Analysis 9 [1949]) wendet Austins Sprechakttheorie auf den Wahrheitsbegriff an. Strawson vertritt hier eine performative Theorie der Wahrheit. ›Wahr‹ drückt einen Akt der Zustimmung, der Garantie usw. aus. In »On Referring« (1950, ND in: 1971) greift Strawson Russells Theorie der definiten Beschreibungen an. Russell verwechsle das Referieren auf eine Entität mit der Behauptung, daß diese Entität existiert. Beim Referieren mache der Sprecher die Voraussetzung (presupposition) der Existenz, aber er behaupte die Existenz nicht. Die »Introduction to Logical Theory« (1952) betont den Unterschied zwischen den formalen Sprachen der Logik und der normalen Sprache. Logische Systeme geben die komplexen Strukturen der Alltagssprache nur ungenau wieder. Der Vortrag »Freedom and Resentment« (1962, ND in: 1974) diskutiert das Determinismusproblem. 1966 veröffentlichte Strawson unter dem Titel »The Bounds of Sense« seine Vorlesungen über Kants »Kritik der reinen Vernunft«. »Subject and Predicate in Logic and Grammar« (1974) führt Untersuchungen des zweiten Teils von »Individuals« weiter.

Literatur:

van Straaten 1980 (S.297−300: Primärbibliographie)

1. Beschreibende Metaphysik

215 In der Einleitung zu »Individuals« unterscheidet Strawson zwischen beschreibender und reformierender Metaphysik. Die beschreibende Metaphysik stellt die tatsächliche begriffliche Struktur dar, mit der wir die Welt erfassen, die reformierende will sie durch eine bessere ersetzen. Aristoteles und Kant sind mehr der beschreibenden, Descartes, Leibniz und Berkeley mehr der reformierenden Metaphysik zuzurechnen. Von der Sprachanalyse unterscheidet die beschreibende Metaphysik sich dadurch, daß sie sich nicht mit der Untersuchung bestimmter Begriffe begnügt; sie will vielmehr die unserer gesamten Begrifflichkeit zugrundeliegende und unter der Oberfläche der Sprache verborgene Grundstruktur freilegen. Strawson geht davon aus, daß diese Grundstruktur sich bei allem geschichtlichen Wandel der Sprache unverändert durchhält. »Individuals« vertritt eine aristotelische Ontologie: Unter den verschiedenen Kategorien ist die des materiellen Einzeldings grundlegend. Das Buch gliedert sich in zwei Teile, die von verschiedenen Ausgangspunkten her für die These argumentieren. Im Mittelpunkt von Teil I steht der Begriff der Identifikation; sie ist ohne materielle Gegenstände als letzte Bezugspunkte nicht möglich. Teil II analysiert den aus einem singulären Terminus und einem Prädikatsausdruck bestehenden Aussagesatz und zeigt, daß dem materiellen Einzelding unter den logischen Subjekten eine ausgezeichnete Stellung zukommt.

216 Sprachliche Verständigung setzt voraus, daß der Hörer weiß, über welchen Gegenstand der Sprecher redet, d. h. daß er in der Lage ist, den vom Sprecher gemeinten Gegenstand zu identifizieren. Die einfachste Form der Identifikation ist, daß der Sprecher sich durch ein Demonstrativpronomen auf einen der Gegenstände bezieht, die sich im Gesichtskreis des Sprechers und Hörers befinden. Wo das

nicht möglich ist, gebrauchen wir Eigennamen. Sie erhalten aber ihre Bedeutung erst durch Beschreibungen, die den gemeinten Gegenstand durch Allgemeinbegriffe charakterisieren. Es ist aber nicht auszuschließen, daß eine Beschreibung auf mehrere Gegenstände zutrifft und die Identifizierung deshalb mißlingt. Eine Beschreibung ist nur dann eindeutig, wenn sie den zu identifizierenden Gegenstand in eine eindeutige Beziehung zu einem anderen Gegenstand bringt, den wir demonstrativ und damit eindeutig identifizieren können. Das ist möglich, weil wir über ein System verfügen, in dem jeder Gegenstand in einer eindeutigen Beziehung zu jedem anderen Gegenstand steht: das System der raum-zeitlichen Beziehungen. Raum und Zeit sind aber nicht unabhängig von den Dingen, die in ihnen sind. Das Bezugssystem von Raum und Zeit wird durch dreidimensionale Gegenstände von zeitlicher Dauer, die der Beobachtung zugänglich sind (wir können sie abgekürzt als materielle Körper bezeichnen), konstituiert. Materielle Körper sind vor den Seienden anderer Kategorien dadurch ausgezeichnet, daß diese nur durch Beziehung auf jene identifiziert werden können. – Die entscheidende Schwäche des Arguments liegt darin, daß Strawson keine Theorie von Raum und Zeit entwickelt. In der vorliegenden Form ist der Beweis dem Einwand der Zirkularität ausgesetzt: Raum und Zeit werden durch materielle Körper identifiziert, materielle Körper durch ihre Raum-Zeit-Stelle; materielle Körper konstituieren das Raum-Zeit-System, aber ihr Begriff kann nur durch die Begriffe von Raum und Zeit bestimmt werden. Teil I trägt die Überschrift »Particulars«. (Der Plural ist im Deutschen schwer wiederzugeben. Eine mögliche Übersetzung des Singular ist ›ein Einzelnes.‹ Strawson erläutert die Bedeutung dieses Wortes durch Beispielgruppen. Historische Ereignisse, materielle Gegenstände, Menschen und ihre Schatten sind particulars, während Qualitäten und Merkmale, Zahlen und Arten es nicht sind. Teil I zeigt, daß unter den particulars den materiellen Körpern eine ausgezeichnete Stellung zukommt. Damit ist die Aufgabe einer Ontologie aber noch nicht abgeschlossen, denn die Frage nach der Seinsweise der Entitäten, die keine particulars sind, ist noch offen. Ihr ist Teil II gewidmet. Strawson geht aus von der auf Aristoteles zurückgehenden Lehre, daß das Einzelne (die erste Substanz der Kategorienschrift) in einer Aussage niemals die Stelle des Prädikats einnehmen kann. Von ihm kann prädiziert werden, aber es selbst kann niemals prädiziert werden. Strawson zeigt, daß die kategoriale (oder logische) und in gewissem Ausmaß auch die grammatische Analyse eines einfachen Aussagesatzes diese traditionelle Lehre bestätigt. (Die grammatische Analyse unterscheidet zwischen Subjektsausdruck und Prädikatsausdruck, die kategoriale Analyse zwischen den nichtsprachlichen Entitäten [terms], die wir durch den Subjektsausdruck und den Prädikatsausdruck einführen.) Die zentrale Frage von Teil II ist die nach den ontologischen Gründen dieses Befundes. Strawson sieht eine Beziehung zwischen seiner Antwort und der Freges, der den durch den logischen Eigennamen eingeführten Term als gesättigt, den durch das Prädikatswort eingeführten als ungesättigt bezeichnet (§ 162). Strawson spricht, wie auch Frege, von Vollständigkeit und Unvollständigkeit. Die beiden Terme einer elementaren Aussage sind das Einzelne und das Universale. Die Vollständigkeit des Einzelnen zeigt sich an folgendem: Wenn wir in einer Aussage einen Ausdruck gebrauchen, der ein Einzelnes einführt, setzen wir voraus, daß das Einzelne, über das wir sprechen, existiert. Damit setzen wir aber im Gebrauch dieses Ausdrucks die Wahrheit empirischer Aussagen voraus, denn wir setzen voraus, daß auf dieses Einzelne eine definite Beschreibung zutrifft. Das ist bei einem Ausdruck, der ein Universale einführt, nicht der Fall. Wir können einen Prädikatsausdruck verstehen und gebrauchen, ohne zu wissen, ob ein Einzelnes unter ihn fällt.

218 Werfen wir einen kurzen Blick zurück auf Methode und Ergebnis von Strawsons beschreibender Metaphysik. Strawson geht aus von der in jeder sprachlichen Verständigung gelingenden Referenz (der Hörer kann die Gegenstände, auf die der Sprecher sich mit seinen Subjektausdrücken bezieht, identifizieren) und fragt nach deren außersprachlichen Bedingungen. Er gelangt von diesem Ansatz her zu dem Ergebnis, daß den materiellen Körpern vor den anderen Kategorien der ontologische Vorrang zukommt. Strawson (1959, S.59) will diesen ontologischen Vorrang in einem sehr eingeschränkten Sinn verstanden wissen. Der Sinn der ontologischen Aussage ist abhängig von der Methode, durch die sie gewonnen wurde. Strawson will nicht behaupten, daß die materiellen Körper in einem primären Sinn existieren (anders 1959, S.247), daß nur sie real sind, daß alles andere Seiende auf die materiellen Körper zurückzuführen ist. Was er behauptet, ist lediglich ein Vorrang unter der Rücksicht der Identifikation. Die Frage, mit welchem Recht die Ontologie die Identifikation zum Ausgangspunkt und zum Kriterium der ontologischen Priorität nimmt, wird von Strawson nicht diskutiert. Identifikation, so könnte man einwenden, ist ein erster Schritt zur Ontologie. Sie schafft die Voraussetzung der Ontologie, indem sie auf das Sprachtranszendente hinweist, auf das wir uns sprechend beziehen. Aber ist sie bereits Ontologie im eigentlichen Sinn? Beantwortet sie die Frage nach der Seinsweise dessen, worauf wir uns beziehen? Oder kann diese, die eigentlich ontologische Frage, erst durch die Reflexion auf die Prädikation beantwortet werden?

Literatur:
Williams 1961
Runggaldier 1985, S.9—29

2. Der Begriff der Person

Unter den materiellen Körpern, auf die der Sprecher referiert, 219 kommt einem eine ausgezeichnete Bedeutung zu. Es ist der Körper, auf den der Sprecher sich mit dem Indexwort ›ich‹ bezieht, seine Person. Strawsons Ausführungen über den Begriff der Person (1959, Teil I § 3) führen seine allgemeinen ontologischen Überlegungen für einen speziellen Gegenstandsbereich weiter. Sie sind nicht zuletzt deshalb von besonderem Interesse, weil Strawson hier nicht von der Referenz, sondern von der Prädikation ausgeht. Die Person ist Subjekt der Erfahrung und zugleich ein raum-zeitlicher Gegenstand der Erfahrung unter anderen. Personen sagen von sich selbst und von anderen Personen zwei Klassen von Prädikaten aus, die Strawson als M- und P-Prädikate bezeichnet. M-Prädikate sind Prädikate, die wir auch materiellen Körpern zuschreiben, z. B. ›ist 1,80 m groß‹, ›ist schwarz‹. Die Klasse der P-Prädikate umfaßt alle Prädikate, die wir außer den M-Prädikaten von Personen aussagen, z. B. Lachen, Schmerzen haben, Nachdenken. Das Problem liegt darin, wie diese beiden unterschiedlichen Klassen von Prädikaten von ein und demselben Gegenstand ausgesagt werden können. Strawson lehnt zwei Auffassungen ab: 1. den Cartesianischen Dualismus. Danach werden M-Prädikate und P-Prädikate zwei unterschiedlichen Substanzen zugeschrieben. Die res cogitans ist Träger der P-Prädikate; sie *kann* nicht Träger der M-Prädikate sein; das Umgekehrte gilt von der res extensa. 2. die No-ownership-Theorie. Nach ihr gibt es keinen vom Körper verschiedenen Träger der Bewußtseinszustände usw.; die P-Prädikate werden nicht von einem eigenen Subjekt ausgesagt. Ihr Subjekt ist ausschließlich der Körper; sie sind kausal von Körperzuständen abhängig. Die No-ownership-Theorie, so Strawsons Kritik, muß voraussetzen, was sie bestreitet. Sie behauptet ›Alle *meine* Bewußtseinszustände sind durch Zustände eines bestimmten Körpers kausal bedingt‹. In dem Ausdruck ›*meine* Bewußtseinszustände‹ ist aber die Beziehung zu einer Person, die die Theorie bestreitet, impliziert. Die Cartesianische Theorie kann nicht erklären, wie P-Prädikate überhaupt ausgesagt werden können. Strawson lehnt den Begriff eines rein privaten Bewußtseins ab. Ich kann mir selbst nur dann Bewußtseinszustände zuschreiben, wenn ich sie auch anderen zuschreiben kann.

Ich kann sie anderen nur zuschreiben, wenn ich andere als Subjekte von P-Prädikaten identifizieren kann. Als bloße res cogitans kann ich aber den anderen niemals identifizieren. Identifizieren kann ich ihn nur als Träger der M-Prädikate. Wenn P-Prädikate sollen ausgesagt werden können, so müssen sie daher von *demselben* Subjekt wie die M-Prädikate ausgesagt werden. Das Ergebnis dieser Überlegung formuliert Strawson in der These, daß der Begriff der Person ein ursprünglicher (primitiver) Begriff ist. P- und M-Prädikate werden von ein und demselben Individuum ausgesagt. Diese Einheit der Person läßt sich auch durch folgende Überlegung verdeutlichen: Wenn der Sprecher bestimmte P-Prädikate von sich selber aussagt (z. B. ›Ich habe Schmerzen‹), so beruht diese Aussage nicht auf einer Beobachtung. Sagt er sie von anderen aus, so bedarf er dazu der äußeren Verhaltenskriterien. Strawson behauptet nun, daß beide Aspekte dieser Prädikate untrennbar zusammengehören. Wer sie lernt, kann den einen Aspekt des Gebrauchs nicht ohne den anderen lernen.

Literatur:

Ayer 1963, Nr. 4

L. Rudolf Carnap und der Wiener Kreis

Carnaps Leben und Werke

Rudolf Carnap (1891–1970) studierte von 1910 bis 1914 in Jena 220 und Freiburg Physik, Philosophie der Mathematik und Erkenntnis- und Wissenschaftstheorie. Frege, dessen Vorlesungen er in Jena besuchte, und Russell haben den tiefgreifendsten Einfluß auf seine philosophische Entwicklung ausgeübt. 1921 promovierte Carnap in Jena bei dem Neukantianer Bruno Bauch mit der Arbeit »Der Raum« (Berlin 1922), in der er drei Bedeutungen des Terms Raum unterschied, den formalen oder mathematischen Raum, den Anschauungsraum und den physikalischen Raum. Ab 1922 arbeitete er an der Aufgabe, die gesamte Erfahrungswelt mit Hilfe der Relationenlogik der »Principia Mathematica« aus Elementarerlebnissen zu konstruieren. Als Ergebnis erschien 1928 »Der Logische Aufbau der Welt«. Das Buch trägt als Motto den Satz von Russell »Wo immer möglich, sind logische Konstruktionen für erschlossene Entitäten einzusetzen«, und es ist einer der bedeutendsten Versuche, Russells empiristisches Programm durchzuführen. Von 1926 bis 1931 war Carnap Privatdozent für Philosophie an der Universität Wien, von 1931 bis 1935 Professor für Naturphilosophie an der deutschen Universität in Prag. Während dieser Zeit war er eines der führenden Mitglieder des Wiener Kreises. Bedeutendstes Werk dieser Jahre ist die »Logische Syntax der Sprache« (1934). An einen weiteren Leserkreis richten sich »Scheinprobleme in der Philosophie. Das Fremdpsychische und der Realismusstreit« (1928) und »Überwindung der Metaphysik durch logische Analyse der Sprache« (in: Erkenntnis 2 [1931] 219–241). In diesen beiden Schriften entwickelt Carnap seine radikale Metaphysikkritik. Ende 1935 folgte Carnap einem Ruf an die Universität Chicago. 1940/41 waren Carnap, Russell und Tarski an der Harvard-Universität in Cambridge/Massachusetts und diskutierten zusammen mit Quine und Nelson Goodman Probleme der Logik. 1954 wurde Carnap Nachfolger von Reichenbach an der Universität von Kalifornien in Los Angeles. Schwerpunkte von Carnaps Arbeit in den USA waren Semantik (Introduction to Semantics [1942]; Meaning and Necessity [1947]) und Wahrscheinlichkeitstheorie (Logical Foundations of Probability [1950]).

Literatur:

Schilpp 1963 (S.3−84: Autobiographie;
S.1017−1070: Primärbibliographie)
Krauth 1970   Hintikka 1975
Buck/Cohen 1971   Wandschneider 1975

Der Wiener Kreis

221 1923 lernte Carnap auf einer Konferenz über Logik und Wissenschaftstheorie in Erlangen den Physiker Hans Reichenbach
(1891−1953) kennen, der ab 1928 in Berlin lehrte und dort Mittelpunkt des dem Wiener Kreis nahestehenden Berliner Kreises war,
dem u. a. Carl Gustav Hempel angehörte. Reichenbach machte
Carnap 1924 mit Moritz Schlick (1882−1936) bekannt. Schlick,
von Max Planck promovierter Physiker, war 1922 auf den Lehrstuhl für Philosophie der induktiven Wissenschaften berufen worden, der 1895 an der Universität Wien für den Physiker Ernst Mach
(1838−1916), einen der Begründer des kritischen Positivismus
(Empirokritizismus; vgl. GK 9, § 230), geschaffen worden war.
Um Schlick bildete sich ein Kreis von Forschern, die an der philosophischen Grundlegung der Wissenschaften interessiert waren.
Auf seine Einladung hin kam Carnap 1926 nach Wien. Zu den Mitgliedern des Wiener Kreises zählten der Wirtschaftswissenschaftler
und Soziologe Otto Neurath (1882−1945), die Mathematiker Hans
Hahn, Kurt Gödel und Karl Menger, die Philosophen Gustav
Bergmann, Herbert Feigl und Friedrich Waismann. Von Prag aus
nahm Philipp Frank, der dort an der deutschen Universität als
Nachfolger von Einstein Professor für Physik war, an den Sitzungen teil. Vom Sommer 1927 an führten Schlick, Waismann, Carnap
und Feigl Gespräche mit Wittgenstein, die einen bedeutenden Einfluß auf die Auffassungen des Wiener Kreises ausübten; sie wurden
teilweise von Waismann aufgezeichnet (Wittgenstein, Werkausgabe
Bd. 3). In engem Kontakt zum Wiener Kreis stand Karl Popper
(geb. 1902). Er war ein scharfer Kritiker vieler dort vertretener Positionen. Seine »Logik der Forschung« erschien 1934 in den von
Philipp Frank und Moritz Schlick herausgegebenen »Schriften zur
wissenschaftlichen Weltauffassung«. 1930 hielt der polnische Logiker Alfred Tarski (geb. 1902) Vorlesungen in Wien. Gäste des Wiener Kreises waren u. a. Charles W. Morris, Quine und Alfred Jules
Ayer (geb. 1910), dessen Buch »Language, Truth and Logic« (1936)
die Gedanken des Wiener Kreises im englischen Sprachraum verbreitete. 1929 veröffentlichten Carnap, Hahn und Neurath die Pro-

grammschrift »Wissenschaftliche Weltauffassung. Der Wiener Kreis«. Ab 1930 erschien die von Carnap und Reichenbach herausgegebene Zeitschrift »Erkenntnis«. Vom Wiener Kreis veranstaltete Kongresse für »Einheit der Wissenschaft« verschafften ihm internationales Ansehen: Paris 1935, Kopenhagen 1936, Paris 1937 und Cambridge 1938. Ein von Neurath angeregtes Projekt dieser Kongresse war eine internationale Enzyklopädie der Einheitswissenschaft, von der ab 1939 einige Faszikel in Chicago erschienen. Die Auflösung des Wiener Kreises begann bereits 1931, als Feigl einem Ruf nach Iowa (USA) folgte. 1935 ging Carnap nach Chicago. 1936 wurde Schlick von einem seiner Doktoranden ermordet. Die Besetzung Österreichs 1938 zwang Neurath und Waismann zur Flucht nach England.

Der Wiener Kreis darf nicht als einheitliche philosophische Richtung mit dogmatischen Positionen betrachtet werden. Was ihn kennzeichnet, ist vielmehr die Vielfalt der Auffassungen seiner Mitglieder und die ständige Bereitschaft, erreichte Ergebnisse und Übereinstimmungen in Frage zu stellen. Philosophie wurde als eine Aufgabe angesehen, die ebenso wie die Naturwissenschaften nur in planmäßiger Zusammenarbeit bewältigt werden kann. Wichtige Anregungen gingen von Mach und den französischen Wissenschaftsphilosophen Poincaré und Duhem aus. Gemeinsam waren die Überzeugung, daß die Philosophie wie die Mathematik und die Naturwissenschaften den Forderungen der Genauigkeit, begrifflichen Klarheit und logischen Strenge zu entsprechen habe, und die Anwendung der durch Frege und Russell geschaffenen formalen Mittel, um diesem Anspruch zu genügen. Zu den gemeinsamen Grundüberzeugungen darf auch die von Wittgenstein im »Tractatus« vertretene Auffassung gerechnet werden, daß die Sätze der Logik und Mathematik Tautologien sind. Damit wandte der Wiener Kreis sich einmal gegen die Ansicht von J. St. Mill und Spencer, die Gesetze der Logik und Mathematik seien empirisch und könnten durch Induktion begründet werden. Sie sind vielmehr apriorisch, wenn man darunter lediglich versteht, daß sie unabhängig von und vor aller Erfahrung gelten. Der andere Gegner ist der Rationalismus, nach dem die Gesetze der Logik und Mathematik Gesetze der Wirklichkeit, also ontologische Gesetze, sind, die unabhängig von der Erfahrung erkannt werden können. Logik und Mathematik ermöglichen nach der rationalistischen These eine erfahrungsunabhängige Erkenntnis der Wirklichkeit. Diesen Wirklichkeitsbezug lehnt der Wiener Kreis entschieden ab. Logik und Mathematik haben es nicht mit der Wirklichkeit, sondern nur mit der Art und Weise zu tun, wie wir die Wirklichkeit darstellen; sie geben an, welche Umformungen innerhalb der Symbole, mit denen wir die Wirklichkeit darstellen, zulässig sind. Wenn ich weiß, daß die Disjunktion ›p oder nicht p‹ für alle Wahrheitswertverteilungen von ›p‹ und ›nicht p‹ wahr ist, weiß ich damit noch nichts über die Wirklichkeit. »Ich weiß z. B. nichts über das Wetter, wenn ich weiß, daß es regnet oder nicht regnet« (Tractatus 4.461). Oder um ein Beispiel von Schlick anzuführen (1938, S.222): Wenn mir jemand erzählt, daß er 7 + 5 Hektar Land besitzt, und ich ihm sage, er besitze 12 Hektar, so teile ich ihm nichts Neues mit; ich wiederhole lediglich seine eigene Aussage mit anderen Worten. ›5 + 7 = 12‹ »ist eine Regel, die es uns erlaubt, eine Aussage, in der die Zeichen 5 + 7 vorkommen, in eine äquivalente Aussage umzuformen, in der das Zeichen 12 vorkommt. Es ist eine Regel über den Gebrauch von Zeichen, und deshalb beruht sie nicht auf der Wirklichkeit, sondern auf der willkürlichen Definition der Zeichen«.

Literatur:

Jörgensen 1951
Kraft 1968
Haller 1982
Stadler 1982

Dahms 1985
Uebel 1991
(S. 295–319: Bibliographie)

I. Protokollsätze

223 Die Vielfalt der Positionen innerhalb des Wiener Kreises sei anhand eines Beispiels dargestellt: der Kontroverse, die Carnap, Neurath und Schlick in den Jahrgängen 1931–1934 der »Erkenntnis« über die Protokollsätze ausgetragen haben. (Sie wurde später von Schlick und Hempel in der Zeitschrift »Analysis« fortgeführt.) Gegenstand der Diskussion ist die Erfahrungsgrundlage der Wissenschaft. Der Begriff des Protokollsatzes ist (jedenfalls aus der Perspektive Schlicks) eine neue Formulierung des seit Descartes zentralen Problems der Erkenntnistheorie, ob es eine absolute Gewißheit als Fundament des Wissens gibt.

224 In seiner Abhandlung »Die physikalische Sprache als Universalsprache der Wissenschaft« (in: Erkenntnis 2 [1931]) fordert Carnap ein »*ursprüngliches* Protokoll« (S.437). Es muß in einer reinen Erlebnis- oder phänomenalen Sprache verfaßt sein und darf daher keine Sätze enthalten, die einen nicht unmittelbar beobachteten

Sachverhalt beschreiben. Ein Beispiel eines solchen ursprünglichen Protokolls wäre: »Versuchsanordnung: an den und den Stellen sind Körper von der und der Beschaffenheit [. . .]; jetzt hier Zeiger auf 5, zugleich dort Funke und Knall, dann Ozongeruch« (S.437f.). Die Sätze dieser Protokollsprache nehmen im System einer Wissenschaft eine ausgezeichnete Stellung ein: Sie bedürfen keiner Bewährung, d. h. sie sind jeder Kritik entzogen, und sie dienen als Grundlage für alle übrigen Sätze der Wissenschaft. Carnap unterscheidet im System einer Wissenschaft drei Klassen von Sätzen: 1. generelle Sätze (Naturgesetze); 2. singuläre Sätze (z. B. ›An der und der Raumstelle beträgt die Temperatur so und so viel‹); 3. Protokollsätze. Die Verifikation im strengen Sinn eines wissenschaftlichen Systems lehnt er ab: Aus Protokollsätzen können niemals singuläre und generelle Sätze abgeleitet werden. Ein genereller Satz hat in bezug auf die singulären Sätze immer den Charakter einer Hypothese; dasselbe gilt von den singulären Sätzen in bezug auf die Protokollsätze. Dagegen besteht die umgekehrte Ableitungsmöglichkeit: Aus singulären Sätzen lassen sich mit Hilfe der Naturgesetze Protokollsätze ableiten. Wir können die Sätze einer Wissenschaft überprüfen, indem wir feststellen, ob die abgeleiteten Protokollsätze im Protokoll vorkommen.

Neurath (Protokollsätze, in: Erkenntnis 3 [1932/33]) wendet sich 225 gegen die Forderung einer ursprünglichen Protokollsprache und die These von der ausgezeichneten Stellung der Protokollsätze. Zunächst ist uns eine historische Trivialsprache mit einer Fülle unpräziser, unanalysierter Termini (»Ballungen«) gegeben. Indem wir sie von metaphysischen Bestandteilen reinigen, erhalten wir eine physikalistische Trivialsprache. Daneben gibt es die physikalistisch hochwissenschaftliche Sprache, über die wir nur für bestimmte Wissenschaften verfügen. Eine Wissenschaft kann aber niemals, was Carnaps Ideal der ursprünglichen Protokollsprache fordert, ausschließlich mit der hochwissenschaftlichen Sprache arbeiten. Sie muß sich immer auch eines »Universalslangs« bedienen, der auch Termini der physikalistischen Trivialsprache verwendet. »Es gibt keine tabula rasa. Wie Schiffer sind wir, die ihr Schiff auf offener See umbauen müssen, ohne es jemals in einem Dock zerlegen und aus besten Bestandteilen neu errichten zu können. Nur die Metaphysik kann restlos verschwinden. Die unpräzisen ›Ballungen‹ sind immer irgendwie Bestandteil des Schiffes. Wird die Unpräzision an einer Stelle verringert, kann sie wohl gar an anderer Stelle verstärkt wieder auftreten« (S.206). Wissenschaft ist ein widerspruchsfreies System von Sätzen. Wie sollen wir uns verhalten, wenn wir auf einen Protokollsatz stoßen, der Nichtprotokollsätzen unserer Wissenschaft widerspricht? Nach Carnap käme nur eine Abänderung der singulären und generellen Sätze in Frage. Dagegen bedarf nach Neurath *jeder* Satz der Bewährung. Es gibt innerhalb des Universalslangs keine Sätze, die ursprünglicher sind als andere. Die Möglichkeit von Sätzen einer reinen Erlebnissprache ist eine Fiktion. Jeder Satz enthält Termini der physikalistischen Trivialsprache. Deshalb sind alle Sätze von gleicher Ursprünglichkeit. Es gibt keine endgültig gesicherten sauberen Protokollsätze, die man zum Ausgangspunkt der Wissenschaft machen könnte und folglich keine Sätze, die keiner Bewährung bedürften und deshalb nicht gestrichen werden könnten.

226 In seiner Erwiderung auf Neurath (Über Protokollsätze, in: Erkenntnis 3 [1932/33]) skizziert Carnap zwei verschiedene Formen einer Wissenschaftssprache. Sprachform 1 ist eine Interpretation seiner eigenen These von 1931, Sprachform 2 eine Interpretation von Neurath. Jede der beiden Sprachformen kann widerspruchsfrei durchgeführt werden. Für *Sprachform 1* ist wesentlich, daß sie Protokollsätze außerhalb der Systemsprache annimmt; es werden besondere Regeln aufgestellt, um die Protokollsätze in die Systemsprache zu übersetzen. Als Protokollsatz gilt jeder beobachtbare Vorgang, für den man eine Übersetzungsregel aufgestellt hat. Carnap bringt das Beispiel eines Apparates, der fünf Signalscheiben hat, die jeweils eine der Ziffern von 1 bis 5 tragen. Wir beobachten, daß bei schwachem Regen die Signale ›1‹ und ›4‹, bei starkem Regen die Signale ›1‹ und ›5‹ sichtbar werden usw. Aufgrund dieser Beobachtungen können wir folgende Übersetzungsregeln aufstellen: 1 es regnet; (2 es schneit; 3 es hagelt;) 4 schwach; 5 stark. Weil diese Übersetzungsregeln bestehen, werden die Signale des Apparats wie Sätze einer Sprache behandelt. Nehmen wir nun, um auf den zwischen Carnap und Neurath kontroversen Punkt zu kommen, an, ein Satz, den wir durch die Übersetzung eines Protokollsatzes erhalten, erweise sich als unvereinbar mit unserem übrigen Wissen, d. h. mit den anderen bereits anerkannten Sätzen. Der Protokollsatz selbst kann nicht abgeändert werden; insofern hält Carnap an seiner Position von 1931 fest. Was dagegen (außer den hypothetischen Sätzen) abgeändert werden kann, sind die Übersetzungsregeln, denn es ist möglich, daß wir uns bei der Deutung der Signale geirrt haben. Damit hat Carnap aber in einem entscheidenden Punkt Neuraths Position übernommen: Die ›Protokollsätze‹ der Sprachform 1 sind außersprachliche Vorgänge; sie können nur in einem analogen Sinn Sätze genannt werden. Die Systemsprache selbst kennt keine Sätze, die nicht der Bewährung bedürfen und als Grundlage für alle anderen Sätze dienen können. *Sprachform 2* ver-

wendet gewisse singuläre Sätze der Systemsprache als Protokoll-sätze. Welche singulären Sätze sind es? Carnap unterscheidet zwei Möglichkeiten. In *Sprachform 2 A* (die nach Carnaps Interpretation Neuraths Auffassung wiedergibt) wird festgesetzt, daß nur singu-läre Sätze *einer bestimmten Form* als Protokollsätze dienen sollen. Welche Form wir wählen sollen, ist nicht eine Frage der Richtig-keit, sondern ausschließlich der Zweckmäßigkeit. In *Sprachform 2 B* (Carnap verdankt sie Gesprächen mit Karl Popper) kann *jeder* singuläre Satz unter Umständen als Protokollsatz genommen wer-den. Um ein Naturgesetz überprüfen zu können, leiten wir aus ihm und Randbedingungen singuläre Sätze ab, aus diesen wiederum an-dere singuläre Sätze usw. Diese Ableitung kann grundsätzlich be-liebig fortgeführt werden. Um die Naturgesetze nachprüfen zu können, müssen wir aber bei bestimmten singulären Sätzen halt machen. Wo wir halt machen, d. h. welche Sätze wir als Protokoll-sätze verwenden, ist eine Sache der Festsetzung. Grundsätzlich kann man von jedem singulären Satz aus noch weiter zurückgehen; »es gibt keine absoluten Anfangssätze für den Aufbau der Wissen-schaft« (S.224). Ist ein Protokollsatz mit bereits angenommenen hypothetischen Sätzen nicht vereinbar, so haben wir die Wahl, den Protokollsatz oder die hypothetischen Sätze zu ändern.

Carnap wendet sich gegen den Absolutismus in der Erkenntnis-theorie, von dem auch der Positivismus des Wiener Kreises nicht frei sei, weil er, im Anschluß an den »Tractatus«, atomare Sätze an-nehme, die das absolute Fundament der Erkenntnis bilden. In jeder der dargestellten Sprachformen ist nach Carnap der Absolutismus überwunden, am radikalsten jedoch in dem von Popper entwickel-ten Verfahren 2 B. Jede dieser Sprachformen ist widerspruchsfrei durchführbar und daher berechtigt; für welche wir uns entscheiden sollen, ist wiederum keine Frage der Richtigkeit, sondern der Zweckmäßigkeit. Daß wir zwischen verschiedenen möglichen Sprachen wählen können, bezeichnet Carnap als »Toleranzprin-zip«; er hat es in allen Perioden seines Denkens vertreten. »Wir wollen nicht Verbote aufstellen, sondern Festsetzungen treffen«, so formuliert es die »Logische Syntax der Sprache«. »In der Logik gibt es keine Moral. Jeder mag seine Logik, d. h. seine Sprachform, auf-bauen wie er will. Nur muß er, wenn er mit uns diskutieren will, deutlich angeben, wie er es machen will« (S.44f.).

Für Schlick (Über das Fundament der Erkenntnis, in: Erkenntnis 4 227 [1934]) geht es in der Kontroverse über die Protokollsätze um die Wahrheitstheorie. Neurath und Carnap 1932/33 vertreten nach ihm eine Kohärenztheorie der Wahrheit; danach ist die Überein-stimmung eines Satzes mit dem System der übrigen Sätze Kriterium seiner Wahrheit. Dagegen hält Schlick die Korrespondenztheorie, nach der die Wahrheit eines Satzes in seiner Übereinstimmung mit den Tatsachen besteht, für unverzichtbar; er verteidigt eine absolutistische Erkenntnistheorie. Daß Wahrheit mit qualifizierter Widerspruchsfreiheit gleichzusetzen ist, will auch Schlick keineswegs bestreiten. Für die Wissenschaften, deren Sätze keinen Bezug zur Wirklichkeit haben, z. B. die reine Geometrie, ist Wahrheit Vereinbarkeit mit willkürlich festgesetzten Axiomen. Will man die Wahrheit der Sätze der empirischen Wissenschaften mit Hilfe der Widerspruchsfreiheit definieren, so ist zu fordern, daß sie mit ganz bestimmten Aussagen, nämlich denen, die die Tatsachen der unmittelbaren Beobachtung wiedergeben, nicht im Widerspruch stehen. »Nicht Verträglichlichkeit mit irgendwelchen beliebigen Sätzen kann Kriterium der Wahrheit sein, sondern Zusammenstimmen mit gewissen ausgezeichneten, in keiner Weise frei wählbaren Aussagen wird gefordert« (S.85 f.). Wie sind diese ausgezeichneten Aussagen, die »Fundamentalsätze«, näher zu charakterisieren? Schlick unterstellt Neurath und Carnap, sie entschieden die Frage anhand eines »Ökonomieprinzips«. Danach sind bei Widersprüchen die Sätze zu ändern, die mit den geringsten Eingriffen in das System als Ganzes geändert werden können. Die Sätze, deren Änderung den größten Eingriff bedeuten würde, sind als Fundamentalsätze zu wählen. Dabei können nicht bestimmte Sätze ein für allemal als Fundamentalsätze festgelegt werden, denn es wird je nach Erkenntnisstand verschieden sein, in welchem Ausmaß eine Änderung bestimmter Sätze einen Eingriff in das System bedeutet. Schlick lehnt diesen Ökonomiestandpunkt als Relativismus ab. Aber auch die Protokollsätze können seiner Ansicht nach nicht Fundamentalsätze sein, denn sie sind zahlreichen Möglichkeiten des Irrtums ausgesetzt. Absolute Geltung haben allein die »Konstatierungen«: Sätze, die einen in der Gegenwart liegenden Tatbestand der eigenen Wahrnehmung oder des eigenen Erlebens ausdrücken, z. B. ›Hier grenzt jetzt gelb an blau‹, ›Hier jetzt Schmerz‹. Worauf beruht ihre absolute Geltung? In den Konstatierungen kommen hinweisende Wörter vor, deren Bedeutung sich nicht mit Hilfe von Definitionen, sondern nur durch hinweisende Gesten angeben läßt. Man kann daher den Satzsinn einer Konstatierung nur verstehen, wenn man gleichzeitig mit einer Geste auf die Wirklichkeit hindeutet. Das bedeutet aber, daß das Verstehen des Satzsinns einer Konstatierung nur zusammen mit der Durchführung der Verifikation der Konstatierung möglich ist. Während bei allen anderen synthetischen Aussagen das Feststellen des Sinns und der Wahrheit verschiedene Vorgänge sind, fallen sie, wie bei den analytischen Sätzen, bei den Konstatierungen zusammen. Auf der Verwendung der hinweisenden Wörter beruht die absolute Geltung der Konstatierungen; durch sie ist aber zugleich bedingt, daß sie nicht als Sätze in das System einer Wissenschaft eingehen können. Sobald wir eine Konstatierung aufschreiben, verliert sie, da sie ausschließlich auf die Gegenwart bezogen ist, ihren Sinn. Wenn wir auf der Grundlage von Konstatierungen Protokollsätze bilden, geben wir ihre absolute Geltung preis. Schlick stimmt also mit Neurath und Carnap 1932/33 darin überein, daß es *im System einer Wissenschaft* keine Sätze gibt, die von der Bewährung ausgenommen und absolutes Fundament aller anderen Sätze sind, denn Konstatierungen können keine Sätze im System einer Wissenschaft sein. Alle Sätze einer Wissenschaft einschließlich der Protokollsätze sind vom Gesichtspunkt ihres Wahrheitswerts aus betrachtet Hypothesen. Haben die Konstatierungen dann aber überhaupt noch eine Bedeutung für die Wissenschaft? Schlick unterscheidet zwei Funktionen: 1. Sie regen zur Bildung von Hypothesen an; insofern können sie in einem weiteren Sinn als Fundament der Wissenschaft bezeichnet werden. 2. Sie übernehmen, darin besteht ihre entscheidende Aufgabe, die Verifikation. Hypothesen sind Voraussetzungen, die erfüllt oder nicht erfüllt werden können. Die Konstatierungen drücken die Erlebnisse der Erfüllung oder Enttäuschung aus. Sie sind nicht der absolute Anfang, sondern das absolute Ende des Erkenntnisvorgangs. – Schlick schwankt, wie Hempel (in: Haller 1982, S.5f.) gezeigt hat, zwischen zwei miteinander unvereinbaren Begriffen von ›Konstatierung‹. Einerseits spricht er von Konstatierungen als Beobachtungsaussagen, denen Wahrheit und Gewißheit zukommt. Andererseits spricht er ihnen den Status von aufschreibbaren und formulierbaren Sätzen ab. In diesem zweiten Sinn sind Konstatierungen psychologische Ereignisse, z.B. eine Wahrnehmung oder ein Schmerz. Ereignisse sind aber als solche weder wahr noch gewiß; sie treten ein oder sie treten nicht ein.

Nach diesem kurzen Einblick in die Diskussionen des Wiener Kreises wenden wir uns der Philosophie von Rudolf Carnap zu.

II. Das Konstitutionssystem der Erfahrungswelt

Im »Logischen Aufbau der Welt« (LA) stellt Carnap sich die Aufgabe, ein Konstitutionssystem der Gegenstände oder Begriffe (zwischen beiden besteht nach dem LA nur ein Unterschied der Sprech-
228

weise) zu entwickeln. Ziel ist ein Stammbaum, in dem alle Begriffe aus einigen wenigen Grundbegriffen abgeleitet sind und in dem jeder Begriff seinen Platz hat. Die Erfahrung zeigt uns verschiedene Wirklichkeitsbereiche, die physischen, psychischen und geistigen Gegenstände. Der LA will sie auf elementare Gegenstände, die »Basis« des Systems, zurückführen. So soll ein einheitliches Begriffssystem für alle Wissenschaften geschaffen und die verschiedenen Wissenschaften in einer Einheitswissenschaft verbunden werden. Die unterschiedlichen Wirklichkeitsbereiche sollen dargestellt werden als *Stufen* eines Systems. Die Stufenordnung ist dadurch bestimmt, daß die Gegenstände der höheren durch die der niederen Stufe konstituiert sind. ›Konstituiert‹ bedeutet: Alle Aussagen über die Gegenstände der höheren Stufe können aufgrund einer Übersetzungsregel auf Aussagen über Gegenstände der niederen Stufe zurückgeführt werden. Der Aufbau eines Konstitutionssystems stellt uns vor zwei Aufgaben: 1. Wir müssen klären, welches die Grundelemente sind, auf die die verschiedenen Stufen der Wirklichkeit zurückgeführt werden. 2. Wir benötigen ein Prinzip der Verbindung, damit wir aus den Grundelementen die Gegenstände höherer Ordnungen aufbauen können.

229 Zu 1. Carnap wählt die erkenntnismäßige Abfolge als Prinzip für den Aufbau seines Konstitutionssystems. Die Frage nach den Grundelementen wird anhand des Kriteriums der »erkenntnismäßigen Primarität« entschieden. Ein Gegenstand a ist gegenüber einem Gegenstand b erkenntnismäßig primär, wenn das Erkennen von a Voraussetzung für das Erkennen von b ist. Jeder Gegenstand wird aus solchen konstituiert, die ihm gegenüber erkenntnismäßig primär sind. Unter dieser Rücksicht sind geistige Gegenstände auf ihre psychischen Erscheinungsformen rückführbar. Bei den psychischen Gegenständen ist zwischen dem Fremdpsychischen und dem Eigenpsychischen zu unterscheiden. Das Fremdpsychische kann nur durch physische Vorgänge erkannt werden. Das Physische ist aber wiederum sekundär gegenüber dem Eigenpsychischen, denn Aussagen über physische Gegenstände lassen sich umformen in Aussagen über Wahrnehmungen. Es ergibt sich also folgende erkenntnismäßige Abfolge: Eigenpsychisches, Physisches, Fremdpsychisches, Geistiges. Der LA wählt, als Konsequenz der erkenntnismäßigen Ordnung, das Eigenpsychische als Basis, d. h. er entscheidet sich für den methodischen Solipsismus. – Entsprechend seinem Toleranzprinzip ist diese Basis für Carnap aber nicht die einzig mögliche. Eine alternative Basis wäre das Physische. Ein solches materialistisches Konstitutionssystem hätte den Vorzug, daß es das Gebiet als Basisgebiet hat, das als einziges eine eindeutige

Gesetzmäßigkeit seiner Vorgänge besitzt. – Als Grundelemente wählt Carnap die »Elementarerlebnisse«: Querschnitte durch den Erlebnisstrom, die die Gesamtheit der Erlebnisse eines Augenblicks umfassen. Dadurch unterscheidet er sich von empiristischen Theorien, die, wie z. B. Mach, von einfachsten Sinnesdaten ausgehen. Diese einfachsten Empfindungen sind für Carnap nicht erkenntnismäßig primär, sondern bereits Abstraktionen aus Elementarerlebnissen.

Zu 2. Aus den Elementarerlebnissen werden mit Hilfe der Relationstheorie der »Principia Mathematica« die verschiedenen Stufen der Dinge konstituiert. Ersetzen wir in Aussagesätzen die Gegenstandsnamen (Argumente) durch Variablen, so erhalten wir Aussagefunktionen. Eine Aussagefunktion mit nur einer Argumentstelle (z. B. ›x ist rot‹) bezeichnet Carnap als Eigenschaft, eine solche mit zwei oder mehreren Argumentstellen (z. B. ›x ist größer als y‹) als Beziehung. Ergeben zwei Aussagefunktionen durch Einsetzung genau derselben Argumente stets wahre Sätze, so heißen sie umfangsgleich. So sind z. B. ›x ist ein vernunftbegabtes Tier‹ und ›x ist ein zweifüßiges Tier ohne Federn‹ umfangsgleich; sie unterscheiden sich aber durch ihre Intension. Wir können nun bei umfangsgleichen Aussagefunktionen von allem absehen, wodurch sie sich unterscheiden, und ihnen ausschließlich aufgrund ihrer Umfangsgleichheit dasselbe Zeichen, Extensionszeichen genannt, zuordnen. Diese Zuordnung geschieht durch Definitionen. Obwohl die Extensionszeichen für Satzfunktionen, also für ungesättigte Zeichen, stehen und keine selbständige Bedeutung haben, können wir doch von ihnen sprechen, als ob es Gegenstände gäbe, die sie bezeichnen. So können wir z. B. das Symbol ›ma‹ als Extensionszeichen der Funktionen ›x ist ein vernunftbegabtes Tier‹ und ›x ist ein zweifüßiges Tier ohne Federn‹ einführen. Wir können ma als Argument in Aussagefunktionen einsetzen. Diese von den Extensionszeichen benannten Quasigegenstände nennt Carnap Extensionen. Die Extension einer Eigenschaft bezeichnet er als Klasse, die einer Beziehung als Relation. Klasse und Relation sind die Stufenformen der Konstitution. Mit den Quasigegenständen der Extensionen haben wir gegenüber den Gegenständen, deren Namen wir in die Aussagefunktion, von der wir ausgingen, einsetzen können, eine neue Stufe erreicht. Das zeigt sich daran, daß wir das Extensionszeichen nicht als Argument in diese ursprüngliche Aussagefunktion einsetzen können. Über eine Klasse läßt sich nicht aussagen, was sich über ihre Elemente aussagen läßt. Wir können z. B. in die Aussagefunktion ›x ist sterblich‹ ›dieser Mensch‹ als Argument einsetzen, dagegen nicht ›die Klasse der Menschen‹. ›Peter ist größer als Paul‹

ist ein sinnvoller Aussagesatz. Wir können aber nicht fragen, ob die Relation {x ist größer als y} größer oder kleiner im obigen Sinn als eine andere Relation ist. So kann Carnap seine These von der Einheit des Gegenstandsbereichs aller Wissenschaften mit der Tatsache vereinbaren, daß die einzelnen Wissenschaften sich mit jeweils unterschiedlichen Gegenstandsarten befassen. Die Vielheit der Gegenstandsarten ergibt sich daraus, daß die einzelnen Wissenschaften mit verschiedenen Extensionszeichen arbeiten, also über unterschiedliche Quasigegenstände sprechen. Die Extensionszeichen können aber, und damit ist die Einheit des Gegenstandsbereichs aller Wissenschaften gewahrt, aufgrund der Definitionen in die entsprechenden Aussagefunktionen rückübersetzt werden. Alle Gegenstände lassen sich aus meinen Elementarerlebnissen konstituieren. Jeder Gegenstand, der nicht selbst eines meiner Erlebnisse ist, ist nur ein Quasigegenstand; sein Name ist nur eine Abkürzung, um über meine Erlebnisse zu sprechen. Carnap bezeichnet die Konstitutionsmethode des LA als extensional. Sie beruht auf der Extensionalitätsthese, nach der über Aussagefunktionen nur extensionale, aber keine intensionalen Aussagen möglich sind. Eine Aussage über die Aussagefunktion f ist genau dann extensional, wenn in ihr unbeschadet ihres Wahrheitswertes an die Stelle von f eine beliebige andere mit f umfangsgleiche Aussagefunktion eingesetzt werden kann. Nach der Extensionalitätsthese kann also in jeder Aussage über eine Aussagefunktion diese durch ihr Extensionszeichen ersetzt werden. Carnap vermutet, daß das gesamte Konstitutionssystem sich mit Hilfe einer einzigen Grundbeziehung, die er Ähnlichkeitserinnerung nennt, konstruieren läßt. Aus den Elementarerlebnissen und der Grundbeziehung baut Carnap dann, in unterschiedlicher Ausführlichkeit und Technizität, das Konstitutionssystem auf: die unteren Stufen der eigenpsychischen, die mittleren Stufen der physischen und die oberen Stufen der fremdpsychischen und der geistigen Gegenstände.

231 Carnap versteht seine Konstitutionstheorie als radikale Kritik an der Metaphysik. Er fordert, alle Metaphysik als unwissenschaftlich aus der Philosophie zu verbannen. Er glaubt, die Konstitutionstheorie könne die wesentlichen Fragen der traditionellen Metaphysik auf ihren sinnvollen Kern reduzieren. Das sei an drei Beispielen erläutert: 1. Das Wesen. Wenn die Metaphysik nach dem Wesen eines Gegenstandes fragt, so möchte sie wissen, was er in sich sei. Soll diese Frage sinnvoll sein, so kann sie nur als Frage nach der Bedeutung des Gegenstandsnamens verstanden werden. Aufgrund der Extensionalitätsthese muß Carnap die Frage aber auch in dieser Form ablehnen. Beantwortbar sind nur die Fragen: Welche Sätze,

in denen dieser Gegenstandsname vorkommen kann, sind wahr? Welches sind die Wahrheitskriterien dieser Sätze? Sie werden dadurch beantwortet, daß die Gegenstände entsprechend den Regeln der Konstitutionstheorie konstruiert werden. 2. Der Leib-Seele-Dualismus. Sind Leib und Seele zwei verschiedene Substanzen, wie es der Dualismus, oder nur eine Substanz, wie es der Monismus behauptet? Wie Russell (§ 177) vertritt Carnap einen neutralen Monismus. Physisches und Psychisches sind nicht zwei »Prinzipien oder Seiten« der Wirklichkeit. Einziges Prinzip der Wirklichkeit sind die Grunderlebnisse. Das Physische und das Psychische sind lediglich Quasigegenstände. Es sind verschiedene Ordnungsformen des einen, einheitlichen Gebiets der Grunderlebnisse. 3. Das Wirklichkeitsproblem. Der LA kennt zwei Wirklichkeitsbegriffe. Der *empirische* Wirklichkeitsbegriff unterscheidet zwischen wirklichen und unwirklichen physischen Dingen, z. B. einem geographisch festgestellten und einem nur geträumten Berg. Physische Dinge sind wirklich, wenn sie Teilgebiete des einen vierdimensionalen Raum-Zeit-Systems sind, d. h. wenn sie anhand der Regeln des Konstitutionssystems aus den Elementarerlebnissen aufgebaut sind. Der *metaphysische* Wirklichkeitsbegriff beinhaltet die Unabhängigkeit vom erkennenden Bewußtsein. In der Frage der metaphysischen Wirklichkeit unterscheiden sich Realismus (die physischen und fremdpsychischen Gegenstände sind wirklich), Idealismus (die fremdpsychischen, aber nicht die physischen Gegenstände sind wirklich) und Phänomenalismus (die physischen Gegenstände sind Erscheinungen unerkennbarer ›Dinge an sich‹). Dieser Wirklichkeitsbegriff gehört nach Carnap nicht in die rationale Wissenschaft, sondern in die Metaphysik, weil er sich nicht im Konstitutionssystem konstruieren läßt. Carnap ist der Auffassung, daß Realismus, Idealismus und Phänomenalismus einander widersprechen, daß jedoch jede dieser Theorien mit der Konstitutionstheorie vereinbar ist; sie ist das gemeinsame, neutrale Fundament aller drei Theorien. Der Widerspruch zwischen den drei Systemen tritt erst im metaphysischen Gebiet auf; er beruht darauf, daß die Grenzen der Erkenntnis überschritten werden.

Literatur:

Goodman 1963, 1966 Kap.5   Runggaldier 1984

III. Ontologie als logische Syntax

232 Im Wiener Kreis hatte sich, auch unter dem Einfluß des »Tractatus«, immer mehr die Ansicht herausgebildet, daß die Probleme der traditionellen Ontologie die Sprache und nicht die Wirklichkeit betreffen. Während der »Tractatus« die These vertrat, es gebe nur *eine* sinnvolle Sprache, die der Naturwissenschaften, und alle Probleme, die die Sprache betreffen, müßten durch den Vorgang des Zeigens geklärt werden, war der Wiener Kreis, angeführt von Neurath, der Auffassung, man könne in einer sinnvollen Sprache über Sprachen sprechen. Carnaps »Logische Syntax der Sprache« (LSS) stellt sich die Aufgabe, eine solche Sprache (Meta- oder Syntaxsprache), deren Objekt Sprachen (Objektsprachen) sind, als differenziertes Mittel der philosophischen Analyse zu entwickeln. Die logische Syntax einer Sprache ist die formale Theorie dieser Sprache. Die Theorie einer Sprache ist formal, wenn in ihr auf die Bedeutung der Zeichen (z. B. der Wörter) und den Sinn der Ausdrücke (z. B. der Sätze) nicht Bezug genommen wird, sondern nur auf die Art und Reihenfolge der Zeichen, aus denen die Ausdrücke aufgebaut sind. Wir machen z. B. über den Ausdruck ›Das Buch ist schwarz‹ eine formale Aussage, wenn wir behaupten, er sei ein Satz aus vier Wörtern, von denen das erste ein Artikel, das zweite ein Substantiv, das dritte ein Verb und das vierte ein Adjektiv sei. Objekt der logischen Syntax sind Sprachen. ›Sprache‹ ist dabei verstanden als System von Regeln im Unterschied zu den Akten des Sprechens. Ein solches System besteht aus zwei Arten von Regeln. Die *Formregeln* einer Sprache S bestimmen, wie in S aus verschiedenen Arten von Symbolen Sätze gebildet werden können. Eine der Formregeln der deutschen Sprache ist z. B., daß eine Abfolge von vier Wörtern, von denen das erste ein Artikel, das zweite ein Substantiv, das dritte ein Verb und das vierte ein Adjektiv ist, einen Satz bilden. Die *Umformungsregeln* bestimmen, wie gegebene Sätze in andere umgeformt werden, d. h. wie wir aus gegebenen Sätzen andere folgern können. Beispiele sind die Regeln der Quantoren- und der Aussagenlogik. Die Formregeln entsprechen in etwa denen der Grammatik, die Umformungsregeln denen der Logik. Die Grammatik hat es ausschließlich mit der Form sprachlicher Ausdrücke zu tun; sie kann als rein formale Wissenschaft betrieben werden. Wie aber steht es mit der Logik? Es ist eine verbreitete Auffassung, daß die Logik sich nicht mit Sätzen sondern mit Gedanken oder Propositionen befaßt und nicht vom Inhalt der sprachlichen Ausdrücke abstrahieren kann. Dieser üblichen Unterscheidung zwischen Grammatik

und Logik stellt die LSS die These entgegen: Zwischen Form- und Umformungsregeln besteht kein grundlegender Unterschied. Auch die Logik kann als rein formale Wissenschaft betrieben werden. Die LSS spricht deswegen nur von Sätzen und nicht von Propositionen. Die logischen Beziehungen zwischen Sätzen hängen nur von deren syntaktischer Struktur ab. Auch die Umformungsregeln verwenden nur syntaktische Bestimmungen. Deshalb kann Carnap das System der Form- und Umformungsregeln zusammenfassend als logische Syntax bezeichnen. Da natürliche Sprachen sehr unsystematisch sind, würde die logische Syntax einer natürlichen Sprache äußerst kompliziert und praktisch undurchführbar. Carnap entwickelt deshalb die formalen Regeln zweier konstruierter Symbolsprachen, der definiten Sprache I und der indefiniten Sprache II. Sind Objektsprache und Syntaxsprache zwei verschiedene Sprachen? Wenn ja, so braucht man eine dritte Sprache, um über die Syntaxsprache zu sprechen usw. bis ins Unendliche. Carnap zeigt, daß die Syntax einer Sprache in dieser Sprache selbst formuliert werden kann, ohne daß dadurch ein Widerspruch auftritt.

Worin liegt die philosophische Bedeutung dieses Programms? Alle sinnvollen philosophischen Probleme, so die These der LSS, gehören zur Syntax. Philosophie ist durch Syntax der Wissenschaftssprache zu ersetzen. Die logische Syntax tritt an die Stelle der Ontologie. Die LSS unterscheidet drei Arten von Sätzen: Objektsätze (›Die Rose ist rot‹), Pseudo-Objektsätze oder quasi-syntaktische Sätze (›Die Rose ist ein Ding‹) und syntaktische Sätze (›Das Wort »Rose« ist ein Dingwort‹). Alle Sätze der empirischen Wissenschaften sind Objektsätze. Pseudo-Objektsätze und syntaktische Sätze unterscheiden sich nicht in ihrem Aussagegehalt, sondern nur in ihrer Formulierung. Die Pseudo-Objektsätze verwenden Wörter, die Objekte bezeichnen, während die syntaktischen Sätze sich ausschließlich auf die Form sprachlicher Ausdrücke beziehen. Carnap nennt deshalb die Pseudo-Objektsätze Sätze der inhaltlichen Redeweise und die syntaktischen Sätze Sätze der formalen Redeweise. Alle Sätze der inhaltlichen können in die formale Redeweise übersetzt werden. ›Philosophie‹ ist nach der LSS eine Sammelbezeichnung für sehr unterschiedliche Untersuchungen. Sie befassen sich mit Objektfragen und mit logischen Fragen. Bei den Objekten der Philosophie ist zu unterscheiden zwischen solchen, die zugleich, und solchen, die nicht zugleich Gegenstand der Einzelwissenschaften sind. Zu den letzteren gehören die Objekte der Metaphysik, z. B. die Dinge an sich, das Absolute, das Transzendente, zu den ersteren z. B. der Mensch, die Sprache, Raum und Zeit, Kausalität. Die Sätze der Metaphysik sind nach Carnap Scheinsätze. Sie haben keinen theoretischen Gehalt, sondern sind lediglich Gefühlsäußerungen, die beim Hörer wiederum Gefühle hervorrufen. Was außer der Metaphysik an philosophischen Fragen bleibt, sind syntaktische Fragen. Alle übrigen Objektsätze der Philosophie sind Pseudo-Objektsätze, die aus der inhaltlichen in die formale Redeweise zu übersetzen sind. Das sei an einem Beispiel erläutert.

Ein zentrales Thema der Ontologie sind seit Aristoteles die Kategorien. Wörter, die Kategorien bezeichnen, sind z. B. ›Ding‹, ›Gegenstand‹, ›Eigenschaft‹, ›Beziehung‹, ›Sachverhalt‹, ›Zahl‹, ›Zustand‹, ›Ereignis‹. Was sind Kategorien, d. h. was bezeichnen diese Wörter? Carnap nennt sie Allwörter. Allwörter drücken Eigenschaften aus, die allen Gegenständen einer Gattung analytisch zukommen; dabei gehören zwei Gegenstände zu derselben Gattung, wenn ihre Bezeichnungen zu derselben syntaktischen Gattung gehören. So ist z. B. ›7 ist eine Zahl‹ ein analytischer Satz. Wir können die Bezeichnung ›7‹ durch jede andere Bezeichnung derselben syntaktischen Gattung (der Gattung der Zahlzeichen) ersetzen und erhalten in jedem Fall wieder einen analytischen Satz. Die LSS unterscheidet zwei Verwendungen der Allwörter: 1. Sie können in echten Objektsätzen gebraucht werden, um die syntaktische Gattung eines anderen Ausdrucks deutlich zu machen. Das ist dort notwendig, wo der andere Ausdruck ohne diesen Zusatz mehrdeutig wäre. Das Allwort wird in diesem Fall als unselbständiges Zeichen gebraucht. So können wir z. B. von der *Beziehung* der Ursächlichkeit sprechen, um dem Mißverständnis vorzubeugen, ›Ursache‹ sei eine Dingbezeichnung. 2. Allwörter werden als selbständige Ausdrücke verwendet, z. B. ›Der Mond ist ein Ding‹, ›Eine Eigenschaft ist kein Ding‹. Diese Sätze gehören zur inhaltlichen Redeweise. In ihnen wird das Allwort als quasisyntaktisches Prädikat verwendet. Der Satz ›Der Mond ist ein Ding‹ gibt die syntaktische Gattung des Wortes ›Mond‹ an. In der formalen Redeweise lautet er ›»Mond« ist ein Dingwort‹. Die Unklarheit vieler philosophischer Diskussionen beruht darauf, daß anstelle der formalen die inhaltliche Redeweise verwendet wird. Pseudo-Objektsätze verleiten dazu, außersprachliche Objekte wie Dinge, Eigenschaften, Erlebnisse, Sachverhalte anzunehmen und nach dem Wesen dieser Gegenstände zu fragen. Auf der Verführung durch die Allwörter beruhen nach Carnap z. B. die Diskussionen über das Wesen der Zahl, des Raumes und der Zeit, des Physischen und des Psychischen und der Universalienstreit. Diese Scheinfragen verschwinden, sobald bei der Formulierung der Fragen anstatt der Allwörter (z. B. ›Zahl‹, ›Universale‹) die entsprechenden syntaktischen Wörter (z. B. ›Zahlausdruck‹, ›Prädikat‹) verwendet werden. – Bei jedem Satz der Syntax ist anzugeben, auf welche Sprache er sich bezieht. Ist die Bezugssprache nicht angegeben, so ist der Satz unvollständig und mehrdeutig. Die inhaltliche Redeweise verführt dazu, die Relativität philosophischer Sätze in bezug auf eine Sprache zu übersehen. Sie verleitet zu einer absolutistischen Auffassung philosophischer Sätze. An die Stelle der in bezug auf eine Sprache relativen syntaktischen Begriffe werden absolute Begriffe gesetzt.

Im LA hatte Carnap sich aus erkenntnistheoretischen Gründen für 234 die eigenpsychische Basis entschieden, aber die Möglichkeit einer Basis im Physischen angedeutet (§ 229). Durch den Einfluß von Neurath hatte sich inzwischen im Wiener Kreis die These des Physikalismus durchgesetzt (vgl. Carnap, Die physikalische Sprache als Universalsprache der Wissenschaft, in: Erkenntnis 2 [1931]). Sie wird in der LSS vertreten und besagt: Die physikalische Sprache ist die Universalsprache der Wissenschaft, d. h. die Sprache jeder Einzelwissenschaft kann ohne Verlust des Aussagegehalts in die physikalische Sprache übersetzt werden. Aus ihr folgt die These von der Einheitswissenschaft: Es gibt grundsätzlich keine verschiedenen Objektbereiche, folglich auch keine Trennung in Natur- und Geisteswissenschaften.

Carnaps These, ontologische Sätze seien quasi-syntaktische Sätze, 235 die denselben Sinn wie syntaktische Sätze haben, ist auch bei dem Historiker des Wiener Kreises auf Kritik gestoßen. V. Kraft (1968, S.74f.) hat mit Recht darauf hingewiesen, daß der Satz ›Der Mond ist ein Ding‹ einen Gegenstand in eine Gegenstandsklasse einordnet, während ›»Mond« ist ein Dingwort‹ über eine Bezeichnung spricht. »Es ist klar, daß, wenn man so von der inhaltlichen zur formalen Redeweise übergeht, die gegenständlichen Probleme verschwinden – aber nicht, weil sie damit als Scheinfragen entlarvt wären, sondern weil man sie damit beseite legt . . . Es ist allzu einfach, unbequeme Fragen als sinnlos oder als Scheinfragen abzutun, indem man statt von den Gegenständen von ihren Bezeichnungen – von etwas anderem – redet.« Indem die LSS sich auf die syntaktische Betrachtung der Sprache beschränke und die semantische außerachtlasse, sei sie von dem Vorwurf des radikalen Nominalismus, des bloßen Vokalismus, nicht freizusprechen.

236 Es war vor allem der Einfluß Tarskis, der Carnap zu der Einsicht
brachte, daß die Syntaxsprache allein für die Analyse der Sprache
nicht ausreicht und daß das Studium der Form der Ausdrücke
durch das ihrer Bedeutung (Designate) ergänzt werden müsse. Der
Anhang (§ 39) zu »Introduction to Semantics« bringt Retraktatio-
nen zur LSS. Carnap hält jetzt den Terminus ›quasi-logische Sätze‹
für wichtiger als den der quasi-syntaktischen Sätze. Philosophische
Sätze sind zuerst in semantische und erst danach gegebenenfalls in
syntaktische Sätze zu übersetzen. Die LSS hatte die These vertreten, Philosophie sei Wissenschaftslogik und diese sei Syntax der
Wissenschaftssprache. Sie wird jetzt folgendermaßen verändert:
Aufgabe der Philosophie ist die semiotische Analyse. Philosophie
befaßt sich nicht mit dem Wesen des Seins, sondern mit der semio-
tischen Struktur der Wissenschaftssprache einschließlich des theoretischen Teils der Alltagssprache. Im Anschluß an C. W. Morris
(1938) unterscheidet Carnap zwischen der Untersuchung der Sprache unter der Rücksicht des Sprachbenutzers (Pragmatik), der Designate (Semantik) und der Beziehung der Ausdrücke untereinander ([logische] Syntax). Diese drei Disziplinen zusammen bilden
die Semiotik. Die Philosophie gliedert sich in zwei Problembereich-
che, den Erwerb sprachlich formulierter Erkenntnis und die logische Analyse. Ersterer ist Aufgabe der Pragmatik, letzterer der Semantik und Syntax.

237 Einer der wichtigsten Beiträge des späten Carnap zur Ontologie ist
sein Aufsatz »Empiricism, Semantics and Ontology« (1950, ND
in: Meaning and Necessity ²1956). Er ist eine Erwiderung auf Ryles
Kritik an »Meaning and Necessity« (MN) (1949, ND in: Ryle 1971
Bd. 1). MN entwickelt mit Hilfe der Begriffe intensional und extensional eine semantische Methode. Carnap unterscheidet zwei Operationen, die wir mit einem sprachlichen Ausdruck, einem Aussagesatz und seinen Teilen, vornehmen können. Die erste Operation
besteht in der Analyse seiner Bedeutung (meaning); sie ist seman-
tisch oder logisch. Die zweite fragt, ob und auf welche außersprachlichen Gegebenheiten der Ausdruck zutrifft, d. h. nach seiner faktischen Wahrheit; sie ist empirisch. Entsprechend lassen sich
zwei Faktoren eines Ausdrucks unterscheiden. Der ersten Operation entspricht die Bedeutung oder Intension, der zweiten die Extension. Die zweite Operation setzt die erste voraus; folglich hat
die Intension Vorrang vor der Extension. Nun kann, und darauf

richtet sich Ryles Angriff, nach MN eine semantische Analyse nicht auf Sätze folgender Art verzichten:

(1) Das Wort ›rot‹ bezeichnet eine Eigenschaft von Dingen.

(2) Das Wort ›fünf‹ bezeichnet eine Zahl.

(3) Der Satz ›Chicago ist groß‹ bezeichnet einen Sachverhalt.

MN spricht deshalb von Entitäten, die von Ausdrücken bezeichnet werden. Solche Entitäten sind z. B. Eigenschaften, Propositionen und andere Intensionen, und Klassen, Individuen und andere Extensionen. Ryle bezeichnet die Methode von MN spöttisch als »›Fido‹-Fido Prinzip«. So wie dem Namen ›Fido‹ eine Entität entspricht, der Hund Fido, so muß jedem Ausdruck, der eine Bedeutung hat, eine Entität entsprechen. MN begeht nach Ryle den Fehler der Hypostasierung: Ausdrücke, die keine Namen sind, werden als Namen für abstrakte Entitäten behandelt.

Daß man eine Sprache gebraucht, so Carnaps Erwiderung, die auf 238 abstrakte Entitäten referiert, bedeutet nicht, daß man eine platonische Ontologie vertritt, d. h. die Existenz abstrakter Entitäten annimmt. Carnap unterscheidet zwischen internen und externen Fragen. Interne Fragen werden innerhalb des Rahmens einer Sprache gestellt, während externe Fragen die Existenz oder Wirklichkeit des Rahmens oder Systems selbst betreffen. Nehmen wir als Beispiel die Alltagssprache, die auf beobachtbare Dinge referiert. Innerhalb des durch sie vorgegebenen Rahmens können wir sinnvolle Existenzfragen stellen, z. B. ob es Einhörner oder Kentauren gibt. Die Alltagssprache enthält Regeln, die es erlauben, diese Fragen zu entscheiden. Etwas ist innerhalb dieses Rahmens wirklich, wenn es sich in den raum-zeitlichen Zusammenhang einordnen läßt. Von diesen internen ist die externe Frage nach der Existenz der Welt der Dinge als ganzer zu unterscheiden. Über sie streiten die Realisten, Idealisten und Phänomenalisten. Sie kann nicht beantwortet werden. Der einzige wissenschaftlich sinnvolle Wirklichkeitsbegriff besagt, daß etwas Element eines Systems ist; er kann aber auf das System selbst nicht angewendet werden. Externe Fragen können daher nicht als theoretische, sondern nur als praktische Fragen verstanden werden: ob es zweckmäßig ist, dieses oder jenes Sprachsystem zu gebrauchen. Wir könnten anstatt unserer Dingsprache z. B. auch eine Sinnesdatensprache wählen. Die Wahl einer Sprache ist die Wahl einer Welt. Daß wir in einer Welt von Dingen leben, besagt nichts anderes, als daß wir eine bestimmte Form der Sprache, die Dingsprache, gebrauchen.

Was bedeuten diese Überlegungen für das Problem der abstrakten 239 Entitäten, wie der Zahlen, Sachverhalte, Eigenschaften? Die Frage ihrer Existenz reduziert sich auf die Frage, ob unser sprachlicher

Rahmen entsprechende Regeln vorsieht. Wir können jederzeit von neuen Arten von Entitäten sprechen, wenn wir die entsprechenden Regeln aufstellen. Die Dingsprache enthält z. B. Wörter wie ›rot‹, ›hart‹, ›Stein‹, ›Haus‹, die Eigenschaften der Dinge beschreiben. Ausgehend von diesen Wörtern können wir den Rahmen der Dingsprache um die abstrakte Entität Eigenschaft erweitern. Dazu sind zwei Schritte erforderlich: 1. Wir führen einen neuen generellen Terminus, das Prädikat höherer Stufe ›. . . ist eine Eigenschaft‹ ein. 2. Wir führen einen neuen Typ von Variablen ein, die wir in die Leerstelle dieses Prädikats einsetzen. Wir können jetzt Sätze bilden vom Typ ›Rot ist eine Eigenschaft‹. Wir können also Eigenschaften als Entitäten behandeln, über die wir Aussagen machen, d. h. wir können, wie es im Fachjargon heißt, über Eigenschaften quantifizieren. Die neuen Entitäten sind Werte der neu eingeführten Variablen. Nachdem wir diese neuen Formen in die Sprache eingeführt haben, können wir mit ihrer Hilfe interne Fragen formulieren und beantworten. Entscheidend an dieser Konzeption Carnaps ist: Die Annahme neuer Entitäten ist nichts anderes als die Erweiterung des Rahmens einer Sprache um neue sprachliche Formen. Aussagen über die Existenz dieser Entitäten sind deshalb Pseudoaussagen. Sie sind ohne theoretischen Gehalt. Sie besagen nur, daß wir neue sprachliche Formen eingeführt haben. Die Einführung dieser Formen bedarf keiner Rechtfertigung durch die Wirklichkeit. Sie hängt ausschließlich davon ab, ob sie zu den Zwecken, zu denen wir die Sprache verwenden, dienlich ist. Wer behauptet, MN vertrete einen Platonismus, verwechselt interne und externe Fragen. Auch das ›Fido‹-Fido Prinzip ist lediglich die Einführung einer neuen sprachlichen Form. Ontologische Thesen sind Pseudo-Thesen; sie sind nichts anderes als Vorschläge oder Entscheidungen, eine bestimmte Sprache zu gebrauchen.

240 Eine Diskussion mit Carnap könnte von der Frage ausgehen, ob es eine Sprache ohne ontologische Implikationen gibt. Man könnte ad hominem argumentieren, daß keine der von Carnap in Betracht gezogenen Sprachen ohne eine Ontologie auskommt. Das gilt auch von der Erlebnissprache, denn auch hier ist die Frage nach den ontologischen Kategorien der Elementarerlebnisse unausweichlich. Popper vertritt gegen Carnap die These, daß es unmöglich ist, eine metaphysikfreie Wissenschaftssprache zu konstruieren. »Das Problem, wie man eine Wissenschaftssprache konstruieren kann, die alles einschließt, was wir in der Wissenschaft sagen wollen, aber solche Sätze ausschließt, die immer als metaphysisch betrachtet wurden, ist unlösbar. Es ist ein typisches Pseudoproblem« (in: Schilpp 1963, S.209). Es kann also nicht darum gehen, ob wir eine

metaphysische Sprache gebrauchen, sondern nur darum, welche wir gebrauchen. Wird Metaphysik damit zu einer bloßen Sache der Sprache? Das kann man bejahen, ohne damit das Anliegen der Metaphysik zu beeinträchtigen. *Jede* Erkenntnis ist Sache der Sprache, weil Erkenntnis immer nur sprachlich vermittelt werden kann.

Literatur:

Norton 1977
Siegwart 1981, S.144−199

M. Willard Van Orman Quine

Leben und Werke

241 Willard Van Orman Quine (geb. 1908) zählt mit Russell, Wittgenstein und Carnap zu den einflußreichsten Denkern der Analytischen Philosophie. Er bezeichnet Carnap als seinen größten Lehrer. Quine studierte am Oberlin College und an der Harvard-Universität Mathematik und Philosophie. Seine bedeutendsten Lehrer in Harvard waren Whitehead (§ 129) und Clarence Irving Lewis (1883–1964), der vor allem durch seine zusammen mit C. H. Langford (1932) entwickelten Modalkalküle S_1 bis S_5 bekannt wurde. Auf den Rat von Feigl ging Quine 1932 bis 1934 zu Carnap nach Prag und nach Wien und Warschau. Seit 1934 lehrt er in Harvard. Quines Hauptwerk »Word und Object« (1960) ist ein Klassiker der Analytischen Philosophie. Als Einführung in sein Denken sind besonders die beiden Aufsatzsammlungen »From a Logical Point of View« (1953) und »Ontological Relativity and Other Essays« (1969) geeignet. Von seinen zahlreichen philosophischen Arbeiten seien noch genannt »The Web of Belief« (1970) (zusammen mit J. S. Ullian) und »The Roots of Reference« (1974). In »Pursuit of Truth« (1990) bringt Quine seine Thesen zu Bedeutung, Referenz und Erkenntnis auf den neuesten Stand. Quine ist einer der bedeutendsten Logiker der Gegenwart. Wichtige Veröffentlichungen auf diesem Gebiet sind »Mathematical Logic« (1940), »Methods of Logic« (1950), »Set Theory and Its Logic« (1963) und »Philosophy of Logic« (1970).

Literatur:

Bibliographie:

Bruschi 1986

Hahn/Schilpp 1988
(Primärbibliographie)

Gesamtdarstellungen; Einführungen:

Gibson 1982 (sehr gute Einführung)
Lauener 1982
Romanos 1983

Gochert 1984; 1986
Runggaldier 1985, Kap. 2
Hookway 1988

Sammelbände:

Hahn/Schilpp 1988

Barrett/Gibson 1990

I. Holismus

Den besten Einstieg in Quines Denken bietet »Two Dogmas of 242
Empiricism« (1951, ND in: 1953). Der Aufsatz greift Unterscheidungen an, die seit Hume und Kant und darüber hinaus seit Aristoteles weithin anerkannt waren: die Unterscheidung zwischen Ontologie und empirischer Wissenschaft, zwischen analytischen und
synthetischen Wahrheiten, zwischen den formalen und den empirischen Wissenschaften, zwischen externen und internen Fragen.
Quine entwickelt im Anschluß an den französischen Wissenschaftstheoretiker Pierre Duhem (1861–1916) eine holistische Position, die Gemeinsamkeiten mit Neurath (§ 225) aufweist. Die beiden »Dogmen des Empirismus« sind: 1. Der Glaube, daß es eine
klare Trennungslinie gibt zwischen analytischen Wahrheiten, d. h.
Wahrheiten, die ausschließlich auf der Bedeutung von Ausdrücken
beruhen und von Tatsachen unabhängig sind, und synthetischen,
d. h. auf Tatsachen beruhenden Wahrheiten. 2. Das Dogma des Reduktionismus: Der Glaube, jede sinnvolle Aussage sei äquivalent
mit einer logischen Konstruktion aus Ausdrücken, die sich unmittelbar auf die Erfahrung beziehen. Gegen das erste Dogma argumentiert Quine, daß alle Versuche, den Begriff der Analytizität zu
bestimmen, zirkulär sind. Ein verbreiteter Vorschlag lautet, analytische Sätze seien wahr aufgrund der Definition. Der Begriff der
Definition setzt aber, so Quine, den der Synonymität und dieser
wiederum den der Analytizität voraus. Man könnte behaupten, die
Schwierigkeit der Unterscheidung beruhe auf der Vagheit der Alltagssprache; sie sei zu beheben, wenn wir von Kunstsprachen mit
ausdrücklichen semantischen Regeln ausgehen. Aber auch semantische Regeln können die Analytizität nur dann klären, wenn wir bereits wissen, was ›analytisch‹ bedeutet. Aber läßt der Zirkel sich
nicht vermeiden, wenn wir den Begriff der Synonymität mit Hilfe
des Verifikationsprinzips bestimmen, nach dem der Sinn eines Satzes die Methode seiner empirischen Bestätigung oder Widerlegung
ist? Zwei Aussagen sind dann synonym, wenn die Methode ihrer
empirischen Bestätigung oder Widerlegung dieselbe ist. Von der
Synonymität von Aussagen können wir dann auf die Synonymität
von singulären und generellen Termini schließen.
Weshalb ist dieser Weg ungangbar? Die beiden Dogmen sind in ih- 243
rer Wurzel identisch. Sie beruhen zunächst auf der richtigen Intuition, daß die Wahrheit von Aussagen von zwei Faktoren abhängt:
von der Sprache und von außersprachlichen Tatsachen. Die Aussage ›Brutus tötete Caesar‹ wäre falsch, wenn die Geschichte anders

verlaufen wäre; sie wäre aber auch falsch, wenn das Wort ›tötete‹ die Bedeutung von ›zeugte‹ hätte. Der grundlegende Fehler, auf dem beide Dogmen beruhen, ist nach Quine die Annahme, wir könnten bei jeder *einzelnen* Aussage zwischen einer Tatsachenkomponente und einer sprachlichen Komponente unterscheiden. Der moderne Empirismus glaubt, jede einzelne Aussage könne isoliert von den Aussagen ihrer Umgebung empirisch bestätigt oder widerlegt werden. Die analytischen Aussagen sind dann ein Grenzfall der empirischen Aussagen; es sind die Aussagen, die ipso facto bestätigt werden, komme was wolle. Quines Gegenthese lautet: Unsere Aussagen über die Welt werden mit der Erfahrung nicht als einzelne, sondern *als ein Körper von Aussagen* konfrontiert. Es ist richtig, daß die beiden Faktoren Sprache und Erfahrung die Wissenschaft ausmachen, aber sie machen die Wissenschaft als ganze aus. Der Fehler der beiden Dogmen liegt in der Annahme, man könne diese beiden Faktoren auf die einzelnen Aussagen verteilen. Frege votierte dafür, daß der ursprüngliche Bedeutungsträger der Aussagesatz und nicht das einzelne Wort ist; nur im Zusammenhang des Aussagesatzes hat das einzelne Wort Bedeutung. Quine geht weiter und behauptet, der ursprüngliche Bedeutungsträger sei die gesamte Theorie.

244 Quine vergleicht eine Theorie mit einem Netz, das die Erfahrung nur mit seinen Rändern berührt, und mit einem Kraftfeld, bei dem die Erfahrung lediglich die Randbedingungen darstellt. Was wollen diese Bilder sagen? 1. Die Sätze einer Theorie bilden ein System. Sie müssen miteinander übereinstimmen. Die Abänderung des Wahrheitswertes eines Satzes führt daher notwendig zur Abänderung des Wahrheitswertes anderer Sätze. 2. Dieses System ist durch die Erfahrung unterbestimmt. Die Erfahrung macht das Netz an den Rändern fest, aber sie bestimmt nicht dessen Form. Die Kriterien, mit deren Hilfe theoretische Begriffe auf die Erfahrung bezogen werden, sind flexibel und fragmentarisch. Dieselben Beobachtungsdaten können vollständig von mehreren Theorien gedeutet werden, wobei diese Theorien untereinander unverträglich sein können. 3. Eine Erfahrung spricht niemals gegen einen einzelnen Satz, sondern immer gegen die gesamte Theorie. Die ganze Theorie muß so geändert werden, daß sie stimmig bleibt. Was wir im einzelnen ändern, ist ohne Bedeutung. Wir können also trotz widersprechender Beobachtungen an bestimmten empirischen Sätzen festhalten und dafür die Sätze der Logik oder Mathematik abändern. Jeder Satz kann festgehalten werden, und kein Satz ist gegen eine Revision immun. 4. Diese radikale Aussage wird durch eine pragmatische Überlegung eingeschränkt. Wir haben eine Tendenz

zur Bequemlichkeit und zum Konservatismus und möchten deshalb am System als ganzem möglichst wenig ändern. Von hierher erklärt sich Quines Unterscheidung zwischen der Peripherie und dem Zentrum des Netzes. Zur Peripherie gehören die Sätze, deren Wahrheitswert sich mit dem geringsten Aufwand ändern läßt. Das sind die Beobachtungssätze. Dagegen gehören die Sätze der Logik und Ontologie zum Zentrum.

Literatur:

Harding 1976

II. Methode und Aufgabe der Ontologie

Welche Rolle spielt im System des menschlichen Wissens die Onto- 245
logie? Dazu müssen wir zunächst einen Blick auf die Methode werfen, mit der ontologische Fragen nach Quine diskutiert werden können. Wer eine Sprache gebraucht, legt sich damit auf eine Ontologie fest; er übernimmt eine ontologische Verpflichtung (ontological commitment). Ontologische Diskussionen setzen voraus, daß der eine Gesprächspartner die ontologische Verpflichtung des anderen kennt, d.h. daß die ontologischen Voraussetzungen der Sprachen, die sie gebrauchen, freigelegt werden. Woran wir uns, um die Ontologie einer Sprache zu klären, nicht orientieren dürfen, sind die umgangssprachlichen Eigennamen. Wir sagen z.B.
(1) Pegasus existiert nicht.
In diesem Satz reden wir über Pegasus, und, so könnte man argumentieren, damit setzen wir voraus, daß Pegasus existiert. Im Anschluß an Russells Theorie der definiten Beschreibungen (§ 175) schlägt Quine vor, ein Prädikat ›. . . ist Pegasus‹ einzuführen. Das Substantiv ›Pegasus‹ stände dann für den Ausdruck ›das Ding, das Pegasus ist‹. (1) wäre dann wiederzugeben als ›Alle Dinge sind nicht Pegasus‹. Jetzt ist (1) so formuliert, daß die in ihm enthaltene ontologische Vorentscheidung freigelegt werden kann. Sie zeigt sich im Gebrauch der Ausdrücke ›alle Dinge‹ und ›einige Dinge‹, in der Fachsprache: im Gebrauch der (durch die Quantoren) gebundenen Variablen. Was wir als existierend gelten lassen, zeigt sich daran, welche Werte wir für die Variable ›Ding‹ einzusetzen bereit sind, oder, anders ausgedrückt, für den Bereich welcher Dinge diese Variable steht. In Quines berühmter Formulierung: »Als

Entität angenommen zu sein, bedeutet schlicht und einfach, als Wert einer Variablen zu zählen« (1961, S.13). Wenn wir z. B. sagen ›Einige Hunde sind schwarz‹, so legen wir uns damit nicht fest, die Hundheit und Schwarzheit als Entitäten gelten zu lassen. Der Satz besagt, daß einige Dinge Hunde und schwarz sind. Wir legen uns also lediglich darauf fest, daß der Bereich der gebundenen Variablen ›einige Dinge‹ einige schwarze Hunde einschließt. Mit ›Einige zoologische Arten können gekreuzt werden‹ lassen wir dagegen Arten als Entitäten gelten. An diese ontologische Festlegung bleiben wir so lange gebunden, bis wir zeigen können, daß der Ausdruck ›Arten‹ als Wert der Variablen sich eliminieren läßt. Um die ontologischen Voraussetzungen eines Satzes freizulegen, schlägt Quine ein technisches Hilfsmittel vor: Wir sollen ihn in der »kanonischen Notation« paraphrasieren. Die kanonische Notation besteht aus dem unrückführbaren Grundbestand der Logik. Sie umfaßt zunächst (1970, S.22−26) ein- und mehrstellige Prädikate und Variablen. Aus einem Prädikat und entsprechend vielen Variablen wird ein atomarer und offener Satz konstruiert (z. B. Fx; xGy); atomar, weil er keinen untergeordneten Satz enthält, offen, weil er eine oder mehrere Variablen enthält. Die verbleibenden Konstruktionen sind Konstruktionen von Sätzen aus Sätzen: die Negation, die Konjunktion und die existentiale Quantifikation. Alle anderen logischen Kategorien und Konstruktionen lassen sich auf die genannten zurückführen, z. B. der Allquantor auf den Existenzquantor und den Negator, der Eigenname, wie oben am Beispiel ›Pegasus‹ gezeigt, auf das Prädikat.

246 Der erste Schritt einer Diskussion über ontologische Fragen besteht darin, daß die Gesprächspartner mit Hilfe der kanonischen Notation zeigen, welche Entitäten sie annehmen. Damit ist aber die Frage, was es gibt, d. h. welche Ontologie die richtige ist, noch offen. Wie kann sie entschieden werden? Die transzendentalphilosophische Lösung eines letzten unhinterfragbaren und absolut gültigen Begriffsschemas lehnt Quine ab. Das Schiff kann, wie der Neurath (§ 225) entnommene Vorspruch zu »Word and Object« sagt, nicht in einem Dock zerlegt werden; wir müssen es auf offener See umbauen. Auch der Philosoph kann keinen Standpunkt außerhalb der Sprache einnehmen, und jede Sprache impliziert eine Ontologie. Aber er kann mit der Sprache über die Sprache sprechen. Quine schlägt deshalb als nächsten Schritt den »semantischen Aufstieg« (semantic ascent) vor: den Schritt vom Sprechen *in* den Ausdrücken einer Ontologie zum Sprechen *über* die Ausdrücke einer Ontologie, oder in Carnaps Terminologie: den Übergang von der inhaltlichen zur formalen Redeweise. Damit haben die Gesprächs-

partner trotz unterschiedlicher Ontologien wieder eine gemeinsame Ebene erreicht. Anstatt über die Existenz von Kilometern diskutieren sie darüber, in welchen Zusammenhängen das Wort ›Kilometer‹ gute Dienste leistet. Im Unterschied zu Carnap lehnt Quine jedoch die Unterscheidungen zwischen Ontologie und Wissenschaft und zwischen externen und internen Fragen ab. Der semantische Aufstieg wird nicht nur in der Ontologie, sondern ebenso in der Wissenschaft benutzt. Eine Ontologie dient dazu, die Sprache der Wissenschaft zu vereinfachen. Deshalb unterliegt sie denselben Kriterien wie eine wissenschaftliche Theorie. Der Ontologe unterscheidet sich vom Fachwissenschaftler nur durch die Weite seiner Kategorien; er entwickelt ein Begriffssystem, das in verschiedenen Wissenschaften gebraucht werden kann. Wie Wissenschaften werden Ontologien nicht nur anhand pragmatischer Kriterien, z. B. Einfachheit, sondern auch anhand der Erfahrung korrigiert. Die Entscheidung für eine Ontologie ist wie die für eine wissenschaftliche Theorie auch vom Gesichtspunkt der Zweckmäßigkeit bestimmt.

Jede Ontologie hat ihre Vor- und Nachteile. Die phänomenalistische Ontologie hat gegenüber der physikalischen eine gewisse erkenntnistheoretische Priorität, dafür ist die physikalische einfacher. Die physikalische Sprache kann nach Quine, der Carnaps Versuch im LA als gescheitert betrachtet, niemals völlig in die phänomenalistische übersetzt werden; sie ist, vom phänomenalistischen Standpunkt aus betrachtet, ein Mythos wie der Glaube an die Homerischen Götter. Ebenso ist eine platonische Ontologie, die über Klassen quantifiziert, gegenüber der physikalischen eine Vereinfachung und ein Mythos. 247

Wie lautet Quines eigene ontologische Verpflichtung? Welche Objekte läßt er als Werte der Variablen der kanonischen Notation gelten? Quine vertritt eine rein extensionale Ontologie. Er argumentiert für die physikalische gegen die phänomenale Sprache. Die phänomenale Sprache ist gegenüber der physikalischen sekundär; die physikalische Sprache läßt sich nicht so in die phänomenale übersetzen, daß wir physikalische Objekte ausschließen könnten; wir brauchen die phänomenale Sprache nicht zusätzlich zur physikalischen, auch nicht, um die Annahme physikalischer Gegenstände zu rechtfertigen (1960, §§ 1; 48). Die einzigen Werte von Variablen, die Quine außer physikalischen Gegenständen zuläßt, sind Klassen. Dazu zwingen schwerwiegende pragmatische Gründe; das Instrument der Klassen ist für vielfache Zwecke, nicht nur für den Aufbau der Mathematik, brauchbar. Der dafür zu zahlende Preis ist, daß das Quantifizieren über Klassen in Antinomien 248 führt. Es gibt verschiedene Wege, sie aufzulösen, von denen jeder seine Vor- und Nachteile hat (ebd. § 55). Mit Hilfe der physikalischen Objekte und Klassen glaubt Quine alle anderen Entitäten eliminieren zu können: die Intensionen, z. B. Eigenschaften, Relationen, Propositionen, Modalitäten, und ebenso Zahlen, geometrische Objekte, Dispositionen, Tatsachen. Auch für die Lösung des Leib-Geist-Problems reiche diese Ontologie aus: Die Annahme mentaler Ereignisse und Zustände verstößt gegen Ockhams Rasiermesser. Was sie erklären, erklären die ihnen entsprechenden physischen Zustände ebenso gut.

Literatur:

Hinst 1983

III. Unbestimmtheit der Übersetzung, Unerforschlichkeit der Referenz und ontologische Relativität

249 Eine der am meisten diskutierten Thesen Quines ist die von der Unbestimmtheit der Übersetzung (1960, Kap. 2). Sie betrachtet die Sprache als eine Theorie, die wie alle Theorien durch die empirischen Daten unterbestimmt ist (vgl. § 244). Quine bezeichnet seine Konzeption der Sprache als »Naturalismus«. Wissen, Geist, Bedeutung gehören für ihn zur empirischen Welt; deshalb sind sie mit den empirischen Methoden der Naturwissenschaften zu untersuchen. Die Bedeutungstheorie, gegen die Quine sich wendet, ist der Mentalismus, nach dem die Bedeutung eines Wortes ein Gegenstand (z. B. eine platonische Idee oder ein psychisches Erlebnis) ist, auf den wir das Wort in den geistigen Akten des Meinens und Verstehens beziehen. Dem Mentalismus stellt Quine eine behavioristische Semantik entgegen. »Sprache ist eine soziale Kunstfertigkeit, die wir allein auf der Grundlage des beobachtbaren Verhaltens anderer Menschen unter öffentlich identifizierbaren Umständen erwerben« (1969, S. 26). Bedeutungen sind Verhaltensdispositionen. Bedeutungsunterschiede kann es deshalb nur insofern geben, als es Unterschiede in den Dispositionen zum öffentlich beobachtbaren Verhalten gibt. Die These von der Übersetzungsunbestimmtheit besagt, daß dieses Kriterium nicht ausreicht, um Ausdrücken eine eindeutige Bedeutung zu geben. Die Sprache ist durch die Verhaltensdispositionen empirisch unterbestimmt. »Handbücher der

Übersetzung von einer Sprache in eine andere können auf voneinander verschiedene Weise eingerichtet sein, die alle mit der Gesamtheit der Sprachdispositionen vereinbar und doch miteinander unvereinbar sind« (1960, § 7).

Um diese These zu begründen, fingiert Quine die Situation einer »radikalen Übersetzung«: Ein Sprachforscher steht vor der Aufgabe, die bisher völlig unbekannte Sprache eines Eingeborenenstammes zu übersetzen. Die Eingeborenensprache hat keinerlei Ähnlichkeit mit einer bekannten Sprache; Sprachforscher und Eingeborene sind durch keine gemeinsame Kultur miteinander verbunden. Die einzigen Daten, von denen er ausgehen kann, sind die Reize, die auf ihn und die Eingeborenen einwirken, und die durch sie bei den Eingeborenen hervorgerufenen verbalen Reaktionen. Der Sprachforscher begibt sich deshalb in eine Situation, in der er denselben Reizen wie ein Eingeborener ausgesetzt ist, und beobachtet dessen sprachliche Äußerungen. Ein Hase läuft vorbei. Der Eingeborene sagt ›Gavagai‹, und der Linguist schreibt den Einwortsatz ›Hase‹ auf. Das ist eine vorläufige Übersetzung, die der Linguist an anderen Fällen überprüfen muß. Er klärt deshalb, welches verbale Verhalten des Eingeborenen als Bejahung und welches als Verneinung zu verstehen ist, und er stellt dem Eingeborenen in unterschiedlichen Reizsituationen die Frage ›Gavagai?‹ Der Linguist beobachtet, daß der Eingeborene in denselben Reizsituationen mit Ja antwortet, in denen er selbst die Frage ›Hase?‹ bejahen würde. So stellt er fest, daß ›Gavagai‹ und ›Hase‹ dieselbe Reizbedeutung haben. Kann der Linguist aus der Reizsynonymität der *Sätze* ›Gavagai‹ und ›Hase‹ auf die Bedeutungsidentität der *Terme* ›gavagai‹ und ›hase‹ schließen? (Das groß geschriebene Wort steht für den Einwortsatz, das klein geschriebene für den Term.) Quines Antwort enthält den zentralen Punkt der These von der Übersetzungsunbestimmtheit. Die Reizsynonymität der Sätze garantiert nicht, daß die Terme ›gavagai‹ und ›hase‹ dieselbe Extension und dieselbe Intension haben. Der Term ›gavagai‹ kann auf Hasen oder auf nicht abgetrennte Hasenteile oder auf Hasenphasen (zeitliche Hasenquerschnitte) referieren. Die Unklarheit läßt sich nach Quine auch nicht durch Zeigen beheben. Wenn wir z. B. durch eine umgreifende Geste deutlich machen wollen, daß wir den ganzen Hasen meinen, so umfaßt dieselbe Geste auch die unabgetrennten Hasenteile. Zeigegesten helfen nur dann weiter, wenn sie von Fragen begleitet sind wie ›Ist das derselbe gavagai wie jener?‹ ›Ist das ein oder sind das zwei gavagai?‹ Diese Fragen setzen aber den Individuationsapparat einer Sprache (Artikel, Pronomina, Singular und Plural, Kopula) voraus. Der Linguist entwickelt deshalb ein System von »analytischen Hypothesen«, um diesen Apparat aus seiner Sprache in die des Eingeborenen zu übersetzen.

Eine analytische Hypothese ist die Gleichsetzung eines Ausdrucks der Eingeborenensprache mit einem Ausdruck der Muttersprache des Linguisten. Analytische Hypothesen sind theoretische Konstruktionen, d. h. sie gehen über die Übersetzungen hinaus, die aufgrund der behavioralen Kriterien gesichert sind, müssen mit diesen jedoch vereinbar sein. Der Linguist übersetzt z. B. den Ausdruck ›A‹ der Eingeborenensprache mit ›sind dieselben‹. Aufgrund dieser Hypothese kann er dem Eingeborenen Fragen hinsichtlich der Identität der gavagais stellen und so zu dem Ergebnis kommen, daß ›gavagai‹ ›hase‹ und nicht ›hasenphase‹ bedeutet. Übersetzt er ›A‹ dagegen mit ›sind Phasen desselben Tieres‹, so kommt er aufgrund derselben Fragen zu dem Ergebnis, daß ›gavagai‹ ›hasenphase‹ bedeutet. Beide analytischen Hypothesen sind mit den Übersetzungen, die aufgrund behavioraler Kriterien gewonnen wurden, vereinbar, wenn wir den Unterschied zwischen beiden Hypothesen dadurch ausgleichen, daß wir bei anderen analytischen Hypothesen die entsprechenden Veränderungen vornehmen. Mit denselben Sprachdispositionen sind also verschiedene, miteinander unverträgliche Systeme analytischer Hypothesen vereinbar.

251 Die Übersetzungsunbestimmtheit bezieht sich nicht nur auf die Bedeutung (Intension), sondern auch auf die Referenz (Extension); ›hase‹ und ›hasenphase‹ referieren auf verschiedene Dinge. Die behavioralen Kriterien reichen nicht aus, um die Referenz eines Ausdrucks zu bestimmen. Diese »Unerforschlichkeit der Referenz« (1969, S. 35) ist jedoch nicht auf die radikale Übersetzung beschränkt. Sie findet sich bereits in unserer eigenen Umgangssprache. Bedeuten die deutschen Wörter (als Phonemfolgen), die andere Menschen gebrauchen, dasselbe, was sie in meinem eigenen Gebrauch bedeuten? Meistens halten wir uns an die Regel der Homophonie, nach der jede Phonemfolge durch sich selbst zu übersetzen ist. Gelegentlich stellen wir jedoch fest, daß die Verständigung sich verbessert, wenn wir davon ausgehen, daß unsere Mitmenschen Wörter anders als wir selbst verwenden. Wir gehen dann nach dem »Prinzip der Nachsichtigkeit« vor, das fordert, Wörter anderer heterophon zu übersetzen, wenn uns dadurch deren Mitteilung weniger absurd erscheint (1969, S. 46).

252 Quine geht noch einen Schritt weiter. Die Unerforschlichkeit der Referenz betrifft den Sprecher selbst. Es ist sinnlos, in einem absoluten Sinn von der Referenz eines Ausdrucks zu sprechen. Referiert ›hase‹ wirklich auf Hasen? Wir können zurückfragen: ›Auf Hasen in welchem Sinn von »hase«?‹ Auch diese Frage können wir nur in

einer Sprache beantworten, und dann stellt sich wiederum die Frage, worauf die Ausdrücke dieser Sprache referieren. Wir kommen also in einen unendlichen Regreß, es sei denn, wir nehmen eine Rahmensprache an, in der der Regreß zum Stehen kommt. Die Frage, worauf ein Ausdruck referiert, hat nur relativ zu einer Rahmensprache Sinn. Diesen Sachverhalt bezeichnet Quine als »ontologische Relativität«. Wollen wir Referenzfragen bezüglich der Rahmensprache selbst stellen, so haben wir nur die Möglichkeit, die Rahmensprache in einer anderen Sprache zu interpretieren. Die Ontologie ist mit der Physik vergleichbar, in der Ort und Geschwindigkeit immer nur relativ zu einem Koordinatensystem angegeben werden können. Es gibt keinen absoluten Raum, in den wir das Koordinatensystem seinerseits einordnen könnten. Ebensowenig gibt es eine absolute Referenz (1969 S. 47 ff.).

Quines These von der Übersetzungsunbestimmtheit steht und fällt 253 mit seiner behavioralen Theorie der Bedeutung. J. Searle sieht in ihr eine reductio ad absurdum des extremen linguistischen Behaviorismus. Selbst wenn man dem Mentalismus kritisch gegenübersteht und einmal von der Voraussetzung ausgeht, Sprache könne nur auf der Grundlage des menschlichen Verhaltens verstanden werden, kann man fragen, ob Quines Begriff der Reizbedeutung nicht ein zu schmales Fundament für die empirische Verankerung der Sprache ist. Um Sprache verstehen zu können, brauchen wir einen breiten Hintergrund gemeinsamer Lebensformen, Verhaltensweisen, spontaner Reaktionen usw. Sprache ist in einen umfassenden Lebenszusammenhang eingebettet und nur durch Teilnahme an diesem Lebenszusammenhang zu verstehen. Lassen sich Quines Thesen von der Unerforschlichkeit der Referenz und der ontologischen Relativität noch halten, wenn man diese Verflechtung der Sprache in die Lebenswelt berücksichtigt?

IV. Zur Entwicklung nach Quine

Wichtige Themen der neuesten Diskussion sind die Referenz, die 254 Handlungstheorie, das Leib-Seele-Problem und die Idealismus-Realismus-Kontroverse.

Literatur:

Handlungstheorie:

Beckermann/Meggle 1984

Referenz:

Runggaldier 1985   Wolf 1985

Leib-Seele-Problem:

Bieri 1981   Ricken 1986
Block 1981   Lycan 1990

1. Donald Davidson

255 Quines Schüler *Donald Davidson* (geb. 1930), Professor an der Universität von Berkeley, Cal., untersucht in seiner Aufsatzsammlung »Essays on Action and Events« (1980) die Bedeutung des Kausalbegriffs für die Beschreibung und Erklärung des menschlichen Handelns. Seine These ist, daß der Kausalbegriff der Naturwissenschaft auch dort wesentlich ist, wo wir eine Handlung durch einen Grund oder eine Absicht erklären. Seine Position zum Leib-Seele-Problem bezeichnet er als »anomalen Monismus«. Wir haben keine präzisen Gesetze, die mentale mit physikalischen Ereignissen verbinden. Eine kausale Erklärung ist daher nur in der physikalischen Sprache möglich. Daraus schließt er, daß mentale Ereignisse in physikalischen Begriffen beschreibbar und deshalb physikalische Ereignisse sein müssen. Davidsons Überlegungen zur »radikalen Interpretation« (Inquiries into Truth and Interpretation [1984]) führen Quines Theorie der Übersetzungsunbestimmtheit weiter. Wir interpretieren sprachliches Verhalten, wenn wir sagen, was die Worte des Sprechers bei der Gelegenheit, wo er sie gebraucht, bedeuten. Eine sprachliche Äußerung ist eine Handlung und folglich ein Ereignis; es zu interpretieren bedeutet, es in einer bestimmten Weise zu beschreiben. Wie bei Quine die radikale Übersetzung, so entspricht bei Davidson die radikale Interpretation einer Theorie. Die Interpretation ist eine Theorie, die mit semantischen Termen arbeitet; sie wird durch Beweisgründe (evidence) gestützt, die nicht in semantischen Termen formuliert sein dürfen. Im Unterschied zu Quine ist Davidson kein Behaviorist; er lehnt Quines Begriff der Reizbedeutung ab. Die Beweisgründe, auf die die Interpretationshypothese bei Davidson sich stützt, sind Tatsachen des Inhalts, daß der Sprecher unter bestimmten Umständen bestimmte Sätze für

wahr hält. Die radikale Interpretation ist vom »Principle of Charity« geleitet. Es fordert, daß der Interpret von der Voraussetzung ausgeht, daß der Sprecher vernünftig ist; »die Dummheit eines Sprechers über einen bestimmten Punkt hinaus ist weniger wahrscheinlich als eine schlechte Übersetzung«.

Literatur:

Evnine 1991 (S. 186—188: Primärbibliographie)
LePore/McLlaughlin 1985   Brandl/Gombocz 1989
Vermazen/Hintikka 1985   Picardi/Schulte 1990
LePore 1986   Stoecker 1992

2. Saul A. Kripke

Saul A. Kripke (geb. 1941), Professor an der Princeton University, 256 schrieb als sechzehnjähriger Schüler eine bahnbrechende Arbeit über Modallogik. Seine 1970 gehaltenen und später (1972; 1980) unter dem Titel »Naming and Necessity« veröffentlichten Vorlesungen entwickeln eine neue Theorie der Eigennamen. Nach Frege und Russell seien Eigennamen abgekürzte Beschreibungen. Beschreibungen haben Sinn und Bedeutung (§ 163). Dagegen stellt Kripke die These, daß ein Eigenname nur eine Bedeutung (Referenz) habe. Nur so kann er in allen möglichen Welten ein und denselben Gegenstand bezeichnen. Eigennamen sind »starre Designatoren«. Der Name wird dem zu benennenden Gegenstand in einem Akt der Taufe verliehen und dann in einer »Kette der Kommunikation« weitergegeben. Die Anwendung dieser Theorie auf die Bezeichnungen natürlicher Arten führt zu einem Essentialismus. – Nach traditioneller Auffassung sind alle und nur die apriorischen Wahrheiten notwendig. Dagegen gibt es nach Kripke kontingente Wahrheiten a priori (z. B.: Das Urmeter ist 1 m lang) und notwendige Wahrheiten a posteriori (z. B.: Augustus ist identisch mit Octavian). A priori und a posteriori sind erkenntnistheoretische Begriffe. Mit ihnen fragen wir, wie wir die Wahrheit einer bestimmten Aussage erkennen (können). Dagegen sind notwendig und kontingent ontologische Begriffe. Wir fragen: Hätte die Welt in dieser Hinsicht auch anders sein können, als sie tatsächlich ist? – Mit Hilfe seiner Theorie der starren Designatoren kritisiert Kripke die Theorien, nach denen Bewußtseinszustände mit Gehirnprozessen identisch sind. Wäre eine bestimmte *Art* von Schmerzempfinden mit einer bestimmten *Art* von Gehirnprozessen identisch (typeidentity) oder wäre ein bestimmtes *individuelles* Schmerzerlebnis mit einem bestimmten *individuellen* Gehirnprozeß identisch (token-identity), so wäre aufgrund der Tatsache, daß Namen starre Designatoren sind, diese Identität eine notwendige Wahrheit, d.h. Schmerzempfindung und Gehirnprozeß wären in allen möglichen Welten identisch. Das aber hält Kripke für eine unannehmbare Folgerung.

Literatur:
Engel 1985

3. Hilary Putnam

257 *Hilary Putnam* (geb. 1926), Schüler von Carnap, Reichenbach und Quine, Professor in Harvard, vertritt in seinem Aufsatz »The Meaning of Meaning« (1975; in: Putnam 1975a) die These, daß Terme für natürliche Arten starre Designatoren sind. Er wendet sich gegen eine mentalistische Semantik, die Carnap (»kalifornische« Semantik) und auch Frege vertreten hätten. Danach ist für das Verstehen eines Ausdrucks notwendige und hinreichende Bedingung, daß man sich in einem bestimmten psychischen Zustand befindet, der dann die Extension des Ausdrucks festlegt. Putnam bringt folgende Sciene-fiction-Geschichte: Es gibt im Weltall einen Planeten, die Zwillingserde, der unserer Erde in allem gleich ist, außer daß bei völlig gleichem äußeren Erscheinungsbild, gleicher Funktion usw. Wasser dort nicht die chemische Struktur H_2O, sondern XYZ hat. Im Jahr 1750, vor Entdeckung der Chemie, hatten $Oskar_1$ auf der Erde und $Oskar_2$ auf der Zwillingserde genau dieselbe Vorstellung von Wasser, d.h. sie befanden sich in demselben psychischen Zustand. Dennoch war die Extension des Terms Wasser auf der Erde eine andere als auf der Zwillingserde. $Oskar_1$ und $Oskar_2$ waren in demselben psychischen Zustand, sie hatten dasselbe Wissen über Wasser und denselben Sprachgebrauch; trotzdem *meinten* sie mit dem Term Wasser etwas Verschiedenes. Die Geschichte soll zeigen: Bedeutungen existieren nicht im Kopf; die Extension von Termen für natürliche Arten wird vielmehr indexikalisch und damit von der extramentalen Realität bestimmt. Es ist die Mikrostruktur des wirklichen Wassers, die die Extension des Terms Wasser bestimmt. Wasser ist alles, was zu der Flüssigkeit, auf die ich mich unter Beachtung des allgemeinen Sprachgebrauchs durch eine hinweisende Definition beziehe, in einer durch diese

Mikrostruktur bestimmten Gleichheitsrelation steht. Daraus ergibt sich die Notwendigkeit einer sprachlichen Arbeitsteilung. So muß z.B. jeder, der mit Gold zu tun hat, den Gebrauch des Wortes Gold beherrschen; aber nicht jeder ist imstande festzustellen, ob etwas tatsächlich Gold ist. Dafür muß er sich auf eine bestimmte Teilklasse der Sprecher, die Experten, verlassen.

Putnam hat sich immer wieder mit dem Leib-Seele-Problem aus- 258 einandergesetzt. Er gilt als Begründer des Funktionalismus, der Theorie, nach der der Computer als Modell für das Leib-Seele-Verhältnis dienen kann. Alle mentalen Begriffe und die aus ihnen sich ergebenden Probleme haben ihre Entsprechung beim Computer. Wir benötigen keine spezifischen Kategorien, um den menschlichen Geist zu beschreiben; die Begriffe der künstlichen Intelligenz reichen dazu aus. Seit 1973 hat Putnam sich zu einem entschiedenen Gegner des Funktionalismus entwickelt. Eine ausführliche Kritik des Funktionalismus bringt »Representation and Reality« (1989). Hier greift Putnam auf Gedanken von »The Meaning of Meaning« zurück: Begriffe referieren auf die extramentale Umwelt; deshalb lassen propositionale Einstellungen sich nicht als Gehirnzustände individuieren. Bedeutungen werden durch die Arbeitsteilung in der Sprachgemeinschaft festgelegt; deshalb lassen sie sich nicht auf einen Kalkül bringen. Das entscheidende Argument ist, daß der Funktionalismus eine rationale Rekonstruktion unserer Interpretationspraxis voraussetzt. Das aber ist nach Putnam unmöglich: Die menschliche Vernunft läßt sich nicht formalisieren.

Seit 1976 vertritt Putnam eine ontologische Position, die er als »in- 259 ternen Realismus« bezeichnet. Der interne Realismus ist eine Gratwanderung zwischen dem »metaphysischen Realismus« und dem Relativismus. »Metaphysischen Realismus« nennt Putnam die Auffassung, es gebe von einem archimedischen Standpunkt aus (»God's-Eye-View«) eine objektive, unpersönliche Erkenntnis der Welt, wie sie an sich ist. Dieses Ideal hält Putnam nicht nur faktisch, sondern grundsätzlich für unerreichbar. Die Perspektive oder Sprache des Beobachters lasse sich aus dem Wirklichkeitsverständnis nicht ausschalten. Unsere Erkenntnis sei immer relativ auf ein Begriffssystem. Wie aber kann eine solche Position den Relativismus vermeiden? Putnam wendet sich gegen die positivistische Trennung von Tatsachen und Werten. Es gebe keine Tatsachen ohne Werte, und Werte seien objektiv. Der Positivist bzw. Relativist muß für seine These argumentieren, und indem er das tut, setzt er objektive epistemische Werte, z.B. den der Richtigkeit voraus. Jede Tätigkeit sei von unserer Idee des Guten gelenkt. Alle Werte, einschließlich der kognitiven Werte, ohne die Wissenschaft nicht möglich ist, leiteten ihre Autorität von der Idee der menschlichen Entfaltung (human flourishing) und unserer Idee der Vernunft ab. Von dieser Voraussetzung her argumentiert Putnam gegen eine physikalistisch-materialistische Weltanschauung. Das Universum der Physik lasse genau die Bedingung aus, die erforderlich sei, daß es für uns überhaupt ein Universum gebe: die von Werten bestimmte Leistung der (kantischen) Synthesis. Ohne Werte hätten wir keine Welt. Aus der Ablehnung des metaphysischen Realismus folgt die Ablehnung der Korrespondenztheorie der Wahrheit. Nach dem internen Realismus ist Wahrheit idealisierte Rechtfertigung oder idealisierte rationale Akzeptierbarkeit. Mit dem Hinweis, daß es sich um eine Idealisierung handelt, will Putnam sagen: Die Bedingungen, unter denen die Behauptung eines Satzes der natürlichen Sprache gerechtfertigt ist, lassen sich weder überblicken und noch spezifizieren; deshalb ist eine definitve Rechtfertigung nicht möglich. Diese Unmöglichkeit ist für P. identisch mit der Unmöglichkeit, die menschliche Vernunft zu formalisieren. Hier stoßen wir auf eine seiner zentralen antiszientistischen Thesen.

Literatur:

Boolos 1990

4. John R. Searle

260 Ausgehend von der Sprechakttheorie untersucht *John R. Searle* (§ 213) das Phänomen der Intentionalität (Intentionality, 1983), d.h. der Eigenschaft geistiger Zustände oder Ereignisse, durch die sie auf Gegenstände oder Sachverhalte in der Welt gerichtet sind und von ihnen handeln. Dabei benutzt er als heuristisches Hilfsmittel das Wissen von den Sprechakten. Trotz vieler Entsprechungen sei zwischen der Intentionalität des Sprachlichen und der des Geistigen zu unterscheiden. Der Begriff der Intentionalität könne nicht durch einfachere Begriffe erklärt werden; es handle sich um eine basale Eigenschaft des Geistes. Intentionale Zustände, z.B. Absichten, sind in ein Netzwerk von Überzeugungen und Wünschen verflochten; sie setzen als Hintergrund vorintentionale Fähigkeiten, ein elementares Know-how, voraus. Searle entwickelt einen Begriff der Handlungskausalität (intentionale Verursachung), den er von dem auf Hume zurückgehenden üblichen Begriff, nach dem Kausalität eine Beziehung zwischen zwei Ereignissen ist, un-

terscheidet. Gegen Kripke und Putnam vertritt er Freges Theorie der Referenz: Ein Ausdruck beziehe sich auf einen Gegenstand, weil der Gegenstand den zum Ausdruck gehörenden Sinn erfüllt. Referenz ist ein Spezialfall des intentionalen Bezugs. Beim Leib-Seele-Problem vertritt Searle einen biologischen Materialismus. Geistige Zustände werden durch die Aktivitäten des Gehirns verursacht, und sie sind in der Struktur des Gehirns realisiert, so wie die Flüssigkeitseigenschaften des Wassers durch dessen Molekular-struktur verursacht und in ihr realisiert sind.

Literatur:

Le Pore/Van Gulick 1991 (S. 393–402: Primärbibliographie)
Burkhardt 1990

N. Rückblick auf die Analytische Philosophie: Semantik und Ontologie

Nur mit Hilfe der Sprache können wir uns auf die Wirklichkeit be- 261 ziehen und uns über sie verständigen. Es gibt keinen intersubjekti-ven Zugang zu den Phänomenen, der von der Sprache unabhängig wäre. Philosophie vollzieht sich im Medium der Sprache. Der Mensch muß daher Möglichkeiten, Grenzen und Gefahren der Sprache kennen. Die Analytische Philosophie hebt diese Wahrhei-ten ins Bewußtsein und macht sie zur Grundlage ihrer Methode. Die Philosophie muß sich nach Wittgenstein besinnen »auf die Art der Aussagen, die wir über die Erscheinungen machen« (PU § 90). Der erste und unvermeidliche Schritt zu den Sachen ist der seman-tische Aufstieg: Wir betrachten die Sprache, mit der wir über die Dinge reden. Insofern die Analytische Philosophie statt der Sachen selbst die Sprache betrachtet, mit der wir über sie reden, ist sie no-minalistisch. Aber dieser Nominalismus ist ein methodisch not-wendiger erster Schritt, der es an sich offen läßt, ob die Möglich-keiten der Philosophie sich in ihm erschöpfen. Die analytische Be-sinnung auf die Sprache ist Sprachkritik. Sie zeigt, daß die Sprache uns zu unberechtigten Hypostasierungen und anderen Kategorien-fehlern verleitet, sowie dazu, Bedeutungsunterschiede zu überse-hen. Beschränkt man sich auf die bisher gegebene sehr allgemeine Charakterisierung, so ist die Analytische Philosophie eine in einem mehrfachen Sinn neutrale Methode: Sie ist in allen philosophischen Disziplinen anwendbar; sie ist nicht auf inhaltliche Thesen festgelegt, und sie schließt keine philosophische Position als Gesprächspartner aus. Eine so verstandene Analytische Philosophie hat bedeutende Wurzeln in der Tradition, z. B. bei Aristoteles und Leibniz. Diese inhaltliche Neutralität wird jedoch problematisch, sobald man berücksichtigt, daß es *die* Methode der Analyse nicht gibt, sondern, wie die Geschichte der Analytischen Philosophie zeigt, verschiedene Methoden zu unterscheiden sind. Denn dann ist zu fragen, ob nicht eine bestimmte Methode bereits eine Auffassung davon, was Sprache ist, und damit erkenntnistheoretische und ontologische Thesen voraussetzt.

262 Jede Methode dient einem Ziel. Fragen wir die Analytischen Philosophen, welches Anliegen sie verfolgen, so lassen sich vergröbernd zwei Richtungen unterscheiden. 1. Die Analyse ist vom Methodenideal der exakten Wissenschaften betimmt, und sie steht im Dienst der Wissenschaft. Russell (und in etwa Austin) verfolgt das Ziel, die Philosophie in die analytisch-empirischen Wissenschaften aufzuheben. Nach Quine dient der semantische Aufstieg dazu, Sprachen auf ihre Brauchbarkeit für die Wissenschaft hin zu prüfen. 2. Die Analysen des späten Wittgenstein verfolgen (ähnlich wie die Moores) das Ziel, die Probleme und Systeme der traditionellen Philosophie zu destruieren. Diese Destruktion dient aber zugleich einem positiven Anliegen. Wittgenstein setzt die Beschreibung an die Stelle der Erklärung, und diese Beschreibung muß sich der Sprache des Alltags bedienen (PU § 120). Jede Erklärung würde für Wittgenstein die Herrschaft der erklärenden über die zu erklärende Sprache bedeuten und damit die zu erklärende Sprache entstellen. Der späte Wittgenstein wendet sich nicht nur gegen die metaphysischen Systeme der Tradition, sondern ebenso gegen einen Szientismus, der die Wissenschaftssprache als Ideal ansieht und glaubt, das vielfältige Phänomen Sprache in der Wissenschaftssprache erklären und es auf diese reduzieren zu können. Wittgensteins berechtigtes Anliegen ist es, Vielfalt und Eigenständigkeit der Sprach- und Phänomenbereiche zu retten. Aber kann die Philosophie auf jede Erklärung und auf eine letzte, umfassende Rahmensprache verzichten? Wie ist eine solche Sprache konzipierbar, ohne einem Reduktionismus zu verfallen? Der Unterschied der beiden skizzierten Positionen läßt sich auch folgendermaßen beschreiben: Einer der gemeinsamen Züge der Analytischen Philosophie ist die Betonung der Pragmatik. Sie zeigt sich in Austins Theorie der Sprechakte und in Wittgensteins Sprachspielen; nach Carnap und Quine können ontologische Fragen nicht ohne pragmatische Kriterien ent-

schieden werden. Die Betrachtungsweise von Ansatz 1 verengt die pragmatische Dimension der Sprache. Sprache hat letztlich nur einem Ziel zu dienen: der Wissenschaft. Dagegen betont der späte Wittgenstein zu Recht die Vielfalt der Ziele. Wissenschaft ist nur ein Lebensvollzug des Menschen unter vielen anderen.

Unsere Darstellung war zentriert um das Thema Analytische Philosophie und Ontologie. Blicken wir zurück, so hat sich eine wechselseitige Abhängigkeit von Semantik und Ontologie ergeben. Eine Philosophie der Sprache ist ohne ontologische Aussagen nicht möglich; jeder Semantik liegt eine Ontologie zugrunde. Der »Tractatus« und Strawsons »Individuals« stellen sich ausdrücklich die Aufgabe, die ontologischen Voraussetzungen der Sprache offenzulegen; greifbar, wenn auch nicht immer eigens thematisiert, sind diese Voraussetzungen ebenso in Russells Logischem Atomismus, in Wittgensteins Sprachspielen und in Quines behavioristisch-naturalistischer Sprachtheorie. Die Analytische Philosophie konfrontiert uns aber zugleich mit der Frage nach einer ausgewiesenen Methode der Ontologie. Sie vertritt die These, daß die Semantik der einzig mögliche Weg zur Ontologie ist. Wer diese These bestreiten will, muß eine andere Möglichkeit aufzeigen und den Verdacht entkräften, daß Ontologie tatsächlich immer am Leitfaden der Sprache getrieben wurde, auch dort, wo diese Methode als solche nicht bewußt war. ²⁶³

Literatur:

Rorty 1967
Tugendhat 1976, 3. Vorl.

Werke

Adorno, T.W.: Gesammelte Schriften, Frankfurt a.M. 1970 ff.

Austin, J.L.: Sense and Sensibilia. Reconstructed from the Manuscript by G.J. Warnock, Oxford 1962; dtsch.: Sinn und Sinneserfahrung, Stuttgart 1975

-: Philosophical Papers, hg. v. J.O. Urmson u. G.J. Warnock. Oxford ²1970; dtsch.: Wort und Bedeutung, München 1975

-: How to do Things with Words. The William James Lectures delivered at Harvard University in 1955, Oxford 1962, 2. Aufl. hg. v. J.O. Urmson u. M. Sbisà, Oxford 1976; dtsch. (1962): Zur Theorie der Sprechakte, Stuttgart 1972

Ayer, A.J.: Language, Truth and Logic, London 1936, ²1946; dtsch.: Sprache, Wahrheit und Logik, Stuttgart 1970

Balmes, J.L.: Obras completas, 33 Bde., Barcelona 1925-1927; dtsch.: Vermischte Schriften, religiösen, philosophischen, politischen und literarischen Inhalts, 3 Bde., Regensburg 1855-1856

Baeumker, C. (Hg.): Beiträge zur Geschichte der Philosophie und Theologie des Mittelalters, Münster 1891 ff.

Becher, E.: Gehirn und Seele, in: Ebbinghaus, H. u.a. (Hg.): Die Psychologie in Einzeldarstellungen, Bd. 5, Heidelberg 1911

-: Geisteswissenschaften und Naturwissenschaften. Untersuchungen zur Theorie und Einteilung der Realwissenschaften, München 1921

Betti, E.: Teoria generale della interpretazione, Mailand 1955; dtsch.: Allgemeine Auslegungslehre als Methodik der Geisteswissenschaften, Tübingen 1962 (um ein Drittel gekürzt)

-: Hermeneutik als allgemeine Methodik der Geisteswissenschaften, Tübingen 1962

Bloch, E.: Gesamtausgabe, 16 Bde., Frankfurt a.M. 1959-1977

Blondel, M.: L'action, Paris 1893, ³1973; dtsch.: Die Aktion, Freiburg i.Br. 1965

-: L'être et les êtres, Paris 1935

-: La pensée, 2 Bde., Paris 1943; dtsch.: Das Denken, Freiburg i.Br. Bd. 1 1953, Bd.2 1956

Bolzano, B.: Bernard Bolzano Gesamtausgabe, Stuttgart 1969ff.

Brugger, W.: Philosophisches Wörterbuch, Freiburg i.Br. ¹⁷1985

-: Summe einer philosophischen Gotteslehre, München 1979

Buber, M.: Werke, 3 Bde., München 1962-1964 (Bd. 1: Zur Philosophie, Bd. 2: Zur Bibel, Bd. 3: Zum Chassidismus)

-: Briefwechsel aus sieben Jahrzehnten, hg. v. G. Schaeder, 3 Bde., Heidelberg 1972-1975

-: Das dialogische Prinzip, Heidelberg ³1973

-: Die Erzählungen der Chassidim, Zürich 1950

Bultmann, R.: Glaube und Verstehen. Gesammelte Aufsätze, Tübingen 1952

Camus, A.: Oeuvres complètes, 9 Bde., Paris 1983

-: Dramen, Reinbek 1962

-: Gesammelte Erzählungen, Reinbek 1966

-: Der Mythos von Sisyphos, Reinbek 1959

-: Der Mensch in der Revolte, Reinbek 1959

Carnap, R.: Der logische Aufbau der Welt, Berlin 1928, ⁴Hamburg 1974

-: Scheinprobleme in der Philosophie. Das Fremdpsychische und der Realismusstreit, Berlin 1928; ND Frankfurt a.M. 1976

-: Logische Syntax der Sprache, Wien 1934, ²1968

-: Philosophy and Logical Syntax, London 1935

-: Testability and Meaning, in: Philosophy of Science 3 (1936) u. 4 (1937)

-: Foundations of Logic and Mathematics, Chicago 1939, ²1967; dtsch.: Grundlagen der Logik und Mathematik, München 1973

-: Introduction to Semantics, Cambridge, Mass. 1942

-: Formalization of Logic, Cambridge, Mass. 1943

-: Meaning and Necessity. A Study in Semantics and Modal Logic, Chicago 1947, ²1956; dtsch.: Bedeutung und Notwendigkeit, Wien 1972

-: Logical Foundations of Probability, Chicago 1950, ²1962

-: Induktive Logik und Wahrscheinlichkeit, bearbeitet v. W. Stegmüller, Wien 1959

-: Philosophical Foundations of Physics. An Introduction to the Philosophy of Science, hg. v. M. Gardener, New York 1966; dtsch.: Einführung in die Philosophie der Naturwissenschaft, München 1969

Conrad-Martius, H.: Der Selbstaufbau der Natur. Entelechien und Energien, Hamburg 1944, ²München 1961

-: Die Zeit, München 1954

-: Das Sein, München 1957

-: Der Raum, München 1958

-: Schriften zur Philosophie, hg. v. E. Avé-Lallemant, München Bd. 1 1963, Bd.2 1964, Bd.4 1965

Coreth, E.: Metaphysik, Innsbruck ³1980

-: Was ist der Mensch?, Innsbruck ⁴1986

Davidson, D.: Essays on Actions and Events, Oxford 1980; dtsch.: Handlung und Ereignis, Frankfurt a.M. 1985

-: Inquiries into Truth and Interpretation, Oxford 1984; dtsch.: Wahrheit und Interpretation, Frankfurt a.M. 1985

-: The Structure and Content of Truht, in: The Journal of Philosophy 87 (1990) 279-328

Descoqs, P.: Praelectiones theologiae naturalis, Paris Bd. 1 1932, Bd. 2 1935

Deutinger, M.: Grundlinien einer positiven Philosophie als vorläufiger Versuch einer Zurückführung aller Teile der Philosophie auf christliche Prinzipien, 7 Bde., Regensburg 1843-1849

-: Das Prinzip der neueren Philosophie und die christliche Wissenschaft, Regensburg 1857

Dilthey, W.: Gesammelte Schriften, 15 Bde., Göttingen 1966ff., Berlin 1990

Donat,J.: Summa philosophiae christianae, 8 Bde., Innsbruck 1910-1921

Driesch, H.: Philosophie des Organischen, 2 Bde., Leipzig 1909, ⁴1928

Ebner, F.: Schriften in drei Bänden, hg. v. F. Seyr, München 1963

-: Das Wort und die geistigen Realitäten. Pneumatologische Fragmente, Frankfurt a.M. 1980

-: Das Wort ist der Weg, hg. v. P. Kampits, Wien 1983

Foucault, M.: Folie et déraison. Histoire de la folie à l'âge classique, Paris 1962; ; dtsch.: Wahnsinn und Gesellschaft. Eine Geschichte des Wahns im Zeitalter der Vernunft, Frankfurt a.M. 1969

-: Naissance de la clinique. Une archéologie du regard médical, Paris 1972; dtsch.: Die Geburt der Klinik. Eine Archäologie des ärztlichen Blicks, München 1973

-: Les Mots et les Choses. Une archéologie des sciences humaines, Paris 1966; dtsch.: Die Ordnung der Dinge. Eine Archäologie der Humanwissenschaften, Frankfurt a.M. 1971

-: L'archéologie du savoir, Paris 1973; dtsch.: Archäologie des Wissens, Frankfurt a.M. 1973

-: Surveiller et punir. La naissance de la prison, Paris 1975; dtsch.: Überwachen und Strafen. Die Geburt des Gefängnisses, Frankfurt a.M. 1976

-: Histoire de la sexualité, 4 Bde., Paris 1976-84; dtsch.: Sexualität und Wahrheit, 4 Bde., Frankfurt a.M. 1977ff.

Frege, G.: Begriffsschrift, Halle 1879; ND: Begriffsschrift und andere Aufsätze, hg. v. I. Angelelli, Darmstadt 1977

-: Die Grundlagen der Arithmetik, Breslau 1884; ND Darmstadt 1961

-: Grundgesetze der Arithmetik, Jena Bd. 1 1893, Bd.2 1903; ND Darmstadt 1962

-: Kleine Schriften, hg. v. I. Angelelli, Darmstadt 1967

-: Nachgelassene Schriften, hg. v. H. Hermes u.a., Hamburg [2] 1982

-: Wissenschaftl. Briefwechsel, hg. v. G. Gabriel u.a., Hamburg 1976

-: Funktion, Begriff, Bedeutung. Fünf logische Studien, hg. v. G. Patzig, Göttingen [5] 1980

-: Logische Untersuchungen, hg. v. G. Patzig, Göttingen [2] 1976

-: Schriften zur Logik und Sprachphilosophie aus dem Nachlaß, hg. v. G. Gabriel, Hamburg [2] 1978

-: Gottlob Freges Briefwechsel mit D. Hilbert, E. Husserl, B. Russell, sowie ausgewählte Einzelbriefe Freges, hg. v. G. Gabriel u.a., Hamburg 1980

Freud, S.: Gesammelte Werke, chronologisch geordnet, 17 Bde., London 1952ff.; Studienausgabe in 11 Bdn., Frankfurt a.M. 1969-1975

Gadamer, H.-G.: Gesammelte Werke, Tübingen 1985ff. (bisher 5 Bde.)

Gehlen, A.: Gesamtausgabe, Frankfurt a.M. 1978ff. (auf 10 Bde. angelegt, bis 1992 sechs erschienen)

Gilson, E.: La philosophie au moyen âge, 2 Bde., Paris 1922, ND 1976; dtsch.: Gilson, E./Böhner, P.: Die Geschichte der christlichen Philosophie, 3 Bde., Paderborn 1936-1937

-: L'esprit de la philosophie médiévale, Paris 1932, 21944; dtsch.: Der Geist der mittelalterlichen Philosophie, Wien 1950

-: L'être et l'essence, Paris 1948

Girard, R.: La violence et le sacré, Paris 1972

-: Les choses cachées depuis la fondation du monde, Paris 1978; dtsch.: Das Ende der Gewalt. Analyse eines Menschheitsverhängnisses, Freiburg i.Br. 1983

-: Le Bouc émissaire, Paris 1982; dtsch: Der Sündenbock, Zürich 1988

-: La Route antique des hommes pervers, Paris 1985; dtsch.: Hiob - ein Weg aus der Gewalt, Zürich 1990

Grabmann, M.: Mittelalterliches Geistesleben, München Bd. 1 1926, Bd. 2 1936, Bd.3 1956

Guardini, Romano: Werke, Mainz 1986 ff

-: Der Gegensatz, Paderborn ³ 1985

-: Das Ende der Neuzeit, Mainz ⁶ 1986

Hahn, H.: Empirismus, Logik, Mathematik, Frankfurt a.M. 1988

Hahn, H./Neurath, O./Carnap, R.: Wissenschaftliche Weltauffassung - Der Wiener Kreis, Wien 1929

Hartmann, N.: Grundzüge einer Metaphysik der Erkenntnis, Berlin 1921, ⁴ 1949

-: Zur Grundlegung der Ontologie, Berlin 1935, ⁴ 1965

-: Möglichkeit und Wirklichkeit, Berlin 1938, ³ 1966

-: Der Aufbau der realen Welt, Berlin 1940, ³ 1964

Heidegger, M.: Gesamtausgabe, Frankfurt a.M. 1975ff. I. Veröffentlichte Schriften 1910-1976, 16 Bde. II. Vorlesungen 1919-1944, ca. 45 Bde., III. Unveröffentlichte Abhandlungen. IV. Aufzeichnungen und Hinweise. - Einzelausgaben bei den Verlagen Niemeyer, Klostermann und Neske (dort auch Schallplatten).

Heintel, E.: Die beiden Labyrinthe der Philosophie, Wien 1968

-: Einführung in die Sprachphilosophie, Darmstadt 1972, ³ 1986

-: Grundriß der Dialektik, 2 Bde., Darmstadt 1984

-: Die Stellung der Philosophie in der "Universitas Litterarum", Wien 1990

Husserl, E.: Husserliana. Gesammelte Werke. Auf Grund des Nachlasses veröffentlicht vom Husserl-Archiv (Louvain), Den Haag 1950ff. - Einzelausgaben in der Phil. Bibliothek (Meiner)

Jaspers, K.: Psychologie der Weltanschauungen, Berlin 1919

-: Philosophie, 3 Bde., Berlin 1932

-: Vernunft und Existenz, Groningen 1935

-: Von der Wahrheit, München 1947

-: Vom Ursprung und Ziel der Geschichte, Zürich 1949

-: Einführung in die Philosophie, Zürich 1950

-: Die großen Philosophen, München 1957

-: Der philosophische Glaube angesichts der Offenbarung, München 1962

-: Was ist Philosophie? Ein Lesebuch, hg. v. H. Saner, München ³ 1983

-: Denkwege. Ein Lesebuch, hg. v. H. Saner, München 1983

Kleutgen, J.: Theologie der Vorzeit, 25 Bde., Münster 1867-1874

-: Philosophie der Vorzeit, 2 Bde., Münster 1860-1862, ² 1878

Kripke, S.: Naming and Necessity, in: D. Davidson/G. Harman (Hg.): Semantics of Natural Language, Dodrecht 1972; erweiterter ND Oxford 1980; dtsch.: Name und Notwendigkeit, Frankfurt a.M. 1981

Külpe, O.: Einleitung in die Philosophie. Leipzig 1895, ¹⁰ 1921

-: Die Realisierung. Ein Beitrag zur Grundlegung der Realwissenschaften, Leipzig Bd.1 1912, Bd.2 u.3 1920

Lenin, V.I.: Werke, 40 Bde., Berlin 1955ff.

Levinas, E.: Théorie de l'intuition dans la phénoménologie de Husserl, Paris 1930

-: De l'existence à l'existant, Paris 1947; dtsch: Vom Sein zum Seienden, Freiburg i.Br. 1992

-: Le temps et l'autre, Montpellier 1947; dtsch.: Die Zeit und der Andere, Hamburg 1984

-: En découvrant l'existence avec Husserl et Heidegger, Paris 1949, 4. erw. Aufl. 1982; dtsch. in: Die Spur des Anderen, Freiburg i.Br. 1983

-: Totalité et Infini. Essai sur l'extériorité, Den Haag 1961; dtsch.: Totalität und Unendlichkeit, Freiburg i.Br. 1987

-: Difficile liberté. Essai sur le judaïsme, Paris 1963, 2. erw. Aufl. 1976

-: Autrement qu'être ou Au-delà de l'essence, Den Haag 1974; dtsch.: Jenseits des Seins oder anders als Sein geschieht, Freiburg i.Br. 1992

-: De Dieu qui vient à l'idée, Paris 1982; dtsch.: Wenn Gott ins Denken einfällt, Freiburg i.Br. 1985

-: Humanisme de l'autre homme, Paris 1987; dtsch.: Humanismus des anderen Menschen, Hamburg 1989

Lévi-Strauss, C.: Anthropologie structurale, Paris Bd. 1 1958, Bd. 2 1973; dtsch.: Strukturale Anthropologie, Frankfurt a.M. Bd. 1 1967, Bd. 2 1975

-: La Pensée sauvage, Paris 1962; dtsch.: Das wilde Denken, Frankfurt a.M. 1968

-: Mythologiques, 4 Bde. Paris 1964-1971; dtsch.: Mythologica, 4 Bde. Frankfurt a.M. 1971-1975

-: Mythus und Bedeutung, hg. v. A. Reif, Frankfurt a.M. 1980

-: Le regard éloigné, Paris 1983; dtsch.: Der Blick aus der Ferne, München 1985

-: De près et de loin, Paris 1988; dtsch.: Das Nahe und das Ferne. Eine Autobiographie in Gesprächen, Frankfurt a.M. 1989

Lewis, C.I./Langford, C.H.: Symbolic Logic, New York 1932

Lonergan, B.: Insight. A Study of Human Understanding, London, 1957; ²1958; ND 1968

Lotz, J.B.: Sein und Wert. Eine metaphysische Auslegung des Axioms »Ens et bonum convertuntur« im Raume der scholastischen Transzendentalienlehre. Erste Hälfte: Das Seiende und das Sein, Paderborn 1938

-: Das Urteil und das Sein. Eine Grundlegung der Metaphysik. Zweite neubearbeitete und vermehrte Auflage von »Sein und Wert I» (1938), Pullach 1957

Lukács, G.: Taktik und Ethik. Politische Aufsätze Bd. 1, Darmstadt 1975

-: Werke, Darmstadt 1964ff.

Marc, A.: Dialectique de l'agir, Paris 1949

-: Dialectique de l'affirmation. Essai de métaphysique réflexive, Paris 1952

-: L'être et l'esprit, Paris 1958

Marcel, G.: Journal métaphysique, Bd. 1, Paris 1927; dtsch.: Metaphysisches Tagebuch, Wien 1955

-: Etre et avoir, Paris 1935; dtsch.: Sein und Haben, Paderborn 1954

-: Homo Viator. Prolégomènes à une métaphysique de l'espérance, Paris 1944; dtsch.: Homo Viator. Philosophie der Hoffnung, Düsseldorf 1949

-: Le Mystère de l'Etre, 2 Bde., Paris 1951; dtsch.: Geheimnis des Seins, Wien 1952

-: Schauspiele in drei Bänden, Nürnberg o.J.

-: Werkausgabe in 3 Bden [Auswahl], hg.v. P. Grotzer u. S. Foelz, Paderborn 1992

Maréchal, J.: Le point de départ de la métaphysique, Bd. 1 Bruges 1922, [3]Brüssel 1943; Bd. 2 Bruges 1923, [4]Brüssel 1965; Bd. 3 Bruges 1923, [3]Brüssel 1944; Bd. 4 Brüssel 1947; Bd. 5 Louvain 1926, [2]Brüssel 1949

Maritain, J.: Oeuvres, hg. v. H. Bars, Paris 1975ff.

Merleau-Ponty, M.: La structure du comportement, Paris 1942; dtsch.: Die Struktur des Verhaltens, Berlin 1976

-: Phénoménologie de la perception, Paris 1945; dtsch: Phänomenologie der Wahrnehmung, Berlin 1966

-: Humanisme et Terreur, Paris 1947; dtsch.: Humanismus und Terror, Frankfurt a.M. 1976

-: Aventures de la dialectique, Paris 1955; dtsch.: Abenteuer der Dialektik, Frankfurt a.M. 1968

-: Signes, Paris 1960

-: Le visible et l'invisible, hg. v. C. Lefort, Paris 1964; dtsch.: Das Sichtbare und das Unsichtbare, München 1986

-: La prose du monde, hg. v. C. Lefort, Paris 1969; dtsch.: Die Prosa der Welt, München 1984

-: Das Auge und der Geist, Reinbek 1967, ND 1984

Moore, G.E.: Principia Ethica, Cambridge 1903; dtsch.: Stuttgart 1970

-: Ethics, London 1912; dtsch.: Grundprobleme der Ethik, München 1975

-: Philosophical Studies, London 1922

-: Some Main Problems of Philosophy, London 1953

-: Philosophical Papers 1919-1953, London 1959

-: Commonplace Book, hg. v. C. Lewy, London 1962

-: Lectures on Philosophy, hg. v. C. Lewy, London 1966

-: Eine Verteidigung des Common Sense. Fünf Aufsätze aus den Jahren 1903-1941, hg. v. H. Delius, Frankfurt a.M. 1969

Morris, C.W.: Foundations of the Theory of Signs, Chicago 1938

Müller, M.: Sein und Geist. Systematische Untersuchungen über Grundprobleme und Aufbau mittelalterlicher Ontologie, Tübingen 1940

Neurath, O.: Gesammelte philosophische und methodologische Schriften, 2 Bde., hg. v. R. Haller u. H. Rutte, Wien 1981

-: Wissenschaftliche Weltauffassung, Sozialismus und Logischer Empirismus, hg. v. R. Hegselmann, Frankfurt a.M. 1979

Newmann, J.H.: Collected Works of John Henry Newmann, 40 Bde., London 1874-1921

-: New Edition of the Works of John Henry Newmann, hg. v. C.F. Harold, London 1947ff.

Pannenberg, W.: Die Bestimmung des Menschen, Göttingen 1978

-: Anhropologie in theologischer Perspektive, Göttingen 1983

Plessner, H.: Gesammelte Schriften, 10 Bde., Frankfurt a.M. 1980ff.

Prichard, H.A.: Moral Obligation and Duty and Interest, Oxford 1968

Przywara, E.: Schriften, 3 Bde., Einsiedeln 1962

Putnam, H.: Philosophy and Logic, New York 1971

-: Mathematics, Matter and Method. Philos. Papers, Vol. 1, Cambridge 1975, [2]1979

-: Mind, Language and Reality. Philos. Papers, Vol. 2, Cambridge 1975 (1975a)
-: Realism and Reason. Philos. Papers, Vol .3, Cambridge 1983
-: Meaning and the Moral Sciences, London 1978
-: Reason, Truth and History, Cambridge 1981; dtsch.: Vernunft, Wahrheit und Geschichte, Frankfurt a.M. 1982
-: The Many Faces of Realism, La Salle, Ill. 1987
-: Representation and Reality, Cambridge, Mass. 1989; dtsch.: Repräsentation und Realität, Frankfurt a.M. 1991
-: Realism with a Human Face. Edited by J. Conant, Cambridge, Mass. 1990
-: Die Bedeutung von »Bedeutung«, hg. v. W. Spohn, Frankfurt a.M. 1979
Quine, W.V.: Methods of Logic, New York 1950, ² 1959, ³ 1972; dtsch. (1959): Grundzüge der Logik, Frankfurt a.M. 1962
-: From a Logical Point of View. 9 Logico-Philosophical Essays, Cambridge, Mass. 1953, ² 1961; dtsch.: Von einem logischen Standpunkt, Frankfurt a.M. 1979
-: Word and Object, Cambridge, Mass. 1960; dtsch.: Wort und Gegenstand, Stuttgart 1980
-: Set Theory and Its Logic, Cambridge, Mass. 1963, ² 1969; dtsch.: Mengenlehre und ihre Logik, Frankfurt a.M. 1978
-: The Ways of Paradox and Other Essays, New York 1966, ² Cambridge, Mass. 1976
-: Ontological Relativity and Other Essays, New York 1969; dtsch.: Ontologische Relativität und andere Schriften, Stuttgart 1975
-: Philosophy of Logic, Englewood Cliffs, N.J. 1970; dtsch.: Philosophie der Logik, Stuttgart 1973
-: The Roots of Reference, La Salle, Ill. 1974; dtsch.: Die Wurzeln der Referenz, Frankfurt a.M. 1976
-: Theories and Things, Cambridge, Mass. 1981; dtsch.: Theorien und Dinge, Frankfurt a.M. 1985
-: The Time of my Life. An Autobiography, Cambridge, Mass. 1985
-: Quiddities. An Intermittently Philosophical Dictionary, Cambridge, Mass. 1987
-: Pursuit of Truth, Cambridge/ Mass. 1990
Quine, W.V./Ullian, J.S.: The Web of Belief, New York 1970, ² 1978
Rahner, K.: Geist in Welt. Zur Metaphysik der endlichen Erkenntnis bei Thomas von Aquin, Innsbruck 1939; neu bearbeitet v. J.B. Metz, München 1957
-: Hörer des Wortes. Zur Grundlegung einer Religionsphilosophie, München 1941; neu bearbeitet v. J.B. Metz, Freiburg i.Br. 1971
Ricoeur, P.: Philosophie de la volonté, Paris. I: Le volontaire et l'involontaire, 1950; II: Finitude et culpabilité, 1. L'homme faillible, 2. La symbolique du mal, 1960; dtsch: Die Fehlbarkeit des Menschen. Phänomenologie der Schuld I; Symbolik des Bösen. Phänomenologie der Schuld II, Freiburg i.Br. 1971
-: De l'interprétation. Essai sur Freud, Paris 1965; dtsch.: Die Interpretation. Ein Versuch über Freud, Frankfurt a.M. 1969

-: Le conflit des interprétations. Essais d'herméneutique, Paris 1969; dtsch.: Hermeneutik und Strukturalismus. Der Konflikt der Interpretationen I, München 1973; Hermeneutik und Psychoanalyse. Der Konflikt der Interpretationen II, München 1974

-: La métaphore vive, Paris 1975; dtsch.: Die lebendige Metapher, München 1986

-: Temps et récit, 3 Bde., Paris 1983-1985; dtsch: Zeit und Erzählung, München 1988-1991

-: A l'école de la phénoménologie, Paris 1986

-: Soi-même comme un autre, Paris 1990

-: Lectures [Ges. Aufsätze], Paris 1991-1993

Rosenzweig, F.: Der Mensch und sein Werk. Gesammelte Schriften, 4 Teile, Den Haag 1976-1984 (I: Briefe und Tagebücher, II: Der Stern der Erlösung, III: Zweistromland. Kleinere Schriften zu Glauben und Denken, IV: Sprachdenken im Übersetzen)

-: Hegel und der Staat, Berlin 1920, ND Aalen 1962

Rosmini-Serbati, A.: Edizione nazionale delle opere edite e inedite di A. Rosmini-Serbati, hg. v. E. Castelli u.a., 49 Bde., Rom u.a. 1934-1977

Russell, B.: The Principles of Mathematics, Cambridge 1903, ²London 1937

-: (mit A.N. Whitehead) Principia Mathematica, 3 Bde., Cambridge 1910-1913, ²1925-1927; dtsch. (Vorwort und Einleitungen) Wien 1964

-: The Problems of Philosophy, London 1912; dtsch.: Probleme der Philosophie, Frankfurt a.M. 1973

-: Mysticism and Logic and Other Essays, London 1917

-: Introduction to Mathematical Philosophy, London 1919; dtsch.: Einführung in die mathematische Philosophie, Wiesbaden o.J.

-: The Analysis of Mind, London 1921; dtsch.: Die Analyse des Geistes, Leipzig 1927

-: Our Knowledge of the External World, London ²1926

-: An Outline of Philosophy, London 1927

-: The Analysis of Matter, London 1927; dtsch. Leipzig 1929

-: An Inquiry into Meaning and Truth, London 1940

-: Human Knowledge, London 1948; dtsch.: Das menschliche Wissen, Darmstadt o.J.

-: Logic and Knowledge, Essays 1901-1950, hg. v. R. Ch. Marsh, London 1956

-: My Philosophical Development, London 1959; dtsch.: Philosophie. Die Entwicklung meines Denkens, München 1973

-: The Autobiography of Bertrand Russell, 3 Bde., London 1967-1969; dtsch. Frankfurt a.M. 1972-1973

-: Philosophische und politische Aufsätze, hg. v. U. Steinvorth, Stuttgart 1971

-: Die Philosophie des Logischen Atomismus. Aufsätze zur Logik und Erkenntnistheorie, hg. v. J. Sinnreich, München 1979

-: The Collected Papers of Bertrand Russell, London 1983ff. [Bisher erschienen: vol. 1 1983; vol. 2 1990; vol. 6 1992;: vol. 7 1984; vol. 8 1986; vol. 9 1988; vol. 12 1985; vol. 13 1988]

Ryle, G.: The Concept of Mind, London 1949; dtsch.: Der Begriff des Geistes, Stuttgart 1969
-: Dilemmas. The Tarner Lectures 1953, Cambridge 1954; dtsch.: Begriffskonflikte, Göttingen 1970
-: Plato's Progress, Cambridge 1966
Ryle, G.: Collected Papers, 2 Bde., London 1971 (Bd. 1: Critical Essays, Bd.2: Collected Essays 1929-1968)
-: On Thinking, hg. v. K. Kolenda, Oxford 1979
Sartre, J.-P.: La transcendance de l'Égo, Paris 1936, ND 1965; dtsch.: Die Transzendenz des Ego, Reinbek 1982
-: L'imagination. Étude critique, Paris 1936, ND 1956; dtsch. in: Die Transzendenz des Ego
-: L'Etre et le Néant. Essai d'ontologie phénoménologique, Paris 1943; dtsch.: Das Sein und das Nichts. Versuch einer phänomenologischen Ontologie: in neuer Übersetzung hg. v. T. König, Reinbek 1991
-: Critique de la raison dialectique. Précédé de Question de méthode, Bd. 1: Théorie des ensembles pratiques, Paris 1960; dtsch.: Marxismus und Existenzialismus. Versuch einer Methodik, Reinbek 1964, plus: Kritik der dialektischen Vernunft. Bd. 1 Theorie der gesellschaftlichen Praxis, Reinbeck 1967; ; Bd. 2: L'intelligibilité de l'histoire, hg. v. A. Elkaim-Sartre, Paris 1985
-: L'idiot de la famille, Gustave Flaubert de 1821 à 1857, 3 Bde., Paris 1971 - 1972; dtsch.: Der Idiot der Familie, 5 Bde., Reinbek 1977-1980
-: Cahiers pour une morale, Paris 1983
-: Gesammelte Werke, Reinbek 1986 ff
Scheler, M.: Gesammelte Werke, hg. v. M. Scheler u. M. Frings, 13 Bde., davon vier aus dem Nachlaß, Bern 1954ff.
Schlick, M.: Allgmeine Erkenntnislehre, Berlin 1925; ND Frankfurt a.M. 1978
-: Fragen der Ethik, Wien 1930; ND Frankfurt a.M. 1984
-: Gesammelte Aufsätze 1926-1936, Wien 1938
-: Die Probleme der Philosophie in ihrem Zusammenhang. Vorlesung aus dem Wintersemester 1933/34, Frankfurt a.M. 1986
Searle, J.R.: Speech Acts, Cambridge 1969; dtsch.: Sprechakte, Frankfurt a.M. 1971
-: Expression and Meaning. Studies in the Theory of Speech Acts, Cambridge 1979; dtsch.: Ausdruck und Bedeutung. Untersuchungen zur Sprechakttheorie, Frankfurt a.M. 1982
-: Intentionality. An Essay in the Philosophy of Mind, Cambridge 1983; dtsch.: Intentionalität. Eine Abhandlung zur Philosophie des Geistes, Frankfurt a.M. 1987
-: Minds, Brain and Sciences. The 1984 Reith Lectures, BBC 1984; dtsch.: Geist, Hirn und Wissenschaft, Frankfurt a.M. 1986
Searle, J.R./Vanderveken, D.: Foundations of Illocutionary Logic, Cambridge 1989
Siewerth, G.: Der Thomismus als Identitätssystem, Frankfurt a.M. 1939, ²1961
-: Die Freiheit und das Gute, Freiburg i.Br. 1959

-: Das Schicksal der Metaphysik von Thomas bis Heidegger, Einsiedeln 1959

Solowjew, W.S.: Deutsche Gesamtausgabe der Werke, 9 Bde., Freiburg i.Br. 1953-1979

Stein, E.: Edith Steins Werke, 14 Bde., Freiburg i.Br. 1950-1991

Strawson, P.F.: Introduction to Logical Theory, London 1952

-: Individuals. An Essay in Descriptive Metaphysics, London 1959; dtsch.: Einzelding und logisches Subjekt, Stuttgart 1972

-: The Bounds of Sense. An Essay on Kant's Critique of Pure Reason, London 1966; dtsch.: Die Grenzen des Sinns, Königstein 1981

-: Logico-Linguistic Papers, London 1971; dtsch.: Logik und Linguistik, München 1974

-: Freedom and Resentment and Other Essays, London 1974

-: Subject and Predicate in Logic and Grammar, London 1974

-: Skepticism and Naturalism. Some Varieties, New York 1985; dtsch.: Skeptizismus und Naturalismus, Frankfurt a.M. a.M. 1987

-: Analyse et Métaphysique, Paris 1985

Tillich, P.: Gesammelte Werke, 14 Bde., Stuttgart 1971ff.; Berlin 1990

Waismann, F.: Einführung in das mathematische Denken. Die Begriffsbildung der modernen Mathematik, Wien 1936, ³München 1970

-: Logik, Sprache, Philosophie, hg. v. P. Baker u.a., Stuttgart 1976

- How I see Philosophy, hg. v. R. Harré, London 1968

-: Philosophical Papers, hg. v. B. McGuiness, Dordrecht 1977

-: Wille und Motiv. Zwei Abhandlungen über Ethik und Handlungstheorie, hg. v. J. Schulte, Stuttgart 1983

Welte, B.: Religionsphilosophie, Freiburg i.Br. 1978

Wenzel, A.: Das Leib-Seele-Problem, Leipzig 1933

-: Wissenschaft und Weltanschauung. Natur und Geist als Probleme der Metaphysik, Leipzig 1936

Whitehead, A.N.: Process and Reality. An Essay in Cosmology, New York 1929, verbesserte Ausgabe v. D.G. Griffin u.a., New York 1978; dtsch.: Prozeß und Realität. Der Entwurf einer Kosmologie, Frankfurt a.M. 1979

Whitehead, A.N./Russell, B.: Principia Mathematica, s. Russell

Wittgenstein, L.: Schriften, 8 Bde., Frankfurt a.M. 1960-1982

-: Werkausgabe, 8 Bde., Frankfurt a.M. 1984

-: Geheime Tagebücher 1914-1916, Wien 1991

-: Prototractatus, London 1971

-: Logisch-philosophische Abhandlung - Tractus logico-philosophicus. Kritische Edition, Frankfurt a.M. 1989

-: Vortrag über Ethik und andere kleine Schriften. Herausgegeben und übersetzt von J. Schulte, Frankfurt a.M. ²1991

-: The Blue and Brown Books, Oxford ²1969

Briefwechsel, hg. v. B.F. McGuiness u. G.H. v. Wright, Frankfurt a.M. 1980

Lectures and Conversations on Aesthetics, Psychology and Religious Belief, hg; v. C. Barrett, Oxford 1966; dtsch.: Vorlesungen und Gespräche über Asthetik, Psychologie und Religion, Göttingen ²1971

-: Wittgenstein's Lectures Cambridge 1930-1932, hg. v. D. Lee, Totowa, N.J. 1980
-: Wittgenstein's Lectures Cambridge 1932-1935, hg. v. A. Ambrose, Totowa, N.J. 1979
-: dtsch.: Vorlesungen 1930-1935, Frankfurt a.M. 1984
-: Wittgenstein's lecture's on the foundations of mathematics Cambridge, 1939, Ithaca, N.Y. 1976
-: dtsch.: Wittgensteins Vorlesungen über die Grundlagen der Mathematik Cambridge, 1939. Nach den Aufzeichnungen von R.G. Bosanquet, Norman Malcolm, Rush Rhees und Yorick Smythies. Hg. von Cora Diamond. Übersetzt von J. Schulte, Frankfurt a.M. 1978
-: Wittgenstein's Lectures on Philosophical Psychology 1946-47, ed. by P.T. Geach, New York/London 1988
-: dtsch.: Vorlesungen über die Philosophie der Psychologie 1946/7. aufzeichnungen von P.T. Geach, K.J. Shah und A.C. Jackson. Hg. von P.T. Geach. Übersetzt von J. Schulte, Frankfurt a.M. 1991
Wust, P.: Gesammelte Werke, 10 Bde., Münster 1963-1969

Literatur

Addis, L./Lewis, D.: Moore and Ryle: Two Ontologists, The Hague 1965
Ambrose, A./Lazerowitz, M.: G.E. Moore. Essays in Retrospect, London 1970
Anscombe, G.E. M.: An Introduction to Wittgenstein's Tractatus, London 1959, ⁴1971
Apel, K.-O.: Die Idee der Sprache in der Tradition des Humanismus von Dante bis Vico, Bonn 1963
Aubert, R.: Die Enzyklika "Aeterni Patris", in: Coreth u.a. (Hg.) Bd. 2 1988, 310-332
Ayer, A.J.: The Concept of a Person and Other Essays, London 1963
-: Has Austin Refuted Sense-data?, in: Synthese 17 (1967) 117-140; ND in: Fann (Hg.) 1969
-: Russell and Moore. The Analytical Heritage, London 1971
-: Russell, London 1972; dtsch.: Bertrand Russell, München 1973
-: Philosophy in the Twentieth Century, London 1982
Baker, G.P./Hacker, P.M.S.: An analytical commentary on the Philosophical Investigations. Oxford: vol. 1: Wittgenstein: Understanding and Meaning, 1980; vol. 2: Wittgenstein: Rules, Grammar and Necessity, 1989; vol. 3: siehe unter Hacker
-: Frege: Logical Excavations, Oxford 1984
Baldwin, Th.: G.E. Moore, London 1990
Barrett, R.B./Gibson, R.F. (Hg.): Perspectives on Quine, Oxford 1990
Baum, W.: Wittgenstein und die Religion, in: Philos. Jahrbuch 86 (1979) 272-299
Baumgartner, H.M./Saß, H.-M.: Philosophie in Deutschland 1945-1975. Standpunkte, Entwicklungen, Literatur, Meisenheim 1978

Beckermann, A. (Hg.): Analytische Handlungstheorie. Bd. 2: Handlungserklärungen, Frankfurt a.M. 1977, ²1984

Belaval, Y. (Hg.): Histoire de la philosophie III: Du XIXe siècle à nos jours (Encyclopédie de la Pléiade) Paris 1974

Belay, M. u.a.: Entretiens autour de Gabriel Marcel, Neuchâtel 1976

Berg, J./Gunthaler, H./Morscher, E.: Bernhard Bolzano, in: Coreth u.a. (Hg.) Bd. 1 1987, 242-265

Berlin, I. u.a.: Essays on J.L. Austin, Oxford 1973

Bernet, R./Kern, I./Marbach, E.: Edmund Husserl. Darstellung seines Denkens, Hamburg 1989

Berning, V.: Das Wagnis der Treue. Gabriel Marcels Weg zu einer konkreten Philosophie des Schöpferischen, Freiburg i.Br. 1973

Biemel, W.: Martin Heidegger in Selbstzeugnissen und Bilddokumenten, Reinbek 1973

-: Jean-Paul Sartre in Selbstzeugnissen und Bilddokumenten, Reinbek ²1979

Bieri, P. (Hg.): Analytische Philosophie des Geistes, Königstein 1981

Black, M.: A Companion to Wittgenstein's 'Tractatus', Cambridge 1964

Bloch, J./Gordon, H. (Hg.): Martin Buber. Bilanz seines Denkens, Freiburg i.Br. 1983

Block, N. (Hg.): Readings in Philosophy of Psychology, 2 Bde., Cambridge 1981

Böhm, I.: Das Denken der bedeutendsten Modernisten, in: Coreth u.a. (Hg.) Bd. 2 1988, 333-348

Bollnow, O.F.: Dilthey. Eine Einführung in seine Philosophie, Leipzig 1936, ³Stuttgart 1967

-: Studien zur Hermeneutik, Feiburg i.B.: Bd. 1 1982, Bd. 2 1983

Boolos, G. (Hg.): Meaning and Method. Essays in Honor of Hilary Putnam, Cambrindge 1990

Bouchind'homme, C./Rochlitz, R. (Hg.): 'Temps et récit' de Paul Ricoeur en débat, Paris 1990.

Bouillard, H.: Blondel et le christianisme, Paris 1961; dtsch.: Blondel und das Christentum, Mainz 1963

Brandl, J./Gombocz, W. (Hg.): The Mind of Donald Davidson, Amsterdam 1989

Braun, B.: Martin Deutinger, in: Coreth u.a. (Hg.) Bd. 1 1987, 285-305

Bremerich-Vos, A.: Zur Kritik der Sprechakttheorie. Austin und Searle, Weinheim 1981

Broad, C.D.: Examination of McTaggart's Philosophy, Cambridge Bd. 1 1933, Bd.2, 1 u. 2.1938

Brugger, W.: Philosophisches Wörterbuch, Freiburg i.Br. ¹⁷1985

Bruck, C./Cohen, R.S. (Hg.): PSA 1970. In Memory of Rudolf Carnap, Dordrecht 1971

Brunkhorst, H.: Theodor W. Adorno. Dialektik der Moderne, München 1990

Bruschi, R.: Willard Van Ormaan Quine: A Bibliographic Guide, Firenze 1986

Budd, M.: Wittgenstein's Philosophy of Psychology, London 1989

Bühler, Ch./Allen, M.: Einführung in die humanistische Psychologie, Stuttgart 1974

Burggraeve, R.: Emmanuel Levinas. Une bibliographie primaire et secondaire 1929-1985, Löwen 1986

Burkhardt, A.: Speech Acts, Meaning and Intentions. Critical Approaches to the Philosophy of John R. Searle, Berlin 1990

Casper, B.: Das dialogische Denken. Eine Untersuchung der religionsphilosophischen Bedeutung Rosenzweigs, Ebners und Bubers, Freiburg i.Br. 1967

Centro di studi filosofici di Gallarate (Hg.): Enciclopedia filosofica, 6 Bde., Firenze ² 1967

Clark, M.: Michel Foucault. An annotated bibliography, New York 1983

Clarke, W.N.: The Philosophical Approach to God. A Neo-Thomist Perspective, in: Ray, W.E. (Hg.): James Montgomery Hester Seminar, Bd.3, Winston-Salem, N.C. 1979

Cohen-Solal, A.: Sartre 1905-1980, Reinbek 1988

Cohn, M./Buber, R.: Martin Buber. A Bibliography of His Writings, München/Jerusalem 1980

Copi, L.M./Beard, R.W. (Hg.): Essays on Wittgenstein's Tractatus, London 1966

Copleston, F.: A History of Philosophy, London Bd. 8 (1966): Bentham to Russell; Bd.9 (1975): Maine de Biran to Sartre

Coreth, E.: Grundfragen der Hermeneutik, Freiburg i.Br. 1969

Coreth, E./Neidl, W./Pfligersdorffer, G. (Hg.): Christliche Philosophie im katholischen Denken des 19. und 20. Jahrhunderts, 3 Bde., Graz: Bd. 1 1987; Bd. 2 1988; Bd. 3 1990

Coreth, E.: Schulrichtungen neuscholastischer Philosophie, in: Coreth u.a. (Hg.) Bd. 2 1988, 397-410

Dahms, H.-J.: Philosophie, Wissenschaft, Aufklärung. Beiträge zur Geschichte des Wiener Kreises, Berlin 1985

Dannemann, R.: Das Prinzip Verdinglichung. Studien zur Philosophie Georg Lukács', Frankfurt a.M. 1987

Delfgaauw, B./Holz, H./Nauta, L. (Hg.): Philosophische Rede vom Menschen. Studien zur Anthropologie Helmuth Plessners, Frankfurt a.M. 1986

Descombes, V.: Das Selbe und das Andere. Fünfundvierzig Jahre Philosophie in Frankreich. 1933-1978, Frankfurt a.M. 1981

Deuser, H./Steinacker, P.: Ernst Blochs Vermittlung zur Theologie, München 1983

Dummett, M.: Gottlob Frege, in: Edwards (Hg.) 1967, Bd. 3, S. 225-237

-: Frege. The Philosophy of Language, London 1973

-: The Interpretation of Frege's Philosophy, London 1981

-: Frege. Philosophy of Mathematics, London 1991 (1991a)

-: Frege and Other Philosophers, Oxford 1991 (1991b)

Dumouchel, P. (Hg.): Violence et vérité. Autour de René Girard, Paris 1985

Engel, P.: Identité et référence, Paris 1985

Evain, F.: Antonio Rosmini-Serbati (1797-1855) und der Rosminianismus im 19. Jh., in: Coreth u.a. (Hg.) Bd. 1 1987, 596-618

228

Evnine, S.: Donald Davidson, Cambridge 1991

Edwards, P. (Hg.): The Encyclopedia of Philosophy, 8 Bde., New York 1967

Ewald, F./Waldenfels, B.: Spiele der Wahrheit. Michel Foucaults Denken, Frankfurt a.M. 1991

Fann, K.T. (Hg.): Symposium on J.L. Austin, London 1969

Favraux, P.: Der spätere Blondel und sein Einfluß, in: Coreth u.a. (Hg.) Bd. 3 1990, 384-410

Fink, E.: Studien zur Phänomenologie 1930-1939, Den Haag 1966
-: Nähe und Distanz, München 1976

Fink-Eitel, H.: Foucault zur Einführung, Hamburg 1989

Fonk, P.: Transformation der Dialektik. Grundzüge der Philosophie Arnold Gehlens, Würzburg 1983

Franz, A.: Franz Anton Staudenmaier, in: Coreth u.a. (Hg.) Bd. 1 1987, 109-126

Fries, H./Becker, W. (Hg.): Newman-Studien, Nürnberg 1948ff.

Frings, M.F. (Hg.): Max Scheler. Centennial Essays, Den Haag 1974

Frongia, G./McGuiness, B.: Wittgenstein. A Bibliographical Guide, Oxford 1990

Furberg, M.: Saying and Meaning. A Main Theme in J.L. Austin's Philosophy, [2] Oxford 1971

Gabel, G.U.: Ludwig Wittgenstein. A Comprehensive Bibliography of International Theses and Dissertations 1933-1985, Köln 1988

Gadamer, H.-G.: Heideggers Wege. Studien zum Spätwerk, Tübingen 1983

Gadamer, H.-G./Boehm, G. (Hg.): Seminar: Philosophische Hermeneutik, Frankfurt a.M. 1976

Gerl, H.-B.: Romano Guardini, Mainz 1985

Gertz, B.: Erich Przywara, in: Coreth u.a. (Hg.) Bd. 2 1988, 572-589

Gethmann, C.F.: Verstehen und Auslegung. Das Methodenproblem in der Philosophie Martin Heideggers, Bonn 1974

Gibson, R.F.: The Philosophy of W.V. Quine. An Expository Essay, Tampa, Florida 1982

Gochet, P.: Quine zur Diskussion. Ein Versuch vergleichender Philosophie, Frankfurt a.M. 1984
-: Ascent to Truth. A Critical Examination of Quine's Philosophy, München 1986

Goerdt, W.: Russische Philosophie. Zugänge und Durchblicke, Freiburg i.Br. 1984

Görtz, H.-J.: Tod und Erfahrung. Rosenzweigs ‚erfahrende Philosophie' und Hegels·Wissenschaft der Erfahrung des Bewußtseins', Düsseldorf 1984

Goodmann, N.: The Structure of Appearance, Indianapolis [2] 1966
-: The Significance of Der logische Aufbau der Welt, in: Schilpp 1963, S. 545-558

Good, P. (Hg.): Max Scheler im Gegenwartsgeschehen der Philosophie, Bern 1975

Grabmann, M.: Die Geschichte der scholastischen Methode, Freiburg i.Br. Bd. 1 1909, Bd.2 1911

-: Mittelalterliches Geistesleben, München Bd. 1 1926, Bd. 2 1936, Bd. 3 1956

Graham, K.: J.L. Austin. A Critique of Ordinary Language, Hassocks, Sussex 1977

Griffin, J.: Wittgenstein's Logical Atomism, Oxford ²1965

Griffin, N.: Russell's Idealist Apprenticeship, Oxford 1991

Grondin, J.: Einführung in die hermeneutische Philosophie, Darmstadt 1991

Habermas, J.: Erkenntnis und Interesse, Frankfurt a.M. 1968

Hacker, P.M.S.: Insight and Illusion. Themes in the Philosophy of Wittgenstein, Oxford ²1986

-: An analytical commentary on the Philosophical Investigations, vol. 3: Wittgenstein: Meaning and Mind, Oxford 1990

Hahn, L.E./Schilpp, P.A. (Hg.): The Philosophy of W.V. Quine, La Salle, Ill. 1988

Haller, R. (Hg.): Schlick und Neurath - Ein Symposion, Amsterdam 1982

Harding, S.G. (Hg.): Can Theories be Refuted? Essays on the Duhem-Quine Thesis, Dordrecht 1976

Harth, D. (Hg.): Karl Jaspers: Denken zwischen Wissenschaft, Politik und Philosophie, Stuttgart 1989

Hartmann, W.: Scheler-Bibliographie, Stuttgart 1963

Hartshorne, C.: The Divine Relativity. A Social Conception of God, New Haven ²1964

Heimsoeth, H./Heiß, R. (Hg.): Nicolai Hartmann. Der Denker und sein Werk, Göttingen 1952

Heinz, H. J.: Negative Dialektik und Versöhnung bei Th.W. Adorno, Freiburg i.Br. 1975

Hengelbrock, J.: Jean-Paul Sartre. Freiheit und Notwendigkeit, Einführung in das philosophische Werk, Freiburg i.Br. 1989

Die der Hermeneutik und ihrer Anwendungsbereiche seit Schleiermacher, Düsseldorf 1968

Henrici, P.: Hegel und Blondel, Pullach 1958

-: Maurice Blondel und die "Philosophie der Aktion", in: Coreth u.a. (Hg.) Bd. 1 1987, 543-584

Herbstrith, W.: Das wahre Gesicht Edith Steins, München 51983

Herrmann, F.W. von: Hermeneutische Phänomenologie des Daseins. Eine Erläuterung von·Sein und Zeit', Frankfurt a.M. 1987 ff

Hersch, J.: Karl Jaspers. Eine Einführung in sein Werk, München 1980

- (Hg.): Karl Jaspers - Philosoph, Arzt, politischer Denker. Symposium zum 100. Geburtstag in Basel und Hamburg, München 1986

Hessen, J.: Max Scheler, Eine kritische Einführung in seine Philosophie, Essen 1948

Hinst, P.: Quines Ontologiekriterium, in: Erkenntnis 19 (1983) 193-215

Hintikka, J. (Hg.): Rudolf Carnap. Logical Empirist, Dordrecht 1975

Hintikka, M.B./Hintikka, J.: Untersuchungen zu Wittgenstein, Frankfurt a.M. 1990

Hoche, H.-U./Strube, W.: Analytische Philosophie, Freiburg i.Br. 1985

Höffe, O. (Hg.): Klassiker der Philosophie, 2 Bde., München 1981, ²1985

Höllhuber, I.: Geschichte der Philosophie im spanischen Kulturbereich, München 1967

-: Geschichte der italienischen Philosophie von den Anfängen des 19. Jahrhunderts bis zur Gegenwart, München 1969

Holtzmann, S.H./Leich, C.M.: Wittgenstein: To Follow a Rule, London 1981

Holz, H.H.: Logos Spermatikos. Ernst Blochs Philosophie der unfertigen Welt, Darmstadt 1975

Hookway, Ch.: Quine: Language, Experience and Reality, Cambridge 1988

Horstmann, R.P.: Ontologie und Relationen. Hegel, Bradley, Russell und die Kontroverse über interne und externe Beziehungen, Königstein 1984

Huisman, D. (Hg.): Dictionnaire des philosophies, 2 Bde., Paris (PUF) 1984

Huning, A.: Edith Stein und Peter Wust, Münster 1969

Hylton, P.: Russell, Idealism, and the Emergence of Analytic Philosophy, Oxford 1990

Ineichen, H.: Philosophische Hermeneutik, Freiburg i.Br. 1990

Jacobs, H.: Die französischsprachige Maréchalschule, in: Coreth u.a. (Hg.) Bd. 2 1988, 470-484

Janik, A./Toulmin, St.: Wittgensteins Wien, München 1984

Janke, W.: Existenzphilosophie, Berlin 1982

Janssen, P.: Edmund Husserl, München 1976

Jörgensen, J.: The Development of Logical Empiricism, Chicago 1951

Jonas, F.: Die Institutionenlehre A. Gehlens, Tübingen 1966

Kammler, J.: Politische Theorie bei Georg Lukács. Struktur und historischer Praxisbezug bis 1929, Darmstadt 1974

Kanthack, K.: Nicolai Hartmann und das Ende der Ontologie, Berlin 1962

Kemp, P.D./Rasmussen, D.: The Narrative Path. The Later Works of Paul Ricoeur, Cambridge, Mass. 1989.

Kenny, A.: Wittgenstein, Frankfurt a.M. 1974

-: The Legacy of Wittgenstein, Oxford 1984

Kerr, F.: Theology after Wittgenstein, Oxford 1988

Kimmerle, H.: Philosophie der Geisteswissenschaften als Kritik ihrer Methoden, Den Haag 1978

Klemke, E.D.: The Epistemology of G.E. Moore, Evanston, Ill. 1969

-: (Hg.): Studies in the Philosophy of G.E. Moore, Chicago 1969 (= 1969a)

Kluxen, W.: Die geschichtliche Erforschung der mittelalterlichen Philosophie und die Neuscholastik, in: Coreth u.a. (Hg.) Bd. 2 1988, 362-389

König, T. (Hg.): Sartre. Ein Kongreß, Reinbek 1988

Kolakowski, L.: Die Hauptströmungen des Marxismus, Bd. 3, München 1979

Kraft, V.: Der Wiener Kreis. Der Ursprung des Neopositivismus, ²Wien 1968

Krauth, L.: Die Philosophie Carnaps, Wien 1970

Krewani, W.N.: Emmanuel Levinas, Freiburg i.Br. 1992

Kripke, S.A.: Wittgenstein über Regeln und Privatsprache, Frankfurt a.M. 1987

Kutschera, F.von: Gottlob Frege. Eine Einführung in sein Werk, Berlin 1989

Landgrebe, L.: Der Weg der Phänomenologie, Gütersloh 1963

Lacroix, J.: Panorama de la philosophie française contemporaine, ²Paris 1968

Lapointe, F./Lapointe, C.: M. Merleau-Ponty and His Critics. An International Bibliography (1942-1976), New York 1976

Lapointe, F.H.: Ludwig Wittgenstein. A Comprehensive Bibliography, Westport, Connecticut 1980

Lapointe, F./Lapointe, C.: J.-P. Sartre and His Critics. An International Comprehensive Bibliography (1938-1980), Bowling Green, Ohio 21981

Laruelle, F. (Hg.): Textes pour Emmanuel Lévinas, Paris 1980

Lauener, H.: Willard van Orman Quine, München 1982

Lebesque, M.: Albert Camus in Selbstzeugnissen und Bilddokumenten, Reinbek 1960

Le Guillou, L.: Die philosophische Gegenrevolution in Frankreich, in: Coreth u.a. (Hg.) Bd. 1 1987, 459-485

LePore, E.: Truth and Interpretation. Perspectives on the Philosophy of Donald Davidson, Oxford 1986

LePore, E./McLaughlin, P. (Hg.): Actions and Events. Perspectives on the Philosophy of Donald Davidson, Oxford 1985

LePore, E./Van Gulick, R. (Hg.): John Searle and His Critics, Oxford 1991

Lottmann, H.R.: Albert Camus, Paris 1978; dtsch.: Hamburg 1986

Lotz, J.B.: Sein und Existenz, Freiburg i.Br. 1965

-: Joseph Maréchal, in: Coreth u.a. (Hg.) Bd. 2 1988, 453-469

Lukács, G./Becher, J.R./Wolf, F. u.a.: Die Säuberung, Reinbek 1991

Lycan, W.G. (Hg.): Mind and Cognition. A Reader, Cambridge 1990

Lyons, W.: Gilbert Ryle. An Introduction to His Philosophy, Brighton 1980

Mace, C.A. (Hg.): British Philosophy in the Mid-Century, London ²1966

Mader, W.: Max Scheler in Selbstzeugnissen und Bilddokumenten, Reinbek 1980

Malcolm, N.: Noting is Hidden. Wittgenstein's Criticism of his Early Thought, Oxford 1986

-: Erinnerungen an Ludwig Wittgenstein, Frankfurt a.M. 1987

Marc-Lipiansky, M.: Le structuralisme de Lévi-Strauss, Paris 1973

Martin, W.: Bertrand Russell. A Bibliography of His Writings/Eine Bibliographie seiner Schriften 1895-1976, München 1981

Marx, W.: Die Phänomenologie Edmund Husserls. Eine Einführung, München 1987

Maurer, A.: Etienne Gilson, in: Coreth u.a. (Hg.) Bd. 2 1988, 519-545

McGuiness, B.F.: The Mysticism of the Tractatus, in: The Philosophical Review 75 (1966) 305-328

-: Wittgensteins frühe Jahre, Frankfurt a.M. 1988

McGuiness, B./Haller, R. (Hg.): Wittgenstein in Focus - Im Brennpunkt: Wittgenstein, Amsterdam 1989

Meggle, G. (Hg.): Analytische Handlungstheorie. Bd. 1: Handlungsbeschreibungen, Frankfurt a.M. 1977, ²1984

Mercier, A. u.a. (Hg.): Philosophes critiques d'eux-mêmes/Philosophische Selbstbetrachtungen, Bern 1975ff.

Methlagl, W. u.a. (Hg.): Gegen den Traum vom Geist. Ferdinand Ebner. Beiträge zum Symposion Gablitz 1981, Salzburg 1985

Métraux, A./Waldenfels, B. (Hg): Leibhaftige Vernunft. Spuren von Merleau-Pontys Denken, München 1986

Mittelstraß, J. (Hg.): Enzyklopädie Philosophie und Wissenschaftstheorie, Mannheim, Bd. 1: A−G 1980, Bd. 2: H−O 1984

Mörchen, H.: Macht und Herrschaft im Denken von Heidegger und Adorno, Stuttgart 1980

Monk, R.: Wittgenstein. Das Handwerk des Genies, Stuttgart 1992

Mosès, S.: Système et révélation. La philosophie de Franz Rosenzweig, Paris 1982; dtsch.: System und Offenbarung. Die Philosophie Franz Rosenzweig, München 1985

Muck, O.: Die transzendentale Methode in der scholastischen Philosophie der Gegenwart, Innsbruck 1964

-: Die deutsche Maréchalschule, in: Coreth u.a. (Hg.) Bd. 2 1988, 590-622

Müller, A.: Ontologie in Wittgensteins·Tractatus', Bonn 1967

Müller, M.: Existenzphilosophie im geistigen Leben der Gegenwart, Heidelberg ⁴1986

Naeher, J. (Hg.): Die negative Dialektik Adornos. Einführung - Dialog, Opladen 1984

Neufeld, K.H.: Traditionalismus und Ontologismus in Belgien und Frankreich, in: Coreth u.a. (Hg.) Bd. 1 1987, 500-506

Noack. H.: Die Philosophie Westeuropas, ²Basel 1976

Norton, B.G.: Linguistic Frameworks and Ontology. A Re-examination of Carnap's Metaphilosophy, The Hague 1977

O'Connor, D.: The Metaphysics of G.E. Moore, Dordrecht 1982

Orsini, C.: La pensée de René Girard, Paris 1986

Ott, H.: Martin Heidegger - unterwegs zu seiner Biographie, Frankfurt a.M. 1988

Padinger, F.: Die Enzyklika "Pascendi" und der Modernismus, in: Coreth u.a. (Hg.) Bd. 2 1988, 349-361

Parain-Vial, J.: Analyses structurales et idéologies structuralistes, Toulouse 1969

Passmore, J.: A Hundred Years of Philosophy, London ²1966

Pears, D.F.: Bertrand Russell and the British Tradition in Philosophy, London ²1972

-: The False Prison. A Study of the Development of Wittgenstein's Philosophy, 2 vols., Oxford: vol. 1 1987; vol. 2 1988

Phaenomenologica. Collection publiée sous le patronage des Centres d'Archives Husserl, Den Haag 1958ff.

Phänomenologische Forschungen. Im Auftrag der Deutschen Gesellschaft für phänomenologische Forschung hg. v. E.W. Orth, München 1975ff.

Picardi, E./Schulte, J.: Die Wahrheit der Interpretation. Beiträge zur Philosophie Donald Davidsons, Frankfurt 1990

Pieper, A.: Albert Camus, München 1984

Pietrowicz, S.: Helmut Plessner. Genese und System seines philosopisch-anthropologischesn Denkens, Freiburg i.Br. 1992

Pöggeler, O. (Hg.): Der Denkweg Martin Heideggers, Pfullingen ³ 1990

-: Neue Wege mit Heidegger, Freiburg i.Br. 1992

Pongratz, J.: Philosophie in Selbstdarstellungen, 3 Bde., Hamburg 1975ff.

Porret, E.: La philosophie chrétienne en Russie. Nicolas Berdiaeff (Etre et penser. Cahiers de philosophie) Neuchâtel 1944

Posselt, T.: Edith Stein, Freiburg i.Br. ⁹ 1963

Przywara, E.: Religionsphilosophie katholischer Theologie, München 1926

Die Psychologie im 20. Jahrhundert, 16 Bde., München 1976ff.

Rath, N.: Adornos Kritische Theorie, Paderborn 1982

Rhees, R.: (Hg.): Ludwig Wittgenstein: Portraits und Gespräche, Frankfurt a.M. 1987

Rheinwald, R: Semantische Paradoxien, Typentheorie und ideale Sprache. Studien zur Sprachphilosophie Bertrand Russells, Berlin 1988

Reijen, W.van/Schmid Noerr, G. (Hg.): Vierzig Jahre Flaschenpost: "Dialektik der Aufklärung" 1947 bis 1987, Frankfurt a.M. 1987

Reikersdorfer, J.: Anton Günther und seine Schule, in: Coreth u.a. (Hg.) Bd. 1 1987, 266-284

Ricken, F.: Das Leib-Seele-Problem in der Analytischen Philosophie, in: G. Pöltner/H. Vetter (Hg.), Leben zur Gänze. Das Leib-Seele-Problem, Wien 1986, 96-110

-: Sprache und Sprachlosigkeit. Ludwig Wittgenstein über Religion und Philosophie, in: Stimmen der Zeit 207 (1989) 341-352

-: Die Rationalität der Religion in der analytischen Philosophie: Swinburne, Mackie, Wittgenstein, in: Philosophisches Jahrbuch 99 (1992) 245-265

Rigobello, A.; Jacques Maritain, in: Coreth u.a. (Hg.) Bd. 2 1988, 493-518

Roberts, G.W. (Hg.): Bertrand Russell Memorial Volume, London 1979

Romanos, G.D.: Quine and Analytic Philosophy, Cambridge, Mass. 1983

Rombold, G.: John Henry Newman (1801-1890), in: Coreth u.a. (Hg.) Bd. 1 1987, 698-728

Rorty, R.: Metaphilosophical Difficulties of Linguistic Philosophy, in: ders., The Linguistic Turn. Recent Essays in Philosophical Method, Chicago 1967, S. 1-39

Ruijter, Arie de: Claude Lévi-Strauss, Frankfurt a.M. 1991

Runggaldier, E.: Carnap's Early Conventionalism. An Inquiry into the Historical Background of the Vienna Circle, Amsterdam 1984

-: Zeichen und Bezeichnetes. Sprachphilosophische Untersuchungen zum Problem der Referenz, Berlin 1985

Sainsbury, R.M.: Russell, London 1985

Salamun, K.: Karl Jaspers, München 1985

Sandvoss, E.R.: Bertrand Russell in Selbstzeugnissen und Bilddokumenten, Reinbek 1980

Saner, H.: Karl Jaspers in Selbstzeugnissen und Bilddokumenten, Reinbek 1970

-: Karl Jaspers in der Diskussion, München 1973

Saß, H.-M.: Heidegger-Bibliographie, Meisenheim 1968

-: Materialien zur Heidegger-Bibliographie 1917-1972, Meisenheim 1975

-: Martin Heidegger. Bibliography and Glossary, Bowling Green, Ohio 1982

Savigny, E. von: Die Philosophie der normalen Sprache, Frankfurt a.M. ²1974

-: Wittgensteins "Philosophische Untersuchungen". Ein Kommentar für Leser, Frankfurt a.M.: Bd.1 1988; Bd. 2 1989

Schaeder, G.: Martin Buber: Hebräischer Humanismus, Göttingen 1966

Schaeffler, R.: Die Wechselbeziehung zwischen Philosophie und katholischer Theologie, Darmstadt 1980

Scheffczyk, L.: Philosophie im Denken der Tübinger Schule, in: Coreth u.a. (Hg.) Bd. 1 1987, 86-101

Schilpp, P.A. (Hg.): The Philosophy of Bertrand Russell, Evanston, Ill. 1945; ND NewYork 1963

-: (Hg.): The Philosophy of Alfred North, Whitehead, New York ²1951

-: (Hg.): The Philosophy of Rudolf Carnap, La Salle, Ill. 1963

-: (Hg.): The Philosophy of G.E. Moore, La Salle, Ill. ³1968

-: (Hg.): The Philosophy of Jean-Paul Sartre, La Salle, Ill. 1981

Schilpp, P.A./Friedman, M. (Hg.): Martin Buber, Stuttgart 1963

Schilpp, P.A. /Hahn, L.E. (Hg.): The philosophy of Gabriel Marcel (mit Bibliographie), La Salle, Ill. 1984

Schirn, M.: Studien zu Frege, 3 Bde., Stuttgart-Bad Cannstatt 1976

Schlette, H.-R.: Albert Camus. Mensch und Revolte, Freiburg i.Br. 1980

Schmidinger, H.M.: Neuscholastik, in: Ritter, J./Gründer, K. (Hg.): Historisches Wörterbuch der Philosophie, Bd. 6, Basel 1984, S. 769-774

-: Neuthomismus, in: Ritter, J./Gründer, K. (Hg.): Historisches Wörterbuch der Philosophie, Bd. 6, Basel 1984, S. 779-781

-: Zur Geschichte des Begriffs "Christliche Philosophie", in: Coreth u.a. (Hg.) Bd. 1 1987, 29-45

-: Der Streit um die Anfänge der italienischen Neuscholastik, in: Coreth u.a. (Hg.) Bd. 2 1988, 72-82

-: Thomistische Zentren in Rom, Neapel, Perugia usw., in: Coreth u.a. (Hg.) Bd. 2 1988, 109-130

Schmied-Kowarzik, W. (Hg.): Der Philosoph Franz Rosenzweig. Internationaler Kongress in Kassel 1986, 2 Bde., Freiburg i.Br. 1988

-: Franz Rosenzweig. Existenzielles Denken und gelebte Bewährung, Freiburg i.Br. 1991

Schnädelbach, H.: Philosophie in Deutschland 1831-1933, Frankfurt a.M. 1983

Schrey, H.: Dialogisches Denken, Darmstadt 1970

Schulte, J.: Wittgenstein. Eine Einführung, Stuttgart 1989 (1989a)

-: (Hg.): Texte zum Tractatus, Frankfurt a.M. 1989 (1989b)

-: Chor und Gesetz. Wittgenstein im Kontext, Frankfurt a.M. 1990

Schulz, W.: Philosophie in der veränderten Welt, Pfullingen 1972

Schwedt, H.H.: Georg Hermes und seine Schule, in: Coreth u.a. (Hg.) Bd. 1 1987, 221-241

Sepp, R.A. (Hg.): Edmund Husserl und die phänomenologische Bewegung. Zeugnisse in Text und Bild, Freiburg i.Br. 1988

Sertillanges, A.G.: Le christianisme et les philosophies, Paris Bd. 1 ²1942, Bd.2 1941

Shanker, V.A. and S.G. (Hg.): Ludwig Wittgenstein. Critical Assessments. Vol. Five: A Wittgenstein Bibliography, London u.a. 1986

Siegwart, G.: Semiotik und Logik. Untersuchungen zur Idee einer Strukturtheorie, Diss. München 1981

Simonis, W.: Jakob Frohschammer, in: Coreth u.a. (Hg.) Bd. 1 1987, 341-364

Sluga, H.D.: Gottlob Frege, London 1980

Speck, J. (Hg.): Grundprobleme der großen Philosophen. Philosophie der Gegenwart, 13 Bde., Göttingen 1972ff.

Stadler, F.: Vom Positivismus zur »Wissenschaftlichen Weltauffassung«, Wien 1982

Stebbing, L.S.: (Rezension zu Carnap, Logische Syntax u.a.), in: Mind 44 (1935) 499-511

Stegmüller, W.: Hauptströmungen der Gegenwartsphilosophie, 4 Bde., Stuttgart: I ⁶1978; II ⁸1987; III ⁸1987; IV 1989

Stenius, E.: Wittgensteins Traktat. Eine kritische Darlegung seiner Hauptgedanken, Frankfurt a.M. 1969

Stepun, F.: Mystische Weltschau. Fünf Gestalten des russischen Symbolismus, München 1964

Stoecker, R. (Hg.): Reflecting Davidson, Berlin 1992

Straaten, Z. van (Hg.): Philosophical Subjects. Essays Presented to P.F. Strawson, Oxford 1980

Ströker, E./Janssen, P.: Phänomenologische Philosophie, Freiburg i.Br. 1989

Theunissen, M.: Der Andere. Studien zur Sozialontologie der Gegenwart, Berlin ²1981

Thiel, Ch.: Sinn und Bedeutung in der Logik Gottlob Freges, Meisenheim 1965

Tilliette, X./Métraux, A.: Merleau-Ponty. Das Problem des Sinnes, in: Speck, J. (Hg.), Bd. 2 ²1981

Trevor, M.: Newman, 2 Bde., London 1962

Troisfontaines, R.: De l'existence à l'être, Namur Bd. 1 1953, Bd. 2 1969

Tugendhat, E.: Der Wahrheitsbegriff bei Husserl und Heidegger, Berlin 1967

-: Vorlesungen zur Einführung in die sprachanalytische Philosophie, Frankfurt a.M. 1976

Uebel, T.E. (Hg.): Rediscovering the Forgotten Vienna Circle. Austrian Studies on Otto Neurath and the Vienna Circle, Dordrecht 1991

Urmson, J.O.: Philosophical Analysis. Its Development between the Two World Wars, Oxford 1956

Vansina, F.D.: Paul Ricoeur. Bibliographie systématique de ses écrits et des publications consacrées à sa pensée (1935-1984), Löwen 1985

Vermazen, B./Hintikka, M. (Hg.): Essays on Davidson Action and Events, Oxford 1985

Vetter, H. (Hg.): Die Philosophen und Freud, Wien 1988

Wach, J.: Das Verstehen. Grundzüge einer Geschichte der hermeneutischen Theorie im 19. Jahrhundert, 3 Bde., Tübingen 1926-1933; ND Hildesheim 1966

Wahl, F. (Hg.): Einführung in den Strukturalismus, Frankfurt a.M. 1973

Waldenfels, B.: Phänomenologie in Frankreich, Frankfurt a.M. 1983

Walter, P.: Die neuscholastische Philosophie im deutschsprachigen Raum, in: Coreth n u.a. (Hg.) Bd. 2 1988, 131-194

Wandschneider, D.: Formale Sprache und Erfahrung. Carnap als Modellfall, Stuttgart 1975

Warnock, G.J.: Englische Philosophie seit 1900; Stuttgart 1971

-: J.L. Austin, London 1989

Weninger, N.: Praxis als Ort der Hoffnung bei Ernst Bloch, Innsbruck 1983

Wenzel, A. (Hg.): Hans Driesch. Persönlichkeit und Bedeutung für Biologie und Philosophie von Heute, Basel 1951

Werner, K.: Die italienische Philosophie des 19. Jahrhunderts, 5 Bde., Wien 1984-1986

White, A.R.: G.E. Moore. A Critical Exposition, Oxford 1958

Wiemer, T.: Die Passion des Sagens. Zur Deutung der Sprache bei Emmanuel Levinas, Freiburg i.Br. 1987

Wiggershaus, R.: Die Frankfurter Schule. Geschichte, Theoretische Entwicklung, Politische Bedeutung, München ²1989

Williams, B.A.O.: Mr Strawson on Individuals, in: Philosophy 36 (1961) 309-332

Winch, P.: Versuchen zu verstehen, Frankfurt 1992

Wirth, J.: Realismus und Apriorismus in Nicolai Hartmanns Erkenntnistheorie, Berlin 1965

Wörner, H.M.: Performatives und sprachliches Handeln. Ein Beitrag zu J.L. Austins Theorie der Sprechakte, Hamburg 1978

Wolf, U. (Hg.): Eigennamen. Dokumentation einer Kontroverse, Frankfurt a.M. 1985

Wollheim, R.A.: Bradley, Harmondsworth 1959

Wood, O.P./Pitcher, G. (Hg.): Ryle, New York 1970

Wright, C.: Wittgenstein on the Foundations of Mathematics, London 1980

Wright, G.H. von: Wittgenstein, Frankfurt a.M. 1986

Wucherer-Huldenfeld, K.: Personales Sein und Wort: Einführung in den Grundgedanken Ferdinand Ebners, Wien 1985

Wuchterl, K./Hübner, A.: Ludwig Wittgenstein in Selbstzeugnissen und Bilddokumenten, Reinbek 1979

Wünsch, K.: Der Volksschullehrer Ludwig Wittgenstein, Frankfurt a.M. 1985

Wyss, D.: Die tiefenpsychologischen Schulen von den Anfängen bis zur Gegenwart. Entwicklung - Probleme - Krisen, Göttingen ⁵1977

Zak, A.: Vom reinen Denken zur Sprachvernunft. Über die Grundmotive der Offenbarungsphilosophie Franz Rosenzweigs, Stuttgart 1987

Zudeick, P.: Der Hintern des Teufels, Baden-Baden 1985

Namenregister

Sachregister